交大医学 医源丛书

主编 江帆 范先群

医学专业课程思政优秀案例集

临床医学分册

思政铸魂

上海交通大学出版社
SHANGHAI JIAO TONG UNIVERSITY PRESS

内容提要

本书精选了上海交通大学医学院众多教师近五年课程思政的成果,在临床医学课程中融入古今中外优秀医学人士相关事迹 100 余件,宣传爱国情怀、文化传承、刻苦钻研、开拓创新、无私奉献等精神,丰富了教学内容与方法,润物无声地将正确的价值追求和理想信念传达给学生,实现了显性专业教育与隐性思政教育的融会贯通。

本书可供从事临床、科研和教学的医务工作者阅读使用。

图书在版编目(C I P)数据

医学专业课程思政优秀案例集. 临床医学分册 / 江帆,范先群主编. — 上海 : 上海交通大学出版社,2024.12
ISBN 978-7-313-30693-7

Ⅰ.①医… Ⅱ.①江… ②范… Ⅲ.①高等学校－思想政治教育－教案(教育)－中国 Ⅳ.①G641

中国国家版本馆 CIP 数据核字(2024)第 090045 号

医学专业课程思政优秀案例集——临床医学分册
YIXUE ZHUANYE KECHENG SIZHENG YOUXIU ANLI JI——LINCHUANG YIXUE FENCE

主　　编:江　帆　范先群
出版发行:上海交通大学出版社　　　　　地　　址:上海市番禺路 951 号
邮政编码:200030　　　　　　　　　　　电　　话:021－64071208
印　　刷:上海锦佳印刷有限公司　　　　经　　销:全国新华书店
开　　本:710mm×1000mm　1/16　　　印　　张:21
字　　数:364 千字
版　　次:2024 年 12 月第 1 版　　　　　印　　次:2024 年 12 月第 1 次印刷
书　　号:ISBN 978-7-313-30693-7
定　　价:98.00 元

交大医学医源丛书

医学专业课程思政优秀案例集
临床医学分册

主　编
江　帆　范先群

执行主编
赵文华　施建蓉

副主编
陆　勇　邵　莉

编委会
（按姓氏笔画排序）

王兆军　刘海芸　江　帆
孙田蔎　李　瑾　何伟娜
汪敏娴　张馨方　陆　勇
陆耀红　邵　莉　范先群
金雷辉　房佳蓉　赵文华
施建蓉　夏　琳　徐子真
蒋蓓卿　黎芮希

序

江　帆

党的二十大报告擘画了全面建成社会主义现代化强国的宏伟蓝图和实践路径，为党和国家的各项事业指明了前进方向。新时代的高校肩负着为实现第二个百年奋斗目标培育中坚力量的重要任务。思想政治工作是高校工作的生命线，而"课程思政"的理念与实践将高校思想政治教育的"主渠道"延伸扩展到了各门各类全部课程，强调全员全程全方位育人。医学院校教师积极响应，挖掘"思政元素"，力图以大思政体系哺育卓越医学创新人才。

为了贯彻新时代背景下党中央加强高校思想政治工作新要求，上海交通大学医学院于医学院成立 70 周年之际启动编写医学专业课程思政案例相关书籍，深入挖掘和总结医学专业课程中蕴含的思政教育资源，结合医学专业人才培养特点，对理想信念、医学人文、爱国荣校、职业精神、专业认同等有所指向的思政素材进行了整理和剖析，力求在医学生心中播下"大医"的种子，助力构建符合临床特色的"课程思政"育人格局。

此临床医学分册为医学专业课程思政案例的第二册，立足于临床医学专业课程思政的要求和需求，着眼于临床医学专业学生理想信念的塑造和职业素养、职业能力的培养，结合临床医学的特点和相关课程的知识点，对临床医学专业课程蕴含的政治认同、家国情怀、文化自信、医学人文素养、敬业精神、高阶思维能力、科学精神等思政元素进行了挖掘、分析和整理，共收录了百余案例，涉及内科学、外科学(含麻醉学)、眼科学、临床检验诊断学、影像医学与核医学、妇产科、儿科、老年医学、护理学等。所涉案例按照二级学科分类编排，便于临床医学教师查阅、参考及使用。案例内容丰富、立体，既有医学发展和新药开发中的"意外之喜"，又有"提振士气"的前沿医学进展；既有"励志人心"的医学前辈小故事，又有身边人身边事的"点滴感动"；既有用行为践行"医者仁心"的临床诊疗实践，又有"发人深省"的社会人文热点剖析。

"夫医者，非仁爱之士，不可托也；非聪明理达，不可任也；非廉洁淳良，不可信也"。医学生之培养，思想品德的熏陶是应有之义。此临床医学分册正是上海交通大学医学院临床一线教师在多年从医为师生涯中对于课程思政改革的共识、实践、创新和探索的结晶。希望通过此临床医学分册的出版，为临床医学专业开展课程思政教学提供参考，推进构建以医济世、以德树人的临床医学人才培育大生态格局！

目 录 Contents

内科学

外科学(含麻醉学)

眼科学

临床检验诊断学

影像医学与核医学

妇产科

儿 科

老年医学

护理学及其他

内科学

胰岛素的发现与纪念

思政映射点：科学精神，开拓创新，无私奉献

学科：内分泌代谢科

相关知识点：胰岛素治疗，糖尿病科普教育

素材简介：本文介绍了"联合国糖尿病日"（11 月 14 日）的由来，通过讲述弗雷德里克·班廷（Frederick Banting）、约翰·麦克劳德（John Macleod）及其团队齐心协力为胰岛素的发现及提取应用而不懈努力，最终发现胰岛素在胰腺中的存在和作用，并成功提取的故事，说明热爱科学、钻研进取、不断坚持的科学精神，并由此培养医学生淡泊名利、无私奉献的人文素养。

在胰岛素问世以前，糖尿病几乎是一种绝症，尤其对儿童而言，通常在确诊 1 年内即死亡。糖尿病最严重的并发症——糖尿病酮症酸中毒的病死率在当时几乎达到 100%，而当时唯一的治疗方法就是所谓的"饥饿疗法"。这种方法虽然可以在短期减少糖尿病急性并发症的危害，但是患者的血糖仍难以控制，而且长期采用饥饿疗法会导致严重营养不良，最终患者的存活时间也仅两年左右。虽然当时很多学者认识到糖尿病的发病与胰腺有关，但是他们未能从机制上给予证实。班廷、麦克劳德及其团队齐心协力发现胰岛素，从根本上改变了人们对于糖尿病的认识，也改变了无数糖尿病患者的命运。

1920 年 10 月底，班廷正在为主管教授米勒给他的讲课任务而犯愁，授课主题是他完全不熟悉的糖尿病。经过几个小时的教科书翻阅，班廷正准备结束备课之时，随手拿起了刚收到的《外科、妇科和产科》（*Surgery，Gynecology and Obstetrics*）杂志，发现了美国病理学家巴伦讨论胰岛与糖尿病关系的论文。该论文讲述了研究者巴伦在整理一例罕见的胰腺结石病理切片时，发现结石阻断胰管导致的胰腺萎缩和既往文献中报道的实验动物胰管结扎模型颇为相似。这篇论文给了班廷巨大的灵感，因此他萌生设想：结扎狗的胰导管可能会使其胰腺腺泡细胞退化，外分泌也会因此减少，而负责内分泌的胰岛细胞将会被留

存,这样或许可以从萎缩的胰腺中提取出用来缓解糖尿病的物质。此后,班廷激动地和米勒教授分享了自己的想法,然而神经生理学领域的米勒教授对糖代谢领域并不了解,于是他向班廷推荐了生理学家麦克劳德教授,建议班廷去找他谈一谈。1920 年 11 月 8 日,班廷与麦克劳德相见,麦克劳德被班廷的执著打动,同意提供实验室和实验狗,并且指派了本科生查尔斯·贝斯特(Charles Best)作为班廷的实验助手,帮助他测量实验狗的血糖和尿糖。

在麦克劳德教授的支持下,1921 年 5 月,班廷和助手贝斯特兴致勃勃地开启了实验,但研究进展却极为不顺。他们对健康的实验狗分别进行了胰腺切除手术诱导糖尿病和胰导管结扎后的胰腺分泌物纯化提取实验。随后把糖尿病模型狗分为两小组,一组进行提取液注射的干预治疗,另一组作为对照,观察体征并记录血糖和尿糖情况。时间过去了两个月,研究结果仍远不理想,大部分的实验狗在切除胰腺和结扎胰导管后死亡。与此同时,班廷并没有固定的收入来源,生活也陷入困境,但这一切并没有动摇他的信心和决心,他和贝斯特互相鼓励,坚持不懈,终于等来了转机。他们成功获得了两只胰腺萎缩犬,通过将一只犬的胰脏取出切碎,获得了第一份呈粉红色的胰提取液,然后将其注入另一只胰腺萎缩糖尿病犬中,发现后者的血糖明显下降。以后数周,他们改进提取方法,直接从胰腺内提取出了降糖物质。这个提取物就是后来为人熟知的胰岛素,它的发现对于糖尿病的治疗有着里程碑式的重要意义。随后生物化学家詹姆斯·科利普(James Collip)也加入了研究团队,大大加快了胰岛素进入临床应用的步伐。

1923 年 10 月 25 日,班廷和麦克劳德因发现胰岛素而被授予诺贝尔生理学或医学奖。班廷决定把奖金与贝斯特平分,麦克劳德也作出了同样的举动,将他的奖金与科利普平分。这种共同分享荣誉的方式,使得根据《胰岛素的发现》这本书改编的电影有了一个令人印象深刻的名字:《共同的荣誉》(Glory Enough for All)。

为了纪念班廷等人的伟大业绩,引起人们对糖尿病发病率不断上升的关注,国际糖尿病联盟(IDF)于 1991 年将班廷的生日——11 月 14 日设为世界糖尿病日。

2006 年 12 月 20 日,联合国大会通过第 61/225 号决议,自 2007 年起,指定联合国糖尿病日为联合国官方的世界性节日。这一天全世界都会进行与糖尿病教育相关的活动——"蓝光行动",包括开展义诊、健康讲堂等。标志性建筑物,像上海东方明珠广播电视塔、广州塔、巴黎埃菲尔铁塔、佛罗伦萨比萨斜塔、悉尼歌剧院等也会亮起蓝光(见图1),象征着点燃糖尿病患者的希望之光,寓意"在同一片蓝天下,我们携手共同抗击糖尿病"。

上海东方明珠广播电视塔　　　　　广州塔　　　　　佛罗伦萨比萨斜塔

悉尼歌剧院　　　　　　　　巴黎埃菲尔铁塔

图1　亮起蓝光的著名建筑(图片均由 AI 生成)

本素材通过以班廷为代表的一批先驱在十分艰苦的条件下,反复尝试,坚持不懈,发现胰岛素在胰腺中的存在和作用,并成功提取胰岛素,由此救治无数糖尿病患者的故事告诉我们,机会只给予具备新思维并为之孜孜不倦努力奋斗的人,科学研究之路并不是轻松坦途,需要坚强的意志和团队的共同努力。作为医学生,应具备热爱科学、积极探索、淡泊名利、无私奉献的科学精神。此外,每年的糖尿病日都有不同的主题,我们可以关注每年联合国糖尿病日的主题,从各种不同角度来帮助糖尿病患者,使他们感受到关心和温暖,提升他们控制疾病的信心。

参考文献:

[1] BLISS M. The discovery of insulin[M]. Chicago:University of Chicago Press,1982.

[2] 项坤三.胰岛素的发现[J].中华内分泌代谢杂志,2002,18(5):335-338.

[3] 钱荣立.控制糖尿病,刻不容缓:2010 联合国糖尿病日:中国蓝光行动[J].中国糖尿病杂志,2010,18(12):881-882.

[4] 陈家伦.临床内分泌学[M].上海:上海科学技术出版社,2011.

[5] SIMS E K,CARR A L J,ORAM R A,et al. 100 years of insulin:celebrating the past, present and future of diabetes therapy[J]. Nat Med,2021,27(7):1154-1164.

(张翼飞,附属瑞金医院,内分泌与代谢病学科,主任医师/教授;

张磊,附属第六人民医院,内分泌代谢科,主治医师;

王诗韵,附属第六人民医院,内分泌代谢科,住院医师)

糖尿病的"馒头餐"试验

思政映射点：爱岗敬业，人文关怀，科学精神，文化传承

学科：内分泌与代谢病

相关知识点：糖尿病

素材简介：本文通过许曼音"馒头餐"试验的故事，阐述我国科学家在糖尿病防治进展中作出的不懈探索和努力，展示前辈的智慧结果，激发学生的民族自信心与自豪感，同时引导学生充分认识科学发展中的困难，加深对科学奉献的认识，教导他们，作为医学专业的学生，必须将远大抱负与医学科学发展密切融合，增强时代责任感和历史使命感。

许曼音（1923—2014），江苏灌云人，内分泌学专家，中共党员，博士生导师、瑞金医院终身教授。1950年毕业于上海震旦大学医学院，同年入上海广慈医院（现上海交通大学医学院附属瑞金医院）内科工作，先后任内科副主任、医疗系一部内科学教研室副主任、内分泌科主任。历任中华医学会内分泌学会理事、中华医学会内分泌学会肾上腺学组组长、法国糖尿病学会会员、上海市食疗研究会糖尿病专业委员会主任委员、上海市女医师联谊会副理事长、中国糖尿病学会中西医结合研究中心副理事长，还担任《国外医学内科学分册》《国外医学：内分泌学分册》《中华内分泌代谢杂志》《上海预防医学》等杂志编委。

20世纪70年代以前，国内普遍采用100g葡萄糖作口服葡萄糖耐量试验，而世界卫生组织在1980年发布了文件，以75g葡萄糖耐量试验结果作为糖尿病的诊断标准。1980年，许曼音与7家国内医疗单位合作，比较50g、75g和100g葡萄糖对胰岛素、C肽释放和血糖的影响。结果表明，葡萄糖75g和100g两种剂量结果非常接近，但50g剂量作用则较弱。

口服大量葡萄糖会在消化道引发不良反应，且口服葡萄糖后短时间内会直接吸收入血，造成糖尿病患者血糖急速升高，对患者来说有一定的危险性。基于安全考虑，许曼音带领研究团队开始探索一种更易于让人接受的标准试餐法

替代口服葡萄糖耐量试验。她熟知食物换算,经过反复比较,发现二两馒头大致与75g葡萄糖相当,而且吃馒头葡萄糖释放缓慢,对糖尿病患者刺激小,且标准易统一。最终222例临床试验数据证明了"馒头餐"的可靠性和可行性:二两白馒头所刺激的胰岛素释放曲线与75g葡萄糖刺激的曲线最吻合。

这一研究结果于1982年发表在《中华医学杂志》上,该研究表明,"馒头餐"试验相当于葡萄糖耐量试验,可作为诊断和判定糖尿病疗效的标准试验。这项充满了自主创新精神的试验方法在全国推广,沿用至今,已成为中国糖尿病领域的一大特色。

不仅善于治病,在科普宣传方面,许曼音还善于用浅显易懂的语言为患者讲解控制糖尿病的方法,深受好评。她在向营养师求教后,编制了适合中国人尤其是南方人饮食习惯的食物换算表,编成朗朗上口的口诀教给患者。实践证明,这是最有效、最接地气的医学健康科普方式之一。

尤其在那些糖尿病急性并发症患者被抢救成功之后,许曼音会及时传授糖尿病日常防治科普知识,如教患者如何在家注射胰岛素、消毒针筒,如何靠班氏试剂"烧尿糖"判定血糖情况,这也是瑞金内分泌科糖尿病宣教的初始。

不仅如此,许曼音教授对所有的学生都能做到言传身教,对来自广大农村、工厂的基层医疗工作者,更是耐心指导,悉心关爱。在教学中,她亲自参与编写讲义,绘制图表。她的讲义逾百万字,每年都要修订,确保能教给学生最新的知识。这一份呕心沥血的尽心敬业,使瑞金医院内分泌学的一代又一代学子得到了春风雨露般的呵护,在这片沃土上,后起之秀层出不穷。

(陆洁莉,附属瑞金医院,内分泌与代谢病,教授)

糖尿病教育模式的革新

思政映射点：开拓创新，沟通协作，爱岗敬业，关爱生命

学科：内分泌与代谢病

相关知识点：肥胖和糖尿病的健康教育和综合管理

素材简介：本文围绕瑞金医院糖尿病教育的发展，讲述从 20 世纪 90 年代许曼音教授创建国内最早的"糖尿病宣教中心"，到现在"标准化代谢性疾病管理中心（Metabolic Management Center，MMC）"所倡导的一站式、院内外全方位的糖尿病综合管理模式在全国推广，通过瑞金医院糖尿病教育的变革和演进过程，教导学生如何在临床工作中发扬创新求变、追求卓越的精神，以及爱岗敬业、关爱生命的人文情怀。

　　早在 20 世纪 50 年代，瑞金医院病房里的许多患者都愿意和当时的学科带头人许曼音教授说点悄悄话，因为她善解人意，亲和力强。那时的糖尿病发病率还不高，但若控制不佳，患者往往会出现急性并发症。许曼音在患者被抢救成功之后会不失时机地向他们传授糖尿病科普知识，这就是瑞金内分泌糖尿病宣教的初始。那时，糖尿病自我检测主要靠的是班氏试剂"烧尿糖"。如何"烧"，如何判定结果，如何避免沸腾的尿液溅出误伤自己，成为糖尿病患者必须掌握的技巧。许曼音耐心地示范，手把手地教授，直到患者或家属完全掌握。为了让患者掌握食物换算，许曼音虚心求教营养师，编制适合中国人尤其是南方人饮食习惯的食物换算表，编成朗朗上口的口诀传授给患者。

　　到了 20 世纪 90 年代，我国糖尿病的患病率显著增加，而患者的糖尿病知识却非常贫乏。在许曼音的倡议下，瑞金医院成立了"糖尿病宣教中心"，由许曼音出任首任主任。这也是国内第一个以宣教为目的的糖尿病中心。这个中心的主要任务就是向患者传授糖尿病的知识和控制技巧。中心成立后，许曼音便亲撰剧本，与当时的上海科教制片厂合作拍摄了"糖尿病宣教片"，并在上海电视台播放。录像中许多动态的示意图还是她亲自绘制的。这个精心制作的

录像成为瑞金医院糖尿病中心最早的宣教材料。

那时，国内的糖尿病宣教工作刚刚起步，缺乏统一规范模式且很多医教人员经验不足。许曼音就利用出国访问的机会遍访糖尿病教育领域的专家，向他们学习。并且，许曼音提出在其他医院也应该开展专门的糖尿病宣教工作，于是她又倡议举办学习班来培养糖尿病教育的专门人才，她把这些专门的人才命名为"糖尿病教员"。许曼音的倡议得到刚刚进入中国市场的世界最大的胰岛素生产商美国礼来公司的响应，他们与瑞金医院糖尿病中心联合举办了"第一届糖尿病保健教员培训班"（见图1），当时的学员大多来自上海的三级医院。许曼音还规定一个医院必须派3名学员（1名医生、1名护士、1名营养师）参加培训，并为这些学员上了第一课。由于这一活动是为人民服务，在当时又是新鲜事物，《新民晚报》还以头版头条推出了报道。

图1　1998年"第一届糖尿病保健教员培训班"合影留念

2000年，许曼音又主编了《享受健康人生——糖尿病细说与图解》（见图2），发行量超过10万册，该书图文并茂地介绍了糖尿病知识，成为市场上热销的糖尿病科普书籍，并荣获国家级和上海市优秀科普作品奖。在糖尿病教育形式上，许曼音也不断创新，大组、小组、个体、强化、视听、电话、网络，各种形式应有尽有，满足了不同患者的需求。为能让更多的患者学会健康饮食，她又创立

"厨房门诊",将厨房搬入糖尿病教育的现场,手把手地传授糖尿病烹饪知识(见图3)。后来这个"厨房门诊"成为瑞金医院内分泌科保留的参观场所,参访者无不啧啧称赞。2006年,糖尿病宣教中心举办的"让糖尿病患者享受健康美味"烹饪大赛,不仅吸引了广大糖尿病患者的参与,还在社会上引发了强烈反响,中央电视台的《健康之路》节目还把许多获奖菜肴搬上了荧屏。

图2 《享受健康人生——糖尿病细说与图解》第一版和第二版封面

图3 瑞金医院糖尿病"厨房门诊",让糖尿病患者也能享受健康美食

2009—2011年,糖尿病宣教中心连续三年举办了全国青少年与糖尿病彩绘大赛(见图4)。图5的这幅作品就是2009年获奖的作品之一,它反映了1型糖尿病患儿内心对美好童年、糖果、无忧无虑生活的向往以及理想与现实的冲撞,是很多

患糖尿病儿童内心的真实独白。它提醒我们应该关注患儿的心理健康,不要只关注他们的血糖,还要关注他们对幸福童年生活的渴望。由此,也让我们真正理解了医者的使命和职责——治愈疾病,更要抚慰患者的心灵。

图4　全国首届青少年与糖尿病彩绘大赛,许曼音教授为获奖者颁奖

图5　全国首届青少年与糖尿病彩绘大赛获奖作品

进入新世纪,我国糖尿病的患病率显著上升,以往的传统管理模式已经难以满足日益增长的糖尿病诊治需求。因此,2016年国家标准化代谢性疾病管理中心(MMC,见图6)应运而生。自MMC创办以来,瑞金医院内分泌的糖尿病教育形式又有了新的突破,新一代学科带头人宁光教授和王卫庆教授不断探寻,在原来

糖尿病宣教中心的基础上,通过互联网＋物联网技术,运用管家/医家 App、微信公众号、远程会诊平台、代谢网等形式,将瑞金医院的糖尿病院内管理向院外不断延伸,同时将瑞金医院内分泌的管理经验进行标准化和制度化,形成可向全国各级医院推广的服务模式。由此瑞金医院内分泌糖尿病教育服务通过近 40 年的临床实践,正使全国各地越来越多的糖尿病患者和社会公众受益。

图 6　国家标准化代谢性疾病管理中心(MMC)全国总中心瑞金医院 MMC 正式启动

许曼音教授积极开展糖尿病宣教的事迹,体现了她对患者的细心、耐心、爱心、尽心,体现了她的关爱生命、爱岗敬业和爱国情怀,这些也一直鼓励着我们这些后来者。同样,后来糖尿病宣教中心向代谢中心的转变和发展,乃至向全国的推广,也进一步体现了文化传承、开拓创新、关爱生命的科学精神和人文素养。

参考文献:

[1] 许曼音.享受健康人生:糖尿病细说与图解[M].上海:上海科学技术文献出版社,2002.

[2] 国家标准化代谢性疾病管理中心建设规范及管理指南[J].中华内分泌代谢杂志,2019,35(11):907-926.

[3] ZHANG Y, WANG W, NING G. Metabolic Management Center:An innovation project for the management of metabolic diseases and complications in China[J]. J Diabetes,2019,11(1):11-13.

(张翼飞,附属瑞金医院,内分泌与代谢病学科,主任医师/教授)

中医药治疗糖尿病

思政映射点：开拓创新，爱岗敬业，科学精神，文化传承

学科：内分泌与代谢病

相关知识点：糖尿病

素材简介：本文结合课程教学内容，论述小檗碱在糖尿病治疗中的最新研究发现，展示中成药小檗碱在糖尿病治疗中的重要作用，论述传统医学与现代医学的有机统一，使学生了解中国传统医学中蕴含的精髓，引导学生用辩证思维看待中西医结合的发展前景，增强民族自豪感。

瑞金医院邝安堃教授是我国中西医结合研究的开创者和组织者之一。多年来，他致力于中西医结合研究，以现代科学方法探讨传统医学，从内分泌角度研究中国传统医学的基础理论和临床实践，为中西医结合的医学体系建立奠定了基础。

小檗碱的起源与传统中医药黄连有关，原本用于治疗胃肠道感染等疾病。然而，20 世纪 80 年代人们意外发现其可作为治疗糖尿病的降糖药物，从而改变了它的应用范围，也使之成为现代医学研究的重要课题。

瑞金医院王卫庆教授团队传承邝安堃教授中西医结合的疾病治疗理念，设计并开展了"小檗碱联合益生菌治疗初发 2 型糖尿病患者的多中心前瞻性干预研究"，并发表了相关论文（见图 1）。

小檗碱是从中药黄连中提取的异喹啉生物碱，过去中医将其广泛用于治疗胃肠道疾病。进入 20 世纪 80 年代，人们偶然发现其有降糖效果，于是开展了广泛的临床研究，发现其不仅可用于降血糖，对高血脂和高血压也具有明显的治疗效果，而且副作用小。27 项临床研究的综述确认其在 2 型糖尿病治疗中，搭配生活方式干预，能显著降低空腹血糖、餐后血糖和糖化血红蛋白，降低甘油三酯和胆固醇，并能促进脂肪酸燃烧，稳定受体，抑制肝脏脂质产生，提高胰岛

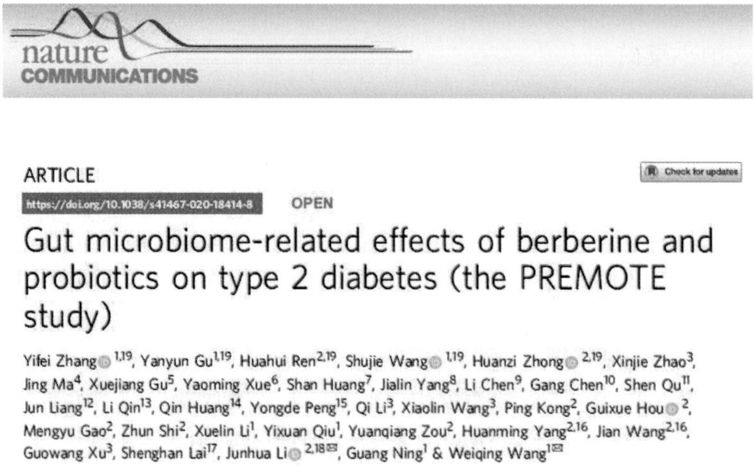

nature
COMMUNICATIONS

ARTICLE
https://doi.org/10.1038/s41467-020-18414-8   OPEN

Gut microbiome-related effects of berberine and probiotics on type 2 diabetes (the PREMOTE study)

Yifei Zhang [1,19], Yanyun Gu [1,19], Huahui Ren [2,19], Shujie Wang [1,19], Huanzi Zhong [2,19], Xinjie Zhao[3], Jing Ma[4], Xuejiang Gu[5], Yaoming Xue[6], Shan Huang[7], Jialin Yang[8], Li Chen[9], Gang Chen[10], Shen Qu[11], Jun Liang[12], Li Qin[13], Qin Huang[14], Yongde Peng[15], Qi Li[3], Xiaolin Wang[3], Ping Kong[2], Guixue Hou [2], Mengyu Gao[2], Zhun Shi[2], Xuelin Li[1], Yixuan Qiu[1], Yuanqiang Zou[2], Huanming Yang[2,16], Jian Wang[2,16], Guowang Xu[3], Shenghan Lai[17], Junhua Li [2,18], Guang Ning[1] & Weiqing Wang[1]

图1　王卫庆团队发表《小檗碱和益生菌联用对2型糖尿病肠道微生物的调控作用》截图

素受体活性,提升胰岛素的利用率,维护健康血糖水平。王卫庆团队的研究旨在通过进一步改变肠道菌群,如口服益生菌或小檗碱(一种抑菌剂)来改善患者的代谢稳态。研究人员针对来自国内20个中心的新确诊2型糖尿病患者进行了一项随机性双盲试验。试验共招募符合条件的参与者494名,将他们随机分成四组(1∶1∶1∶1),分别口服小檗碱、益生菌小檗碱、益生菌和安慰剂,进行12周的周期治疗,目的是探索益生菌和小檗碱(黄连素)联用的降糖效果,并配合基因组分析检测肠道菌群的改善情况。

在这项多中心、随机、双盲、安慰剂对照临床试验中,王卫庆团队证实了小檗碱在受试者中的降血糖作用,并证明了小檗碱引起的人体肠道菌群和血胆汁酸存在模式成分的变化。肠道微生物群、血胆汁酸和临床结果之间的三重关联表明,小檗碱的代谢益处背后有一个潜在的微生物相关机制。进一步的宏基因组学和代谢组学分析发现,小檗碱的降血糖作用是通过抑制布氏瘤胃球菌对脱氧胆酸种类的生物转化作用来实现的。以上研究没有发现益生菌补充对2型糖尿病患者的代谢有显著改善,除非在老年患者中与小檗碱联合使用。

该研究从临床研究结果发现菌群与降糖疗效的关系,结合2型糖尿病肠道菌群的特点,尝试实现肠道微生态重建的临床疗效验证。从以往用小檗碱的"调",到今天先用庆大霉素"清",再结合益生菌"补",最终提出了有中国特色的兼具"清、调、补"的 2 型糖尿病治疗新方案。

　　本文中小檗碱这一药物的新疗效发现、作用机制研究和临床应用,反映了现代医学领域的科学研究和技术创新在解决健康问题方面的重要作用;突出了医学研究的重要性,以及科技创新如何为人类健康带来积极影响。它鼓励学生思考传统医学、当代科学方法和跨学科合作,培养良好的综合素质和高度社会责任感,增强文化自信和民族自豪感。

参考文献:

[1] LAN J,ZHAO Y,DONG F,et al. Meta-analysis of the effect and safety of berberine in the treatment of type 2 diabetes mellitus,hyperlipemia and hypertension [J]. J Ethnopharmacol,2015,161:69 - 81.

[2] ZHANG Y,GU Y,REN H,et al. Gut microbiome-related effects of berberine and probiotics on type 2 diabetes(the PREMOTE study)[J]. Nat Commun,2020,11:5015.

（陆洁莉,附属瑞金医院,内分泌与代谢病,教授）

新冠病毒与糖尿病

思政映射点：爱岗敬业，人文关怀，科学精神

学科：内分泌与代谢病

相关知识点：糖尿病

素材简介：本文结合时政，讲述新冠疫情下内分泌医生的贡献，引导学生不忘初心，同时充分认识糖尿病在疫情诊疗中的困难，树立为科学奉献的精神。作为医学专业的学生，必须将远大抱负与医学发展密切融合，增强时代责任感和历史使命感。

SARS-CoV-2 引发的新冠肺炎（COVID-19）疫情，给人类健康造成重大影响。COVID-19 患者中，合并严重糖尿病或高血糖的患者所占比例高，且治疗困难，病死率高，因此，在新冠病毒感染情况下针对糖尿病的有效管理极为重要。

流行病学证据显示，2 型糖尿病（T2DM）是 COVID-19 的第二大常见合并病症，特别是已有临床研究表明，对于血糖控制不佳的糖尿病患者，若罹患 COVID-19，其不良预后和死亡风险均较普通 COVID-19 患者显著升高。大量 COVID-19 相关临床实验数据及学术研究文章均表明糖尿病患者更易感染 SARS-CoV-2，而感染 SARS-CoV-2 的高血糖患者或糖尿病患者普遍预后更差，死亡风险更高。

糖尿病、高血压、心血管疾病和肥胖等与代谢综合征相关的疾病及其诱发因素可能与 COVID-19 发病机制有关。冠状病毒在感染过程中可能通过其在胰岛中的功能性受体血管紧张素转换酶 2（ACE2）破坏胰岛细胞，加剧糖尿病患者血糖升高和代谢异常。SARS-CoV-2 病毒也可以有效地利用 ACE2 进入细胞并感染人类。病毒引起的潜在胰脏 β 细胞可能进一步损伤导致胰岛素缺乏。因此，新冠病毒感染不仅加重了糖尿病患者的病情，还有可能诱发正常人新发糖尿病。另外，SARS-CoV-2 的表面蛋白会攻击血红蛋白的 1-β 链，而脱氧血红

蛋白比氧化血红蛋白更易受伤害。糖尿病患者的高血糖会促使红细胞中的糖化血红蛋白(脱氧形式)的含量升高,从而导致机体因得不到足量的氧气,最终出现呼吸窘迫症状。高血糖也能诱导肺组织结构变化,包括肺部分塌陷和血管通透性增加,从而导致肺功能障碍。因此,糖尿病患者的肺功能障碍将进一步加速 SARS-CoV-2 病毒入侵,导致病情恶化。

据此,本文提出 COVID-19 患者糖尿病管理要点。

第一,临床医生应仔细收集患者已有疾病的病史,并且不应忽视血糖检测;第二,对于轻度感染的糖尿病患者,应评估先前的降糖药物治疗方案,因为更好的血糖控制与感染的控制密切相关;第三,对于重症监护病房中的重症和危重症患者,要考虑到高血糖症和包括糖尿病酸中毒与高血糖高渗状态在内的急性并发症可能会大大增加重症 COVID-19 感染患者的治疗难度。

治疗中应推荐个体化血糖控制目标。对于患有轻度或普通类型 COVID-19 的非老年患者,血糖控制目标为空腹血糖 4.4~6.1 mmol/L,餐后两小时或随机血糖 6.1~7.8 mmol/L;对于患有轻度或普通类型 COVID-19 或正在使用糖皮质激素的老年患者,血糖控制目标可放宽为空腹血糖 6.1~7.8 mmol/L,餐后两小时或随机血糖 7.8~10.0 mmol/L;对于重症 COVID-19 患者,空腹血糖应控制在 7.8~10.0 mmol/L,餐后两小时或随机血糖应控制在 7.8~13.9 mmol/L。

此外,控制高血糖不但可以降低糖尿病急性并发症的发生风险,还可改善 COVID-19 患者的总体预后。一方面,对患者来说,严格控制血糖,均衡饮食和合理作息、保持愉悦的心情,就是应对病毒的最佳防御手段;另一方面,这也提示我们,要做好糖尿病的管理与防控工作,早诊断、早治疗,控制糖尿病及其并发症的发生发展速度,强化糖尿病防控机制建设。

我国糖尿病患者基数庞大,如何在疫情期间做好糖尿病预防和血糖控制管理,是基层医疗面临的严峻挑战。瑞金医院及时组织中国糖尿病专家、基层医疗服务提供者和公共卫生管理者,在国内制定《新型冠状病毒肺炎疫情期间糖尿病基层管理专家建议》,提供标准化的基本公共卫生和医疗服务,并在全国推广应用,显著提高了全国基层医疗卫生机构在 COVID-19 疫情期间对糖尿病及其并发症的临床诊治能力。同时,医院通过网络在线分享,积极推动全球糖尿病患者 COVID-19 感染的防控工作,改善疾病转归与预后。

图 1　瑞金医院内分泌代谢病科医生奔赴武汉抗疫一线

　　疫情期间,全国内分泌医师积极响应,踊跃报名参与抗疫行动,部分医师毅然奔赴武汉等地,投身救治工作(见图 1)。他们舍小家顾大家,冲锋在防疫抗疫最前线,表现出非凡的责任感和使命感。同时,许多内分泌医师也选择留守本地,坚守门急诊一线。他们通过提供医疗服务、远程诊疗、开展在线健康教育等方式,全力以赴地支援防疫工作。瑞金医院院长宁光为患者送药上门,带领团队开展国产新冠药物 VV116 的临床随机对照试验,为抗击疫情积极贡献力量。这些医师不仅展现了专业水平,更彰显了医者仁心的崇高品质。他们的辛勤工作为战胜疫情提供了坚实支持,他们的无私奉献和努力为保障公共卫生安全作出了巨大贡献。这份责任心和使命感将为医学生树立榜样,彰显全国内分泌医师群体在关键时刻的伟大价值。

　　在社区老年人群血糖管理方面,瑞金医院内分泌科医师们展现了极高的专业水平。他们通过远程咨询、在线指导等方式,为老年患者提供个性化的血糖管理方案,帮助他们在家中更好地管理血糖,避免不必要的医疗风险。这种协同工作的方式既保障了老年人的健康需求,也有力地支持了社区疫情防控工作。他们的无私奉献和努力为战胜疫情提供了有力支持。

本案例中,我们可以看到内分泌医生在抗疫中的贡献不仅仅局限于糖尿病管理,在应对 COVID-19 疫情中也发挥了重要作用。我国糖尿病患者众多,疫情期间,对于这一特殊群体做好防护和治疗显得尤为重要。

综上所述,内分泌医生在抗疫中展现出了专业的医疗水平和爱岗敬业的精神,为全国糖尿病患者的健康提供了坚实支持。他们的无私奉献和人文关怀不仅为医学生树立了医者仁心、大爱无疆的典范,也向社会传递出温暖和力量。医学生要学习他们坚韧不拔、不断进取的品质,同时也要学会关心他人,积极回馈社会,为建设更美好的未来贡献自己的力量。

参考文献:

[1] APICELLA M,CAMPOPIANO M C,MANTUANO M,et al. COVID-19 in people with diabetes:understanding the reasons for worse outcomes [J]. Lancet Diabetes Endo,2020,8(9):782-792.

[2] YANG X,YU Y,XU J,et al. Clinical course and outcomes of critically ill patients with SARS-CoV-2 pneumonia in Wuhan,China:a single-centered,retrospective,observational study [J]. Lancet Respir Med,2020,8(5):475-481.

[3] 王卫庆.新型冠状病毒肺炎疫情期间糖尿病基层管理专家建议[J].中华内分泌代谢杂志,2020(3):185-190.

[4] ZHU L,SHE Z G,CHENG X,et al. Association of blood glucose control and outcomes in patients with COVID-19 and pre-existing type 2 diabetes [J]. Cell Metab,2020,31(6):1068-1077.

（陆洁莉,附属瑞金医院,内分泌与代谢病,教授）

越磨砺，越伟大

思政映射点：不畏艰难，追求卓越，科学治疗

学科：内分泌与代谢病

相关知识点：糖尿病

素材简介：本文选取糖尿病患者通过科学治疗继续在运动领域取得不俗成绩的真实案例，一方面使学生通过典型病例了解糖尿病的分型、病理生理、临床特点与防治；另一方面结合人文关怀激发学生的同理心和共情力，引导学生对该疾病的深度思考。

糖尿病，这一生活中的常见不逆之症，给很多患者的生活造成巨大影响。然而，我们今天要介绍的是两位传奇运动员勇敢面对糖尿病挑战的事迹。他们的故事告诉我们，坚守信念，勇敢面对，就能战胜病魔的挑战，实现理想。

美国游泳运动员加里·霍尔在 1996 年亚特兰大奥运会上首次亮相就取得了令人瞩目的成绩，他在 50 米和 100 米自由泳短距离比赛中获得银牌，在 4×100 米自由泳接力赛和 4×100 米混合泳接力赛中获得金牌，并打破了 4×100 米自由泳接力赛的奥运会纪录。然而，1999 年霍尔被诊断出患有 1 型糖尿病。糖尿病患者需要严格的血糖控制和管理，这对于竞技体育选手来说极具挑战性，因此医生建议霍尔不要再参加游泳竞赛，专注于维护自己的身体健康，每天注射胰岛素来调节血糖。但霍尔并没有放弃对梦想的追求，通过科学的治疗和训练，他又回到了水中，并在 2000 年悉尼奥运会上获得 50 米自由泳金牌，4×100 米混合泳接力赛金牌，4×100 米自由泳接力赛银牌，100 米自由泳比赛的铜牌。四年后，29 岁的霍尔成功卫冕 50 米自由泳冠军，并在 4×100 米自由泳接力赛中获得铜牌。这些非凡的成就都是他在被诊断出患有 1 型糖尿病一年后取得的。霍尔在赛后采访中说道："冠军并不是单单靠取得的胜利来衡量的，更重要的是面对障碍和挑战时的勇气。"在忍受视力模糊和严重疲劳等糖尿病症状的同时备战 2000 年奥运会并不容易。他说"在没有任何关于糖尿病患者赢

得奥运会奖牌先例的前提下，我们医疗队通过反复试验做到了这一点"。试验第一步是完成整个游泳练习，测试他的血糖，并在需要时注射胰岛素，然后通过小增量，逐渐延长他锻炼的时间。"考验人类能力的界限，对我来说并不新鲜。疾病使它徒增波折，但我仍然有兴趣确定极限在哪里"。霍尔说，正因为被诊断为糖尿病患者，他的运动生涯才可以更好地去激励那些身患糖尿病的普通人。

退役之后，霍尔重新定义了自己的身份和目标。现在，他致力于改善糖尿病患者的生活。他说，"我会挑战在糖尿病领域成为一个更积极的倡导者"。从他的话语中可以听到那种自豪感，就像他谈论他的游泳生涯一样。作为美国青少年糖尿病研究基金会政府关系委员会的成员，霍尔奔波于全国各地，为大约300万患有1型糖尿病的美国人倡导新疗法。此外，他还专门成立基金会，资助糖尿病学研究，并积极奔走宣传糖尿病知识，与糖尿病患者分享他的成功经历，鼓励人们不要放弃希望，并在预防糖尿病的医疗委员会和基金会任职，特别关注儿童糖尿病预防。霍尔认为，并不是奥运冠军才能激励他人，只要你能科学地控制糖尿病并乐观地生活，就能影响其他患者，让大家更好地照顾自己。

史蒂夫·雷德格雷夫是一位英国赛艇选手，也是最伟大的奥运会选手之一。他在连续五届奥运会上都至少获得了一枚金牌，被称为"赛艇之王"。他的专业精神和卓越成就使他成为英国体育历史上的传奇人物之一。更重要的是，他还在职业生涯中面对了2型糖尿病的挑战，在赢得第四枚奥运金牌后，他被确诊患有2型糖尿病，当时他已经35岁了，这一诊断本来可能会结束他的职业生涯。

然而，史蒂夫·雷德格雷夫决定不让糖尿病阻碍他的成就。在经历短暂退役以后，他说："我忽然有了一个认知，是糖尿病依附于我存在，不是我依附于它。"他开始接受规范的治疗，并通过严格的自我管理来控制血糖。这包括遵循低糖饮食和每天注射胰岛素。史蒂夫·雷德格雷夫坚持不懈地继续训练，并适应了糖尿病对他的生活方式的改变。在能量水平下降后，他重新调整了饮食，每天注射胰岛素以保持健康。最终，经过四年的努力，他成功在悉尼奥运会上夺得了第五枚金牌。他说："你能掌握的关于糖尿病的信息越多，就能拥有越美好的生活。健康掌握在自己手中，请好好学习并科学地采取行动。"史蒂夫·雷德格雷夫利用他的名人身份向其他患有2型糖尿病的运动员或普通人表明，如果得到适当的治疗和监测,就能继续过正常的生活。

本案例中的两位运动员霍尔和雷德格雷夫,以自己的坚韧和毅力成为糖尿病患者的榜样。他们的故事给了我们许多关于克服困难、追求梦想以及积极面对生活挑战的重要启示。

首先,霍尔的例子告诉我们,即使面临严重的健康问题,也不应该轻言放弃,要有坚定的信念和毅力,相信自己可以克服一切。

其次,雷德格雷夫的故事强调了适当的治疗和自我管理在糖尿病患者的生活中的关键作用。这提醒我们,疾病并不可怕,只要掌握正确的治疗知识和方法,完全可以继续过正常的生活。

最后,这两位运动员都以积极的态度回馈社会。霍尔积极进入糖尿病社区,成立基金会,为糖尿病研究提供支持,同时分享自己的成功经验,鼓励其他患者不要放弃希望。雷德格雷夫也通过自己的名人身份,向其他患者传递正能量,鼓励他们通过学习和自我管理来改善生活。

本案例中霍尔和雷德格雷夫的故事告诉我们,无论面对什么样的挑战,只要有坚定的信念、正确的知识和积极的态度,就能够克服困难,追求梦想,并且在自己的领域作出卓越的贡献。他们的故事也强调了自我管理和回馈社会的重要性,这是每个人都应该培养的优秀品质。

(陆洁莉,附属瑞金医院,内分泌与代谢病,教授)

心怀祖国，志在四方

——我的援藏医疗路

思政映射点：爱国情怀，无私奉献

学科：内科学

相关知识点：血液学绪论，高原红细胞增多症，恶性淋巴瘤

素材简介：本文介绍了2017—2018年间，我作为上海市组团式援藏医疗队的一员，赴西藏日喀则市人民医院血液科担任科主任的所见所闻和人生感悟。在这一年时间里，我们医疗队全体队员缺氧不缺精神，助力日喀则市人民医院成功创建三级甲等医院。本文中展现的援藏医疗队不畏艰险、为国奋斗的工作事迹，可以帮助学生树立正确的世界观、人生观和价值观，鼓励学生不忘学医初心、牢记医者使命。

习近平总书记在十九大报告中指出："要完善国民健康政策，为人民群众提供全方位全周期健康服务，深化医药卫生体制改革，……支持社会办医，发展健康产业。""深化医药卫生体制改革，全面建立中国特色基本医疗卫生制度。"习近平总书记曾多次谈及健康公平问题，指出让广大人民群众享有公平可及、系统连续的预防、治疗、康复、健康促进等健康服务。可以说，让健康事业发展成果更多更公平地惠及全体人民，是一件意义非凡的大事。战胜疾病是人类的伟大梦想，而能够尽全力为人民健康服务则是我们小小的梦想。治病救人是一名医务工作者最基本的职业操守，当群众患病，当人民群众受灾、受难时，我们更要冲在最前面，用自己的医疗技术和服务为患者减轻病痛。

说到我的援藏经历，真是一种莫名的缘分。2017年6月初我结束在美国的访问和进修，回到了瑞金医院血液科，回到了我熟悉的病房。当时，上海市医疗援藏干部人才的甄选工作正在紧锣密鼓地筹备中。血液科作为西藏日喀则市人民医院首批重点学科，也是瑞金医院以院包科，对口帮扶的重点学科。瑞金医院拟选派一名专科医师赴日喀则担任为期一年的血液科主任。当时科内已经有

了援藏干部的人选,而我刚刚回国,并没有特别在意。直到6月底的一个下午,党委领导找我去办公室谈话,才得知前面几位候选人因为各种事由无法执行援藏任务,但是这时候距离援藏医疗队出发的日子,7月7日,也是我的生日,只有10天了。领导问我有没有什么困难,我脑子里迅速闪过家人的面庞……片刻之后,我摇了摇头,"没什么困难"。领导拍了拍我的肩膀说:"你这是'临危受命'啊!"

初到高原,缺氧就给了我一个下马威——心跳一直在100多次/分钟,胸闷心悸得厉害,晚上严重失眠,每天大把地吃药(见图1)。还好当地医院、卫健委、市委组织部等为我们援藏人员做了充分的准备和安排,经过两三周的休息和调整,终于,我们走马上任了。

图1　初到日喀则,氧饱和度低,心率快,医疗队员们坚持吸氧,努力克服高原反应

高原血液疾病谱与内地大相径庭,由于高原地区居民慢性缺氧,高原红细胞增多症(high altitude polycythemia,HAPC)是西藏常见的疾病。随着海拔的升高,HAPC发病率也随之增加,在同一海拔处,高原移居人群的发病率明显高于世居人群。这种疾病表现为慢性低压性缺氧诱发的红细胞过度增生、血流变缓、红细胞淤积和微循环功能障碍,并由此带来了全身多器官多系统的缺氧性损伤,严重患者可出现脑梗死、肺动脉高压、心肌梗死等危及生命的并发症,因而该疾病的早期发现和控制有着极其重要的意义。2016年,日喀则市人民医院血液科创新性地首次在西藏地区开展红细胞单采治疗高原红细胞增多症,迅速改善了患者的症状,结合后续的持续随访和辅助治疗,避免了中远期并发症,改善了当地居民的生活质量。之后,该特色技术得到了进一步加强及巩固,每位医务人员都独立掌握了血细胞分离机的使用,最终实现了操作零失败、术后零并发症。

　　记得有一位移居西藏的患者,因"头晕、头痛、视物模糊、入睡困难"到血液科就诊,他进藏 20 多年,长期居住在海拔 4500 米以上的地区,平素不吸氧。入院后血常规检查提示血红蛋白 260 g/L,首先考虑高原红细胞增多症。对于高原红细胞增多症这类累及多脏器、多器官的疾病,日喀则市人民医院血液科联合眼科、肾脏科、内分泌科、心内科、呼吸科、影像科、检验科等,建立了高原红细胞增多症多学科联合会诊中心,这也是国内首个高原红细胞增多症的多学科会诊中心,各个科室一起来为患者出谋划策(见图 2)。

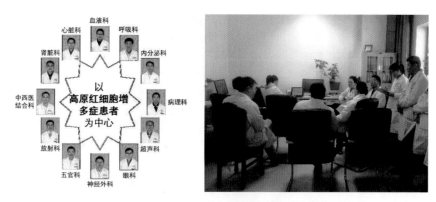

图 2   日喀则市人民医院高原红细胞增多症多学科联合会诊中心

　　多学科专家一致认为该患者是因高原红细胞增多症影响了全身血液循环,导致血循环障碍,产生全身多部位的损害和功能改变。经过红细胞单采术和吸氧治疗后,患者头晕、头痛、眼花及视力模糊症状明显好转。术后,他的视网膜静脉迂曲、血流瘀滞、静脉串珠现象消失,微循环状态明显改善,全身的血液循环也有了明显改善,治疗效果佳(见图 3)。

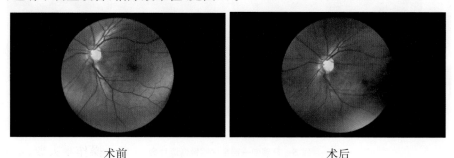

术前　　　　　　　　　　　　　　　术后

图 3   患者红细胞单采术前和术后眼部血流对比

在工作中我发现,当地血液病诊断能力较为薄弱,尤其是骨髓检查能力亟须提高。针对这个情况,我积极开展骨髓活检技术(见图 4);同时通过远程会诊系统,联通上海血液研究所骨髓细胞室和瑞金医院病理科,开展骨髓细胞学和病理学远程阅片,提高复杂血液疾病的诊断能力,先后诊断出再生障碍性贫血、骨髓增生异常综合征、多发性骨髓瘤等复杂血液系统疾病(见图 5)。此后,还诊断出本地第一例血色病、恶性淋巴瘤和血栓性血小板减少性紫癜等。

图 4　指导日喀则市人民医院血液科首次骨髓活检

图 5　日喀则—瑞金远程骨髓读片会

2018年5月,通过与瑞金医院淋巴瘤多学科会诊中心远程连线,日喀则市人民医院血液科对一例恶性淋巴瘤进行了规范化诊断和化疗,这是后藏地区第一例血液系统恶性肿瘤化疗病例,实现了后藏地区对恶性淋巴瘤治疗零的突破,而ALK阳性间变大细胞淋巴瘤这一亚型也属西藏首例,因此具有里程碑意义(见图6)。过去,在西藏地区也有临床疑似淋巴瘤的病例,但是由于病理诊断难度高、分型复杂,检查设备有限,医务人员对该病的诊断缺乏经验,绝大多数患者无法得到规范的诊断和治疗,一部分患者千辛万苦至内地诊断治疗,负担沉重。

图6　多家媒体均对日喀则市人民医院首例淋巴瘤的治疗进行了报道

人才培养和促进科研水平提升也是日喀则市人民医院血液科工作的重要一环。科室依托于瑞金医院建立了长期的人才培养机制,科内业务学习结合母院"王振义院士查房"远程教学模式,提升了本地血液专科医师业务水平,培养打造了一支带不走的团队(见图7～图10)。日喀则市人民医院血液科开展高原特色疾病研究已获得自治区自然科学基金资助,并将依托院士工作站及上海血液学研究所强大的科研平台,形成以"高原红细胞增多症为特色,血液系统恶性肿瘤为突破口"的长期发展规划。

图 7　带教的普布旺堆(左)和罗布卓玛(右)医生

图 8　主持日喀则市人民医院血液科教学查房和科内培训

图 9　对当地医生进行"三基"培训

图 10　日喀则市人民医院血液科与上海交通大学医学院附属瑞金医院远程视频会议，
探讨科室发展，并由王振义院士主持教学查房

　　"三甲"医院的创建是此次援藏工作的重中之重，以"三甲"创建及西藏地区血液病诊疗中心建设为契机，结合科室发展现状和趋势，血液团队致力于规范科室管理，落实核心制度，建立和优化多项血液病诊疗方案和临床路径。在"三甲"评审倒计时的 1 个月里，所有援藏医疗队员，几乎人人每天从早到晚泡在科室里，完善每一个细节，一大半的援藏兄弟都累到感冒、发烧，我也不例外（见图 11）。终于，2017 年 12 月，日喀则市人民医院顺利通过"三甲"评审。血液科作为重点特色学科，也令评审专家印象深刻（见图 12）。

图 11 "三甲"评审前大量的准备工作

图 12 血液科作为重点学科，接受评审专家审查。特色技术红细胞单采，令专家印象深刻

不忘初心，砥砺前行，我们每一个医务工作者都不应该忘记自己的那份社会责任感。援藏期间，我们组织了多次义诊、义务体检，把先进的医疗理念和技术带到西藏的各个地方（见图 13）。

图 13 多次义诊、体检、送医下乡

　　总结这段援藏的日子,医疗队助力日喀则市人民医院血液科加入了"上海瑞金血液病医联体",实现了瑞金和日喀则血液病患者的双向转诊、疑难病例的远程会诊和定期人员交流机制;成立了西藏自治区医学科学首个院士专家工作站,由陈赛娟院士率先入站,从临床实际问题入手,开展科学研究,提升了医院科研水平;助力日喀则市人民医院成功创建了"三甲"医院,使之学科发展得到了长足的进步。

　　对我个人而言,第一次承担科主任工作,需要全盘考虑科室在医疗、科研、人才培养、管理等方面的全方位发展,从一开始对自己的怀疑、犹豫、不自信,到后面的游刃有余,科室向着既定目标迈进,可以说援藏使命过半,我个人也成熟了大半。我们作为第八批援藏干部,第三批组团式援藏医疗人才,必须以人才培养、学科建设、管理提升为目的,通过我们的实际工作和生活中的点点滴滴,凝聚人心,促进西藏和上海的交流,进一步完善"大病不出自治区、中病不出市、小病不出县"的目标。

　　西藏高寒缺氧,紫外线强。头痛,心慌,胸闷,皮肤晒伤、干裂便成了家常便饭。即便环境艰苦,夜夜吸氧才能入眠,队员们也都努力坚持到底,为后藏地区人民群众的健康保驾护航,只为那一颗治病救人的初心和藏区患者那一句句发自肺腑的"扎西德勒"。

　　作为一名"80后"的共产党员,从小到大没有经历过太多的考验,这次远行的援藏经历弥足珍贵,祖国的边疆才是真正需要我们发挥所学所长的地方。一次援藏,一世藏缘,这份家国情怀和格局是其他任何物质财富都无法换来的。

　　人生海海,山山而川。支撑笃志前行的力量是一张张治愈后的笑脸,是一声声的谢谢,更是治病救人的初心。少年如火也似骄阳,不畏险阻更不惧山高水长。让我们继续保持着热爱,在祖国的大地上,谱写新时代医务工作者的篇章。

参考文献:

[1] 中共中央宣传部.平"语"近人:习近平总书记用典[M].北京:人民出版社,2019.
[2] 张浩.雪域的风采:上海市组团式医疗援藏实录[M].上海:上海人民出版社,2019.

（许彭鹏,附属瑞金医院,内科/血液学,副主任医师）

暖心即护胃

——功能性胃肠道疾病的诊治体验

思政映射点：沟通协作，人文关怀

学科：内科学

相关知识点：功能性胃肠病，肠易激综合征等

素材简介：本文介绍了功能性胃肠道疾病的诊治体验，可用于勉励学生加强医学人文修养，学会沟通与协作。功能性胃肠道疾病与器质性胃肠道疾病不同，常规检查和治疗效果并不理想，但如果辅之以人文关怀和心理干预，往往能收到良好的临床效果。

在消化科，不管是普通门诊还是专家门诊，经常可以碰到很多愁眉苦脸的患者，说看遍了各大医院，吃遍了各种胃药，胃病就是看不好。有的表现为反酸、烧心，有的表现为胸骨后不适，有的表现为上腹部隐痛，还有的表现为咽喉部异物感、紧缩感，做了各种检查，包括胃镜、腹部B超、腹部CT，有的还做了心电图、心脏彩超、肺CT、喉镜，还有个别患者甚至做了昂贵的PET-CT，但除了胃镜显示慢性胃炎之外，其他的检查结果均显示一切正常。但就是这样一些看似什么问题都没有的患者，用尽了各种胃药，就是好不了，患者非常痛苦，备受折磨，以为自己得了什么绝症。有的患者可能会因为胸骨后不适反复就诊于心内科，怀疑自己得了冠心病和心绞痛；有的患者会反复就诊于耳鼻喉科，以为自己咽喉部出了问题；有的患者会就诊于呼吸科，以为自己的肺出了问题；有的患者还会因为有一颗小小的胆囊结石，以为是胆绞痛而切除胆囊，但术后腹痛依旧。

其实对于这类患者，我们不妨多问一句：在这次发病前，生活中有什么事情发生吗？这个时候，患者也许会和你说，"医生，我家里妈妈刚去世，我很伤心"；或者"我跟家人闹矛盾了，孩子离家出走，我很着急"；抑或是"公司换了新领导，跟领导不和，压力很大"，诸如此类。此时，如果你能从言语中表示出对他们的

关心,设身处地地为他们着想,取得他们的信任,再辅以调节心理情绪的药物,往往能取得奇效。

在我的门诊当中,就有不少这样的经历。我还清楚地记得一个冬日的下午,胃肠动力门诊进来一位 40 出头的女性患者,眉头紧锁,一脸愁云,一问才知道,该患者因胃部烧灼感伴胸痛已反复在当地医院就诊了几个月,胃药都吃遍了,但就是没有效果,心脏的检查也做了,胃镜也做了,腹部 B 超等也做了,除了胃镜显示浅表性胃炎外,其他都没有明显的异常,医院心内科也已就诊,排除了心脏的器质性疾病,因此推荐患者来看胃肠动力门诊。我又多问了一句,"您家里最近有什么事发生吗?"患者抬头看了我一眼,叹了口气,然后打开了话匣子,原来患者有一个 15 岁的女儿,现在正读初三,但本学期开始明显厌学,学习成绩也一落千丈,患者和孩子因读书的事反复吵架,家里不得安宁,而患者也从这个时候开始反复出现胃痛和胸痛。我适时地安慰了她,并委婉地建议她可以带着孩子一起寻求心理帮助,然后我又给她开了胃药和调节情绪的药。患者离开诊室的时候很感激地对我说,从来没有哪个医生这么详细地询问过她的情况,她已经觉得舒服多了。类似这样的患者还有很多,我相信其他医生也能碰到很多,面对这样的患者,如果我们能多关心一下他的心理状况,也许能起到四两拨千斤的效果。

这些经历提醒我们,身体和心灵是一个整体,心理的变化会影响身体,我们不仅要关注患者的身体健康,也要关心患者的心理健康,对于我们消化科来说,暖心即护胃。

（王吉林,附属仁济医院,消化内科,主治医师）

错失诺贝尔奖的人们
——幽门螺杆菌的发现之旅

思政映射点：前沿引领，开拓创新，科学精神

学科：内科学

相关知识点：消化性溃疡病因假说，科赫原则等

素材简介：本文通过介绍幽门螺杆菌发现的过程强调科研的严谨性和创新性。许多科学家包括仁济医院病理科医生在内，均与幽门螺杆菌的发现擦肩而过。机遇属于那些有准备的人，通过这些事，学者们是否应该追思几个"假如"：假如当年我们不以古板的概念为"圣旨"，不去嘲笑那些用抗生素治疗溃疡病的医生，而是去深究其机制……假如当时我们发现了"毛毛虫"，不把它当成污染去看，而是穷追下去……假如临床医生在从事临床工作的同时做些基础研究，多学点身外本领，掌握一些诸如细菌培养、生化、免疫等研究技术……如果有上面的这些"假如"并循此研究下去，也许能够收获诺贝尔奖。本文旨在引导学生体会科研的严谨性与创新性，树立"实践是检验真理的唯一标准"的信念。

目前，关于消化性溃疡病因的假说很多。其中幽门螺杆菌感染是较为明确的诱因之一。早在 1892 年，意大利病理科医师朱利奥·比佐泽罗（Giulio Bizzozero）就在犬胃黏膜中发现了螺杆菌。此后的一个多世纪，世界各国的医生及学者曾先后发现并报道了胃黏膜表面存在螺旋状细菌。一直以来，人们都认为胃炎胃溃疡是由压力或者辛辣食物引起的。但由于没有直接证据证明这一螺旋状的细菌与胃黏膜病变有关，很多人就认为这个细菌的发现是标本被外界污染了。其实，仁济医院消化病理室的前辈施尧教授在 1978 年开展研究生课题"慢性胃炎的胃黏膜扫描电镜研究"时，也在胃黏膜上发现了这种弯曲状的细菌，但他当时也以为这种细菌是"过路"菌或"污染"菌而未引起重视，可以说是与诺贝尔奖失之交臂。

1983 年，澳大利亚病理学家罗宾·沃伦（Robin Warren）和消化科医师巴

里·马歇尔(Barry Marshall)在观察到胃黏膜活检组织中的幽门螺杆菌并发现该菌感染与慢性活动性胃炎的关系密切后,进行了大型连续性临床研究,发现几乎所有慢性活动性胃炎、十二指肠溃疡或胃溃疡患者的胃黏膜组织中均有该细菌的存在,因此提出胃部新发现的细菌可能是上述胃十二指肠疾病的病因。

该研究首先验证了科赫法则第一条:"在每一病例中都出现相同的微生物,且在健康者体内不存在。"而科赫法则第二条:"要从寄主分离出这样的微生物并在培养基中纯化培养出来。"马歇尔与古德温实验室的微生物学家珀曼(Perman)合作,在经过 34 次培养失败后,最终在 1982 年的复活节期间成功分离培养出幽门螺杆菌。马歇尔和沃伦虽然发现了幽门螺杆菌,也证实了其感染与胃炎和消化性溃疡的关系,但是因为传统观念的影响,许多胃肠病医生难以改变既有观念。科赫法则第三条:"将分离纯化培养的微生物再接种到健康的易感宿主后,必须引起同样的疾病发生。"1985 年,马歇尔狠了狠心"以身试菌",亲自喝下了幽门螺杆菌液,在喝下菌液的第 10 天,他的胃黏膜组织学检查显示为胃炎。除了马歇尔外,莫里斯(Morris)和尼科尔森(Nicholson)也亲自喝下了幽门螺杆菌液。在喝下菌液的第 3 天,莫里斯出现了中重度的上腹部疼痛。在第 11 天,幽门螺杆菌成功地从莫里斯的胃部活检组织中分离培养出来,而且组织学检查证实莫里斯患上了胃炎。这进而验证了科赫法则第四条:"从试验发病的寄主中能再度分离培养出这种微生物来。"

后续的研究也进一步证实,幽门螺杆菌感染几乎 100% 会引起慢性胃炎,它是大多数胃溃疡的元凶,而且还有 1%～2% 的概率发展成胃癌、胃淋巴瘤等可怕的疾病。马歇尔和沃伦也因此获得了 2005 年的诺贝尔生理学或医学奖。

而我们在医学学习过程中,应以史为镜,从幽门螺杆菌发现的历史故事中,体会科研的严谨性和创新性,树立"实践是检验真理的唯一标准"的信念,充分相信科学,尊重科学,追求真理。

(丁慧,附属仁济医院,内科学,主治医师)

诺贝尔生理学或医学奖获得者屠呦呦

思政映射点：文化传承，开拓创新，科学精神，爱国敬业

学科：内科学

相关知识点：传染病学概论，疟疾，青蒿素等

素材简介：本文介绍了屠呦呦作为中医药领域的药学家，在应用青蒿素治疗疟疾上为人类作出的巨大贡献，勉励学生热爱祖国医学，勇于开拓创新，培养为科学献身的精神。屠呦呦从事中药和西药结合研究，突出贡献是创制新型抗疟药青蒿素和双氢青蒿素，用于治疗疟疾，挽救了全球特别是发展中国家数百万人的生命，并于2015年10月获得诺贝尔生理学或医学奖。通过学习屠呦呦研发青蒿素的事迹，引导学生敢于创新，培养科学精神，了解科学发展与人类健康的深刻联系。

屠呦呦，1930年生，浙江宁波人，中共党员，药学家。她自幼耳闻目睹中药治病的奇特疗效，对中药留下了深刻印象，这促使她后来去探索其中的奥秘。屠呦呦大学毕业时，正值初创的中医研究院因工作条件差、设备简陋，科研人员不足，但是，党的"继承、发扬中医药学宝库，积极发展中医药事业"的号召，成为广大中医药工作者的奋斗目标，也给刚刚走上工作岗位的屠呦呦增添了力量和信心，让她毅然选择了中医研究院的工作。之后，屠呦呦和同事们经过多年不懈的努力，先后发明和研制了新型抗疟药青蒿素和双氢青蒿素。

从1969年1月开始，历经380多次实验，190多个样品试验，基于2000多次实验记录，屠呦呦和课题组以鼠疟原虫为模型，发现青蒿提取物对鼠疟原虫的抑制率只有12%～40%。对此，屠呦呦没有气馁，她又细细翻查古代文献，改用沸点较低的乙醚进行实验，终于发现了青蒿素，使青蒿提取物对鼠疟原虫的抑制率从12%提高到100%。但屠呦呦并未止步，1992年，针对青蒿素成本高、对疟疾难以根治等缺点，她又合成出双氢青蒿素，其抗疟疗效为前者10倍。

正当人们对青蒿素在疟疾的临床应用中满怀期待时，动物实验发现青蒿素

会引起过性转氨酶升高等损害肝功能的现象。为了证实了药物的安全性，屠呦呦凭借献身科学的精神，更是出于对自己科研团队的信心，以身试药。可喜的是，在为期一周的用药期间未观察到明显的不良反应，最终推动了青蒿素更大样本的人体试验。当时科研条件简陋、防护条件差，长期接触盛放浸泡青蒿的乙醚大缸，导致屠呦呦在日复一日的科研工作中得了中毒性肝炎，但是她从未想过停止，她说"祖国需要我，我义无反顾"。

2015 年 10 月 5 日，瑞典卡罗琳医学院宣布，将 2015 年诺贝尔生理学或医学奖授予中国药学家屠呦呦、爱尔兰科学家威廉·坎贝尔和日本科学家大村智，表彰他们在寄生虫疾病治疗研究方面取得的成就。2015 年 12 月 11 日 00:12，屠呦呦从瑞典国王手中接过了诺贝尔生理学或医学奖证书。

疟疾是与结核病、艾滋病并称的全球最严重传染病之一，以致死率高著称。据世界卫生组织统计，2008 年，全球有 2.47 亿人感染疟疾，其中 100 余万人病死，他们大多数生活在热带和亚热带地区。在非洲，大约每 30 秒就有一名幼儿因疟疾而死亡，而传统的抗疟药物奎宁因疟原虫的抗药性早已失效。

"中国神药"给世界抗疟疾事业带来了曙光。世界卫生组织声明，坦桑尼亚、赞比亚等非洲国家近年来疟疾病死率显著下降，一个重要原因就是广泛分发了青蒿素复方药物。仅在赞比亚，由于综合运用杀蚊措施和青蒿素类药物疗法，2008 年疟疾致死病例比 2000 年下降了 66%。

老一辈科学家尤其是屠呦呦及其团队的科研事迹充分体现了爱国、敬业的社会主义核心价值观。屠呦呦的事迹鼓励学生，勇于承担社会责任，在为他人、集体、国家作出贡献的过程中实现自身价值。广大医学生应学习屠呦呦淡泊名利、不怕苦、不怕难和无悔献身的科学精神，在平凡的医疗工作中，抑或是在面临公共卫生事件的考验时，思考如何在学习屠呦呦的精神中践行自己的社会价值。

参考文献：

周程.屠呦呦与青蒿高抗疟功效的发现[J].自然辩证法通讯，2016,38(1):1-18.

（徐雷鸣，附属新华医院，消化内科，主任医师）

冬虫夏草治疗慢性肾脏病漫谈

思政映射点：文化自信，爱国情怀

学科：肾脏病学

相关知识点：慢性肾衰竭

素材简介：在中医方面冬虫夏草是一味非常名贵且特别稀有的中草药，归为中药"补阳药"中，具有益肾壮阳，补肺平喘，止血化痰等功效。应用于肾虚腰痛，阳痿遗精；肺虚或肺肾两虚之久咳虚喘，劳嗽痰血；病后体虚不复，自汗畏寒等。现代药理研究证实其可改善肾衰患者的肾功能状态和提高细胞免疫功能。中华中医药文明源远流长，中药的治疗作用在历史长河中再次得到了验证。本文的学习可引导学生产生共鸣，对古人的智慧产生自豪感，从而激发爱国情怀。

　　冬虫夏草是一种名贵的中药材，作为一味神奇的中草药，最早收录于清代乾隆年间吴仪洛编撰的中药专著《本草从新》："冬虫夏草，补肺肾。"之所以说它"神奇"，是因为它经历了神奇的"冬天为虫，夏天化草"的过程，这也是它得名的由来。

　　那么冬虫夏草到底是虫还是草？是动物还是植物呢？

　　其实它是一种真菌类子囊菌纲的冬虫夏草菌，寄生在鳞翅目昆虫蝙蝠蛾的幼虫身体里长出来。冬天，蝙蝠蛾幼虫躲在泥土中，这种真菌就钻到虫子的体内，吸取幼虫体内的营养，萌发菌丝体。从冬季到夏季，菌丝体慢慢将幼虫体内物质吃光，最后，死掉的幼虫只剩下一层外皮，身体里面长成密实的菌丝体。到了夏天，这个菌丝体开始生长，从死去幼虫躯壳的头部长出一根棒（子座）破土而出，里面生长着冬虫夏草菌的"种子"——子囊孢子。可见，冬虫夏草可以说是在冬天吃了虫的身体，到夏天长出来的一种菌。它的外壳是一条"虫"，里面实际上是一种真菌。

　　冬虫夏草归为中药"补阳药"，其功效为：益肾壮阳，补肺平喘，止血化痰。应用于肾虚腰痛，阳痿遗精；肺虚或肺肾两虚之久咳虚喘，劳嗽痰血；病后体虚不复,自汗畏寒等。现代药理研究证实其可改善肾衰患者的肾功能状态和提高细胞免疫功能,从尿蛋白定量、血清肌酐及病理学等方面证实对大鼠实验性Heymann 肾炎有效。

除了原始中药材以外,冬虫夏草还有人工制剂,如百令胶囊、金水宝胶囊等,是由提取的冬虫夏草菌粉经液体深层发酵,所得菌丝体的干燥粉末而制成的胶囊。其主要成分和功效与冬虫夏草原药材相类似。

那么,冬虫夏草及其人工制剂对于治疗慢性肾脏病效果到底如何呢?

在国际上著名的循证医学权威数据库——考克兰图书馆(Cochrane Library)中,香港中文大学研究团队于 2014 年发表了一篇关于冬虫夏草(人工制剂)治疗慢性肾脏病的系统回顾文章,纳入了 22 个临床研究共 1746 名慢性肾脏病患者(未介入透析治疗),其中 13 个研究采用了"金水宝胶囊",9 个研究采用了"百令胶囊"。文章作者通过统计分析后得出如下结论:冬虫夏草制剂可以显著降低慢性肾脏病患者的血肌酐水平(平均降低 60.76 μmol/L),升高肌酐清除率(平均升高 9.22 mL/min),降低 24 小时尿蛋白(平均降低 0.15 g/24h)。

中华中医药文明源远流长、历久弥新,中药的治疗作用再次得到了验证,通过本章节医学知识的学习引导学生产生共鸣,对古人的智慧产生自豪感,从而激发爱国情怀。

参考文献:

[1] 雷载权.中药学[M].上海:上海科学技术出版社,1995:298-299.

[2] ZHANG H W, LIN Z X, TUNG Y S, et al. Cordyceps sinensis (a traditional Chinese medicine) for treating chronic kidney disease[J]. Cochrane Database Syst Rev, 2014 (12): CD008353.

(查丹凤,附属仁济医院,护理学,主管护师)

严重急性呼吸综合征(SARS)

思政映射点：爱岗敬业,科学精神,无私奉献

学科：内科学

相关知识点：呼吸道传染病,SARS,疫情防控等

素材简介：本文通过介绍 2002 年中国防治 SARS 的过程,让学生熟悉并掌握传染病总论中的各知识点,了解切断疫情传播的关键措施,引发学生对流行病防控的思考。同时,通过 SARS 事件中殉职医护的介绍,让学生明白"医者,救死扶伤祛病者也",作为医务工作者,要崇德慈心、尚学仁术。

SARS 事件是指严重急性呼吸综合征于 2002 年在中国广东顺德首发,并扩散至东南亚乃至全球,直至 2003 年中期才被逐渐消灭的一次全球性传染病疫潮。2002 年 11 月下旬,中国南部出现 SARS 首批病例。2003 年 3 月 12 日,世界卫生组织(WHO)首次发出 SARS 全球警告,此后的一个月疫情大暴发,病例急增至大约 3000 例,死亡 100 多例,并蔓延到各大洲 20 多个国家。

越南于 2003 年 4 月 28 日、菲律宾于 5 月 20 日,新加坡于 5 月 31 日,相继切断了传染链。新增病例数在 6 个月内逐渐减少。2003 年 6 月 24 日,WHO 宣布将北京从疫区名单中删除。WHO 确认,所有经历 SARS 暴发的国家都及时和准确地报告了疫情,SARS 这种危害重大的疾病是很难长期隐瞒的。病例数急剧减少不是"自然现象",不能归因于 SARS 病毒毒力或传染性减弱,如同许多新出现的疾病经常快速"燃尽"一样,应归功于当地政府和医疗卫生工作者的巨大努力,及民众的理解与支持。为达到控制 SARS 的目标,那些疫情最严重的国家和地区,迅速发现并纠正了医疗系统中长期存在的弱点,这为他们以后处理类似疾病提供了持久有效的借鉴和参考。此外,资料收集和报告系统的运用、公开坦诚地向公众通告信息的新模式,在以后新的疾病出现和下一次流感大暴发时,将使全世界受益。

在抗击 SARS 疫情的战斗中,涌现出一批不畏个人安危,冲锋一线捍卫人

民安全却遗憾牺牲的医护人员。中华医学会内科学会分会主委刘又宁在《用生命铸成的历史》中提到的李晓红,不到 30 岁且怀有身孕,却主动请缨参加战斗,最终与未能谋面的腹中胎儿一起离开了人间。当李晓红的丈夫发言时,在场者无不泪流满面,肃然起敬。

SARS 是第一个袭击全球化社会的严重传染病。整个疫情的历程显示出,全球化社会加速了破坏性疾病的蔓延,但也为各国团结一致迅速将它控制创造了有利条件,这突出了当今世界是一个彼此相系、相互依赖和具有高度流动性的世界。

中国共产党的领导是取得疫情防控重大决定性胜利的根本保证。发现病毒后,我们果断采取控制措施,隔离、追踪接触者、随访、检疫和旅行限制,使我们已接近击败 SARS 的目标。其他成功的措施包括:指定 SARS 医院,把 SARS 可能传播到其他医院的危险降到最低;利用大众传媒开展公众教育活动,鼓励迅速报告症状;建立发热门诊以减轻急诊室的压力;在机场和其他边境站点,通过检查体温对人群进行筛查。所有这些措施都有助于迅速发现和隔离新的传染源——切断传染链的关键一步。

在面对 SARS 的严峻考验时,有白衣执甲、逆行出战的医务人员;有临危受命、抗疫攻关的科研人员;有奉献担当、互助友爱的志愿者;有无惧辛劳、坚守岗位的基层工作者。在这场没有硝烟的战斗中,处处是勇于冲锋陷阵的身影,时时有真情付出的人民英雄,他们共同铸就了"万众一心、众志成城,团结互助、和衷共济,迎难而上、敢于胜利"的抗击"非典"精神。

参考文献:

薛澜,张强.SARS 事件与中国危机管理体系建设[J].清华大学学报(哲学社会科学版),2003,18(4):1-6.

(徐雷鸣,附属新华医院,消化内科,主任医师)

烈性肠道传染病霍乱

思政映射点：科学精神，专业扎实，无私奉献

学科：内科学

相关知识点：肠道传染病，霍乱，中医学等

素材简介：本文通过导入电视剧《女医明妃传》中有关霍乱的相关情节，引出历史上"霍乱"的概念；依据剧中情节，让学生生动形象地了解霍乱的主要临床症状，并借此发起学生对电视剧中出现的治疗方法的讨论或课堂辩论；通过热播剧的探讨，激发学生课堂讨论的积极性，引导学生通过严谨的文献分析及逻辑推理，发现日常生活中可见的一些医学专业误区；通过对古代中医经典的回顾，激发学生对中医的兴趣，引导学生多阅读中医经典。

2016年热播的电视剧《女医明妃传》中有这样一个情节：黄河决堤，灾民背井离乡，流浪四方。流落到京师永庆庵的灾民中出现了大批呕吐腹泻的患者，女医谭允贤适逢其时，诊断为霍乱。随后城里霍乱四起，如净慈师太所说，乃是大疫（而太后说，先帝在世时南京也发过霍乱，不是什么大事）。而女医允贤用生姜煮酒汤、地浆水鸡矢白等神药治好了一个又一个患者，为最后控制霍乱立下汗马功劳。

就医学史实而言，这个情节中，唯有太后的说法是对的。如电视剧所描述的霍乱是"真霍乱"，就属于现在的甲类法定传染病，要求城市2小时内、农村2小时内电话报告防疫站。但实际上，我国中医史上"霍乱"一词出现虽早，却不是我们今天所说的"真霍乱"。在《黄帝内经·素问》《伤寒论》《肘后备急方》《诸病源候论》等经典中，有关"霍乱"的记载非常多，症状往往是吐泻伴有明显的腹痛、发热，且没有烈性传染和高病死率的特点，应该是食物中毒、急性胃肠炎和急腹症等疾病的混合概念，没有清晰的疾病分界，更不可能是今日之传染病霍乱。因此，太后说"不是什么大事"是对的。而女医允贤所说的"大疫"霍乱是19世纪首现于印度恒河流域的"真霍乱"。当时，霍乱暴发于恒河流域，很快（大约

1820 年)就传到中国，引发惨重的死亡。

霍乱的处理原则是严格隔离，迅速补充水及电解质，纠正酸中毒，辅以抗菌治疗及对症处理。如不及时治疗，可迅速进展为严重的中毒性循环衰竭，病死率极高。"真霍乱"典型的症状是突发剧烈的腹泻、呕吐而无腹痛。由于大量体液丢失，引发严重的脱水和电解质丢失。缺钠可引起肌肉痉挛，缺钾可引起肌肉张力减退、肠麻痹、心律失常；然后循环衰竭，血压下降，尿量减少，直到无尿，肾功能衰竭。病情进展迅猛，往往发病后数小时即毙命。

新中国成立之初，医疗领域的发展尚且薄弱。1961 年广东省阳江县防疫站接诊了大量腹泻患者，并向省卫生厅发出"发现十足似霍乱患者 453 例"的紧急报告。就在这时，在北京大学医学院流行病学教研室的魏承毓临危受命，被派遣到一线，指挥霍乱的防疫工作。魏承毓每天穿梭在广东的田野河间，辗转从阳江到湛江、连江，跟随疫情的蔓延开展霍乱的流行病学调查。通过科学的实践和流行病学调查分析，魏承毓回答和解决了霍乱蔓延的很多问题，画出了疫源地的平面图，并通过标注患者的发病间隔和定位来寻找传染源。最终这场令世人谈之色变的疫情，在科学的治理中落下帷幕。

经历多年的治理，中国对霍乱已经形成了确实有效的防控策略，并随时向公众及时、准确、公开透明地发布疫情信息。2012 年以后，霍乱在中国的年发病例数从不过百，更是鲜有死亡病例。我们相信，在政府和人民的共同努力下，在流行病学专家的科学带领下，落实对烈性传染病的防控措施，保持不松弛、不懈怠的态度，就能防止霍乱卷土重来，杜绝燎原之势。

参考文献：

焦逸泉.盘点影视剧中的那些医学谣言[J].课外阅读,2017(6):58-59.

（徐雷鸣，附属新华医院，消化内科，主任医师）

"面对生命，我必须采取措施"

——循证医学实践范例的评价和应用

思政映射点：救死扶伤，无私奉献

学科：急诊医学

相关知识点：心肺复苏，基础生命支持

素材简介：本文介绍了2020年6月上海交通大学医学院附属新华医院实习生唐玮鲜在路途中勇敢地对陌生老人实施心肺复苏、口对口人工呼吸的感人事迹。以此鼓励医学生们以同龄人为榜样，培养"敬佑生命、救死扶伤、甘于奉献、大爱无疆"的医者精神和社会责任感，用行动书写"健康所系，性命相托"的医学生誓言。

2020年6月22日，上海市浦东新区龙居路上一位老人突然昏厥，一名路过的女孩果断挺身而出，快速地判断老人的病情，并及时为老人进行心肺复苏（CPR）抢救，为老人争取到生的机会。

女孩是在上海交通大学医学院附属新华医院实习的16级本科生唐玮鲜，在突发的紧急状况下她勇敢地对一个陌生老人实施口对口人工呼吸，直到警车和救护车相继到达。唐玮鲜到医院实习仅一个月，之前并没有对真人实施心肺复苏的经验，决定人工呼吸时，她虽然也有顾虑，但"面对生命，我必须采取措施"，也因此被央视新闻、《人民日报》《中国日报》《北京青年报》等各类主流新闻媒体报道，被授予2020年"上海市见义勇为先进个人"荣誉称号，入围第十五届"中国大学生年度人物"候选人。

"如果你是第一目睹人，你会怎么处理？"

原来心肺复苏可以发生在身边，原来伸出援助之手的路人就是我们的同龄人、医学生、同校人！我们要借此帮助学生树立正确的价值观、形成对世界的正确认识和理解，培养学生"敬佑生命、救死扶伤、甘于奉献、大爱无疆"的医者精神和社会责任感。

另外，我们要基于循证医学证据的心肺复苏指南的更新，让医学生通过强化学习、记忆，在第一时间给予患者正确的处理，掌握基础生命支持（basic life support，BLS）技能流程和标准动作，为以后的临床工作打下坚实的基础。

参考文献：

[1] 高等学校课程思政建设指导纲要[Z].2020－06－01.

[2] OLASVEENGEN T M，MANCINI M E，PERKINS G D，et al. Adult basic life support：2020 international consensus on cardiopulmonary resuscitation and emergency cardiovascular care science with treatment recommendations [J]. Circulation，2020，142 (16_suppl_1)：S41－S91.

[3] Edelson D P，Sasson C，Chan P S，et al. Interim guidance for basic and advanced life support in adults，children，and neonates with suspected or confirmed COVID-19：from the Emergency Cardiovascular Care Committee and get with the guidelines-resuscitation adult and pediatric task forces of the American Heart Association [J]. Circulation，2020，141(25)：e933－e943.

（葛勤敏，附属新华医院，急诊科，主任医师）

循证医学的社会推进
——以儿童安全座椅为例

思政映射点：医学伦理与法治，科学精神，开拓创新

学科：急诊医学

相关知识点：循证决策

素材简介：本文介绍了上海交通大学医学院附属新华医院潘曙明教授通过循证实践——结合儿童乘客安全实践的直接观察数据、上海家长乘车安全问卷调查以及模拟车辆碰撞试验，用临床研究推进中国制定和改进儿童乘客安全法，成功实现了从具有重要公共卫生意义的课题到政策的转化。

据统计，道路交通伤害是我国0—17岁儿童和青少年的第二大死因，我国由道路交通伤害造成的儿童死亡率是发达国家的两倍以上，儿童道路交通伤害正成为我国一个重要的公共卫生问题。

上海交通大学医学院附属新华医院潘曙明教授通过循证实践——结合儿童乘客安全实践的直接观察数据、上海家长乘车安全问卷调查以及模拟车辆碰撞试验，展开了一系列研究，不仅将研究结果发表在国际期刊上，同时用临床研究推进中国制定和改进儿童乘客安全法。其中涉及一个从提出临床问题，到收集资料、实验验证、形成评估结果，再根据评估结果得出科学结论，最后推动政策、法规的制定这样的循证实践过程。

具体地说，即从循证的角度，提出儿童道路交通伤害这一重要的公共卫生问题，通过了解中国儿童乘客的实际乘坐方式，利用家长问卷调查影响儿童乘客安全的因素，模拟车辆碰撞试验评价儿童乘客不同乘坐方式的安全性，说明儿童安全座椅约束装置和安全带使用与儿童道路交通意外伤害风险的关系，并结合国际上立法等干预后对儿童道路交通伤害的改善，推进社会制定和改进儿童乘客安全法律，促进儿童乘客的安全。2014年3月1日起，修订后的《上海市未成年人保护条例》正式实施，其中规定：携带未满四周岁的未成年人乘坐家庭

乘用车,应当配备并正确使用儿童安全座椅;携带未满十二周岁的未成年人乘坐家庭乘用车的,不得安排其乘坐在副驾驶座位。

　　循证医学的核心思想是医疗决策(即患者的处理、治疗指南以及政策的制定等),医疗决策应在现有的临床研究基础上作出,强调证据应与时俱进、不断更新,从而确保患者的利益。本案例中的临床研究成功转化为临床实践,推动社会去制定和改进儿童乘客安全法律,促进了儿童乘客安全保障的发展。同样的,身边成功将具有重要公共卫生意义课题转化为政策的案例还有很多,以下列举几例新华医院作为第一完成单位的转化案例,如新生儿听力筛查及干预的研究成果促使新生儿听力筛查列入我国《母婴保健法》的法定筛查项目;儿童睡眠的研究与应用研究成果推动了中小学校作息制度的改革,使得上海市在国内率先推出推迟中小学生上学时间的政策;铅对儿童生长发育的影响及其预防的系列研究成果促进我国汽油无铅化的实施,推动了我国儿童铅中毒的防治,保障了儿童的健康成长。这些成功案例说明,医疗卫生服务决策所需的循证实践模式,日益受到社会和政府的关注和重视。未来的医学生们也应努力将日常主要以常识、经验为指导的实践,转化为主要以科学理论为指导的实践,通过循证医学和循证决策促进成果转化,服务国家战略,最终推动社会进步、保障人民健康。

参考文献:

[1] PAN S, DU W, JIANG F, et al. Exploring child car passenger safety practices in China: experience from a parental survey in Shanghai [J]. Inj Prev. 2012, 18(2): 133 - 137.

[2] NIU L, GAO Y M, TIAN Y, et al. Safety awareness and use of child safety seats among parents after the legislation in Shanghai [J]. Chin J Traumatol, 2019, 22(2): 85 - 87.

[3] JIANG F, ZHANG J, SHEN X. Towards evidence-based public health policy in China [J]. Lancet, 2013, 381(9882): 1962 - 1964.

(葛勤敏,附属新华医院,急诊科,主任医师)

百草枯中毒患者抢救的生死时速

思政映射点：医学伦理，沟通协作，开拓创新

学科：内科学

相关知识点：内科护理学总论，肾功能不全，血液透析

素材简介：本文利用典型案例，引出内科护理学中关于血液透析相关知识点的讲解，将血液透析相关的理论知识与思政充分融合，不仅让学生掌握专业知识，也在探讨的过程中，让学生认识到生命的珍贵，从而更加坚定作为医务人员的使命感和责任感，弘扬爱岗敬业、团结协作的精神与集体意识，激励学生终身学习，开拓创新，争做时代接班人。

2018 年 8 月 20 日，上海市第六人民医院急诊收治了一名高二的学生。因为摸底考试成绩下滑，被妈妈数落了两句，他喝下了百草枯农药。经过医院多个科室的通力合作，全力抢救，连续性血液过滤加灌流，患者曾短暂恢复意识，但一周以后，这个鲜活的生命还是没能挽救过来，留下无限的遗憾与悲哀！

百草枯又称对草快、克芜踪，属联吡啶杂环化合物，成人常规剂型致死量为 5～15 mL。百草枯中毒能救活吗？如果不能救活医院积极救治的意义在哪里？一般医生会采取什么治疗方式？

"给你后悔的时间，但不给你活着的机会"，这句话就是用来形容百草枯中毒的。百草枯中毒的救治希望非常渺茫，但是作为医务工作者，他们的责任感和使命感以及医学伦理要求他们不到患者生命的最后一刻，绝不放弃治疗。"敬佑生命，救死扶伤"，医务人员应当不忘初心、牢记使命，尽最大的努力，救护生命，守护生命。

百草枯中毒患者送医后，在加速毒物排泄时，除常规输液、使用利尿剂外，最好在患者服毒后 6～12 小时内进行血液灌流或血液透析。血液透析也称"人工肾""洗肾"，其利用半透膜原理，通过扩散、渗透等方式将体内各种有害物质以及多余的代谢废物和过多的电解质移出，达到净化血液，纠正水、电解质紊乱

与维持酸碱平衡的目的。它的适应证有：①急性肾功能衰竭；②慢性肾功能衰竭；③急性药物或毒物中毒。此治疗方式不仅在肾内科应用，其他很多中毒抢救过程也经常用到。

图 1 就是血透机器运转的过程，以前俗称的换血，就是指血液透析。

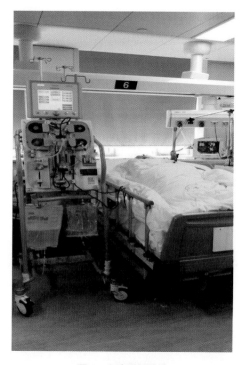

图 1　血液透析器械

尽管百草枯中毒的患者救治率低，救治难度大，但是医院仍组织多个科室，通力协助，尽最大努力抢救患者。所谓"独学而无友，则孤陋而寡闻"，当今社会，各种复杂及难治性疾病层出不穷，需要集思广益，通力合作。本案例也充分体现了全力以赴，团结协作的精神。

虽然百草枯中毒救治率极低，但是近年来，也不时有成功抢救案例见诸报端。医学是人类在与大自然抗争中产生的一门学科，是前辈们不断钻研、不断总结形成的，人类医学走到今天虽然很发达，但是与人类面临疾病的复杂程度相比，仍有众多难题尚未解决，需要我们终身学习、开拓创新。作为医学生，既要有职业的荣誉感、自豪感,爱岗敬业,也要认清医学的局限性。医学之路,任重而道远。

参考文献:

姜汉兰,潘德华,文霞.血液灌流联合血液透析抢救1例儿童急性百草枯中毒的护理[J].全科护理,2013,11(9):2491-2492.

(梅玉秀,附属第六人民医院,护理带教组,主管护师)

中国腹膜透析第一人：钱家麒

思政映射点：前沿引领，国际思维，科学精神

学科：肾脏病学

相关知识点：慢性肾衰竭

素材简介：本文介绍钱家麒将腹膜透析技术引入中国，并将该领域的"中国标准"带给世界的事迹。至今，腹膜透析仍是尿毒症患者一体化治疗方案中重要的组成部分。20世纪80年代，钱家麒回国后成立了仁济医院腹膜透析中心，2005年创建了上海市腹膜透析研究中心，率先规范腹膜透析工作，并在全国推广。钱家麒通过研究证明的低剂量起始腹膜透析的"中国方案"，以及尿素清除指数达到1.7提示毒素清除充分的"中国标准"，后来被广泛认同，最终被国际指南采纳成为腹膜透析充分性的国际标准并沿用至今，是真正中国原创的临床医学研究成果。这一案例强调了实践在科学发现和医疗治疗中的重要性，从而促进医学生们理解并践行"实践出真知"的科学精神。

钱家麒（见图1），1939年6月出生于上海，1963年毕业于上海第二医学院医疗系，之后一直在仁济医院从事临床医学与科研教学工作，直至退休。

1982年至1985年，钱家麒受教育部公派赴美国哈佛大学医学院附属布列根和妇女医院（Brigham and Women's Hospital，BWH）肾脏病中心做访问学者。3年的时间，让钱家麒全面学习到了当时世界上最先进的血液

图1　钱家麒教授

透析理念和医疗技术。回到上海,他着手在中国建立规范化的血液透析科室,领衔撰写了国内第一份血液透析相关标准化流程和质控手册,制定了规章制度、管理规范。这些措施大大提高了上海市乃至全国血液透析的诊疗水平和治疗效果,减少了患者并发症的出现,延长了尿毒症患者的生存期。

钱家麒的另一大贡献,是将腹膜透析技术引入中国,并将该领域的"中国标准"带给世界。

至今,腹膜透析仍是尿毒症患者一体化治疗方案中重要的组成部分。20 世纪 80 年代,钱家麒回国后成立了仁济医院腹膜透析中心,2005 年创建上海市腹膜透析研究中心,率先规范腹膜透析工作,并在全国推广。20 世纪 90 年代引入腹膜透析技术时,国际标准建议一次腹膜透析要用 $8\sim10$ L 透析液,尿素清除指数要达到 2.0 才能认为毒素清除充分。但钱家麒在临床实践中发现,中国患者起始治疗只需要使用 6 L 透析液,就能得到很好的治疗效果。腹透液使用量的减少,不但降低了治疗费用,而且保护了腹膜功能,让患者腹透治疗时间得以延长。

钱家麒通过研究证明的低剂量起始腹膜透析的"中国方案",以及尿素清除指数达到 1.7 提示毒素清除充分的"中国标准",后来被广泛认同,最终被国际指南采纳成为腹膜透析充分性的国际标准并沿用至今,是真正中国原创的临床医学研究成果。钱家麒也因此获得国家科技进步奖二等奖、教育部高等学校科技进步一等奖等多个奖项。

钱家麒的第三个重要贡献,是建立了国内首个省级、覆盖所有尿毒症透析患者的登记数据库。过去,中国没有透析患者数据库,在钱家麒的主导下,仁济医院首先建立了自己的数据库,里面包含了记录完整的患者登记随访信息。之后,率先在全上海实施,其间钱教授极力主张将人工信息登记转变为电脑实时登记,确保数据及时准确可靠,最早实现了透析患者数据管理的信息化。钱教授领衔创建的上海市血液透析登记数据库记录了全上海连续 10 多年超过 10 万例透析患者的高质量资料,首次向世界展示了中国透析患者的流行病学数据,被美国 USRDS 登记系统收录,实现了中国尿毒症透析治疗在国际透析登记数据库零的突破。很长一段时间,国际医学界将中国血透数据简称为"钱数据",极大提升了我国肾脏病学的国际地位和影响力。

今天,尿毒症不再像过去那样可怕,国内透析患者的生存时间和生活质量因为技术的进步和规范化的管理而大大提高。而钱家麒教授的名字,值得每一位尿毒症患者铭记。

参考文献:

黄祺.良医:中国腹膜透析第一人,每一位国内尿毒症患者都应该感谢钱家麒教授[N].新民周刊,2019-11-27.

(查丹凤,附属仁济医院,护理学,主管护师)

日夜伏案闻书香，内外铅衣显身手

——心内科电生理张庆勇教授敬业暖心事迹

思政映射点：爱岗敬业，科学精神，沟通协作，人文关怀

学科：心血管病

相关知识点：心律失常，房颤，治疗

素材简介：敬业是对公民职业行为准则的价值评价，要求公民忠于职守、克己奉公、服务人民、服务社会，充分体现了社会主义职业精神。本文通过对张庆勇教授多年来辛苦工作、爱岗敬业之事迹的介绍，充分体现了公民的职业精神，也体现了祖国千千万万像张庆勇一样的老党员所起到的带头模范作用。

2017年9月8日，张庆勇教授接诊了一位特殊的房颤患者，主诉：反复发作性胸闷胸痛30余年。患者有风湿性心瓣膜病病史，2015年曾于外院行二尖瓣置换术和房颤射频消融术，术后房颤未根治。后求助于多家医院，以期进一步治疗，尽可能提高生活质量，然医院均以病情复杂、成功率不高为由，拒绝了他的请求。

患者抱着最后一丝希望找到张庆勇，希望张教授能为自己实施手术，缓解病痛，即便不成功，也甘愿一试。一边是患者的殷切渴望，一边是手术的极大挑战，更重要的是，从患者目前的情况来看，手术效果也许并不乐观。张庆勇权衡利弊，最终选择尽自己最大努力，为患者博得一丝机会。收治入院后，他给患者完善相关检查的同时，积极联系多方技术员，准备最先进的手术器材，并从外地请来专业技术人员配合手术。准备工作做好以后，发现当周的手术已经排满，为了照顾患者迫切的心绪，张庆勇再次决定：周六下午加班做这台手术！要知道，张庆勇一周要在医院工作六天，周六上午还有专家门诊，忙碌了一周，周六下午还要连台手术，其为患者所作出的让步不可谓不大。术中不出所料，患者左房很大，广泛的低电压区，手术用了将近四个小时，难度很大，对体力和精力都是极大的挑战。手术结束后，毫无例外的，张庆勇厚重的铅衣下手术服早已

被汗水湿透。不管结果如何,这份付出,这份坚持,从患者和家属不停的道谢中,可窥见一二。

　　这个案例只是张庆勇教授平时众多工作的一个缩影。多年以来,他爱岗敬业,付出汗水无数,也获得患者认可无数。他的不断努力也让越来越多的家庭看到了新的希望。

　　　　　　　　　　　　　　　(李永光,附属第六人民医院,心内科,主治医师)

大国担当之抗疟之路

思政映射点：无私奉献，开拓创新

学科：感染病学

相关知识点：疟疾，流行病学

素材简介：本文结合习近平总书记在 2022 年世界疟疾日的讲话，引出素材内容——为攻克疟疾，我国几代人付出了大量的心血，终于消灭了这一古老的传染病；在与疟疾斗争的道路上，我国还对非洲国家施以援手，派出多支医疗队，帮助他们建立抗疟中心，彰显大国担当。目的是让同学们为国家强盛感到骄傲，激发民族自豪感；也激励医学生坚定理想信念，学习屠呦呦等爱国科学家的奉献精神，积极响应党的号召，提升在国家卫生安全方面的责任感与使命感。

疟疾这一传染病在我国古代即有记载。新中国成立后，我国在疟疾防控方面取得了巨大的进步，然而随着国际交流和人口流动的增多，疟疾等以往国内逐渐减少甚至绝迹的传染病又出现了回升趋势。尽管世界卫生组织在 2021 年 6 月 30 日宣布中国获得了无疟疾认证，但输入性病例仍随着国际交往而不断涌入，这些病例在门急诊往往难以识别，易导致误诊，尤其是脑型疟疾起病凶险、发展迅速、致死率高，未及时确诊易耽误最佳治疗时机。近年来，瑞金医院感染科在东南亚、非洲国家归来人员中确诊了相当数量的疟疾患者。

2022 年 4 月 25 日世界疟疾日恰逢青蒿素问世 50 周年，习近平总书记在讲话中指出，青蒿素是中国首先发现并成功提取的特效抗疟药，帮助中国完全消除了疟疾，同时中国通过提供药物、技术援助、援建抗疟中心、人员培训等多种方式，向全球积极推广应用青蒿素，挽救了全球特别是发展中国家数百万人的生命，为全球疟疾防治、佑护人类健康作出了重要贡献。

中国的历史古籍中有不少关于疟疾的记载：《黄帝内经》中即有对疟疾的详细记载；清代，曹雪芹外祖父曹寅得疟疾时，康熙派使者快马加鞭，星夜送去救命药金鸡纳霜(奎宁)，但为时已晚；近代中国在 20 世纪 40 年代曾是疟疾多发国家,每年报告的病例超过 3000 万例。屠呦呦团队历经千辛万苦研制出青蒿素,青蒿素的发现对世界的抗疟作出了巨大贡献。历经我国几代人的努力,我国才终于消灭了疟疾。

2007 年,非洲疟疾疫情严重,为了支援非洲人民,我国对外派遣多支医疗队,协助非洲建立抗疟中心。图 1 至图 3 是我们在非洲拍摄的历史照片,反映了当地的情况和我国的援建措施。

图 1　深受疟疾侵害的非洲儿童

图 2　第一个中国援建非洲的海外疟疾中心(2007 年)

图 3 国内专家向乍得卫生部长介绍中方援建的疟疾实验室（2007 年）

全球新冠疫情肆虐时，非洲多国无疫苗可用。关键时刻，中国向非洲援助了我国自行研发生产的新冠疫苗，帮助非洲走出疫情困境，体现出中国作为一个大国的责任和担当，正如习近平总书记所说，中国愿同国际社会一道，密切公共卫生领域的交流合作，携手应对全球性威胁和挑战，推动共建人类卫生健康共同体，为维护各国人民健康作出更大贡献。作为医学生，大家要坚定信念，提升在国家卫生安全方面的责任感与使命感。

参考文献：

[1] 李兰娟,任红.传染病学[M].9 版.北京:人民卫生出版社,2018:268 - 274.

[2] CHIDIAC C. E. Pilly-Maladies infectieuses et tropicales 19e édition[M]. France: Imprimerie de Montligeon，2004:460 - 465.

[3] 丹尼斯·卡斯珀,安东尼·福西.哈里森感染病学[M].胡必杰,潘珏,高晓东,译.上海:上海科学技术出版社,2019:979 - 994.

（郭斯敏,附属瑞金医院,感染科,主治医师）

保健品保健康吗？

思政映射点：社会责任，职业道德，沟通协作，引领前沿

学科：内科学

相关知识点：急性肾损伤

素材简介：独居老人老赵长期缺少子女陪伴，热情的推销员让老赵消费了不少保健药品，老赵使用后出现急性肾衰竭，通过医务人员的接力治疗，最后转危为安。这个案例既能够使同学们学习到急性肾衰竭的病因、临床表现以及诊疗流程，又能让医学生体会到大众科普的重要性及救治过程中的人道主义精神，从而培养医学生的社会责任感和奉献精神，并且传承和弘扬"大医精诚"精神。

独居老人老赵使用保健品，出现乏力、恶心、胃纳差、下肢水肿的症状。事情是这样的：

老赵，61岁，早年丧妻，独自节衣缩食把女儿培养成才。目前女儿小静在某外企做高管，非常繁忙，经常要去外地出差，几乎没有时间陪伴父亲。老赵去年退休后，开始了悠闲的生活，养成了每天听广播、看电视的习惯。保健品的广告宣传看多了，老赵逐渐对各种保健品的功效深信不疑，加上推销员经常上门热情介绍，老赵买了不少保健品。突然有一天，他有气无力地打电话给女儿说："小静，我这几天感觉恶心吃不下饭，没力气，腿也肿了，咋办？"女儿正在外地出差，没办法，赶紧帮他叫了120，送到急诊。急诊内科医生评估老赵情况后，紧急帮他申请了急救绿色通道。

急诊绿色通道是医院为急危重症患者提供的快捷高效的服务系统，体现了在救治生命的过程中，始终以人为本的医学人道主义精神。

经急诊检查，得到老赵的身体检查报告如下。

T：37.1℃ P：88次/分 R：18次/分 BP：178/102mmHg，神志清楚，发育正常，身高172 cm，体重74 kg，BMI 25 kg/m²。营养良好，应答切题，自

动体位,查体合作。眼睑轻度水肿,双肺呼吸音粗,双下肺可及湿啰音,无哮鸣音,无胸膜摩擦音。心界无明显扩大,心率 88 次/分,心律齐,各瓣膜区无明显杂音。全腹无反跳痛和肌卫,肝脾肋下未触及,Murphy征(一),肾区叩痛(一)。双下肢中度凹陷性水肿。

患者急诊辅助检查具体情况如下:

1. 血常规:WBC 7.46×10^9/L,Hb 117 g/L,Plt 167×10^9/L;

2. 尿常规:SG 1.010,pro 1+,RBC++,WBC+,颗粒管型:++/LP;

3. 血气分析:PH 7.22,pCO_2 35 mmHg,pO_2 86 mmHg,HCO_3^- 14 mmol/L,BE-16.7,SO_2 99%;

4. 生化:肌酐 1285 μmol/L,尿素 37.5 mmol/L,尿酸 512 μmol/L,钙 1.79 mmol/L,磷 4.13 mmol/L,白蛋白 36.7 g/L,钾 6.84 mmol/L,钠 126.3 mmol/L,氯 105 mmol/L。

根据初步辅助检查结果,老赵被诊断为:肾功能不全,代谢性酸中毒,电解质紊乱(高钾血症,低钠血症,低钙血症,高磷血症)。

急诊内科医生紧急请肾内科医生会诊,肾内科医生认为老赵需紧急血液透析治疗。但是老赵的女儿不在上海,又没有其他家属,该怎么办呢? 本着生命至上的原则,医生与老赵女儿通过视频通话告知其透析的意义及可能存在的风险。老赵的女儿听后大惊失色,询问了很多问题。在医护人员的耐心解答下,最终口头表示同意进行血液透析。于是医生立即予以股静脉插管,血透护理组20 分钟后到位给老赵上机,进行床边血液透析治疗,后将其转入肾内科病房住院治疗。充分的医患沟通,以及医护团结合作,是救治成功的基础。

待病情稳定并排除禁忌证后予行经皮肾活检术明确诊断及病理类型。患者最终诊断为急性肾小管坏死,急性肾损伤(AKI 3 期)。

治疗上,肾内科医生给予肾脏替代治疗,对症支持治疗,监测尿量、残余肾功能、电解质、血气等。随着小便的逐渐增多,后面开始减少透析次数,直到脱离透析。老赵的病因救治及时,一个多月后,他的肾功能基本上恢复了正常。老赵和女儿到医院复查的时候对肾内科医生说:"太感谢你们了!"通过这次惨痛的教训,老赵说:"再也不买保健品了,保健品不保健康,还有可能害人!"女儿小静也深刻反省了,因为工作忙,疏忽了对老人的照顾以及陪伴,她说:"老爸,我以后会尽量抽时间陪您!"

说到肾脏病学的诊治,在这里不得不提到一位国内医学大家——"中国肾脏病学的母亲"北京大学第一医院肾脏内科教授王海燕。王海燕是世界著名的肾脏病学家,也是我国肾脏病学的重要开创者和奠基人。急性肾衰竭是内科的急危重症,为攻克这个难关,王海燕带领她的团队做了很多努力。她发现我国约有半数患者因误诊、漏诊而丧失了最佳救治时机,据此,她建立了无创检查和肾脏病理相结合的阶梯式诊断模式,指导多数患者及时明确诊断,使得约占我国急性肾衰竭 1/3 的患者可脱离透析,生存率达 90%。该诊断模式阐明了我国急性肾衰竭病因学的异质性,在国内率先诊断并救治药物引起的急性间质性肾炎及自身免疫介导的肾小球肾炎,总结了其诊断规律与方法,揭示了我国自身免疫介导的肾小球肾炎特点。

王海燕在国际和国内的临床医学界及肾脏病界享有很高威望。美国肾脏病基金会颁给王海燕"国际卓越成就奖"时,评委会给予她很高的评价:"我们荣幸地将本奖章授予王海燕,因为她对主流以及不同种族和文化人群的肾脏病作出了杰出贡献。她不仅是一位科学家,还是一位肾脏病的使者和导师,在她的直接领导和协助下进行了大量世界范围的研究。"她的学术成就始终影响着我国肾脏病学科发展和专业人才的成长。作为我国肾脏病领域公认的杰出学科带头人,我国肾脏病学的重要开创者和奠基人,她继往开来、承前启后,引领了、引领着,并且还将继续引领中国肾脏病学的前进和发展。

(朱楠,附属第一人民医院,内科学,副主任医师;

谷立杰,附属第一人民医院,内科学,副主任医师)

健康中国，教育保护明天

思政映射点：爱国情怀，奋发进取

学科：内科学

相关知识点：糖尿病

素材简介：本文通过糖尿病诊断及流行病学现状的介绍，结合"健康中国2030"规划纲要和2022年联合国糖尿病日主题"教育保护明天"进行思政融合，让学生了解党和国家始终把人民健康放在优先发展的战略地位，激发学生强烈的社会责任感和家国情怀，也为健康中国建设培养政治坚定、心系人民、技能扎实的新型复合型医学人才。

糖尿病是由遗传及环境因素在内的多种因素共同作用引起的以慢性血糖水平增高为特征的代谢性疾病，是由胰岛素分泌和（或）作用缺陷引起的，长期碳水化合物以及脂肪、蛋白质代谢紊乱可导致多种糖尿病慢性并发症。

我国是世界上糖尿病患者最多的国家，目前我国18岁及以上成人糖尿病患病率达12.8%，有1亿多糖尿病患者，而糖尿病控制率仅为49.4%。持续高血糖与长期代谢紊乱等可造成全身组织器官，特别是视网膜、肾脏、循环系统及神经系统的损害及其功能障碍，导致患者致残致死，严重影响患者的生活与健康。

以下是带有杜甫诗句的图片（见图1）：

"大江不止渴""我瘦书不成""老年花似雾中看"，这三句正粗粗对应了糖尿病的三个特征：多饮、体重下降、视物模糊。那么，我们是不是可以认为杜甫有糖尿病呢？

图 1　杜甫的诗句

糖尿病的症状及病理生理机制到底是怎样的呢？总结起来，如图 2 所示。指导糖尿病诊断的血糖标准是：空腹血糖≥7 mmol/L 和（或）口服葡萄糖耐量试验 2 小时血糖≥11.1 mmol/L 或 HbA$_{1c}$≥6.5%。

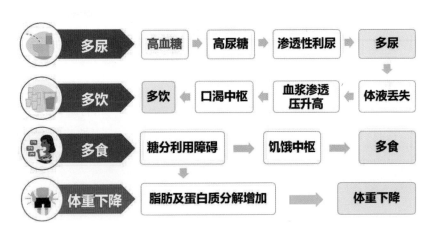

图 2　糖尿病的症状梳理

2015 年起，上海市推行"糖尿病预防和诊治服务体系建设"项目，针对全市近 20 万社区糖尿病患者的慢性并发症筛查显示，社区糖尿病患者的视网膜病变为 19.3%，白蛋白尿及肾功能受损分别为 31.8% 及 8.1%，周围神经病变和下肢血管病变为 24.1% 和 10.6%。目前我国糖尿病相关卫生费用支出高达 1090

亿美元,全球排名第二,糖尿病已成为造成家庭及社会沉重负担而亟待解决的重大公共卫生问题。

对于糖尿病防控,应充分考虑地区文化、社会经济和制度等方面的特殊性,制定可持续发展并相辅相成的代谢性疾病防控的三级联动模式规划,减轻慢病对全社会造成的健康和经济负担以及控制其给医疗卫生体系造成的巨大压力,制定多级联动的糖尿病防控策略。

我国经济飞速发展,人们的生活方式、饮食习惯都发生着巨大的变化。伴随着社会、经济和环境的急剧变化,我国疾病模式也在发生转变,以糖尿病为代表的各种慢性疾病,对我国医疗卫生体系提出了严峻挑战。国务院关于实施健康中国行动的意见指出:实施健康中国行动,提高全民健康水平,为实现中华民族伟大复兴的中国梦提供坚实的健康基础。

目前糖尿病防治形势依然严峻,延缓糖尿病及其并发症的发生发展任重而道远,医学生是祖国的未来和明天,祖国明天的全民健康要靠所有人来维护。

(赵蔚菁,附属第六人民医院,内分泌代谢科,主治医师)

医疗服务中的科学素质与人文素养

思政映射点：职业素质，人文素质

学科：呼吸内科

相关知识点：肺炎的分类、临床表现和诊断流程，特定病原体感染的特征

素材简介：本文通过上海市同仁医院呼吸科于亦鸣医生凭借高度的职业敏感、缜密的临床思维，成功筛查出上海首例"新冠"患者的案例，说明在医疗服务中细心、耐心的素养与专业学科素质的重要性。通过真实案例，本文将肺炎理论知识和思政充分融合，引导学生将医学职业精神融入医学服务，不断提升职业素质和人文素养。

肺炎（pneumonia）是最常见的感染性疾病之一，是呼吸系统的常见病。近年来，即使应用强力的抗菌药物和有效的疫苗，肺炎的病死率也未进一步降低。

图1是同仁医院呼吸科于亦鸣医生的出诊照片，上海市首例新冠肺炎患者就是在同仁医院由他确诊的。

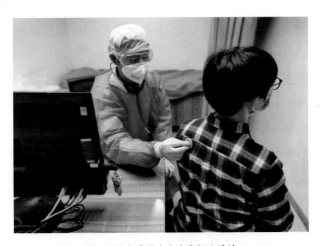

图1　于亦鸣医生为患者细心诊治

　　时间回到 2020 年 1 月 15 日晚上 9 时,一位 50 多岁女性走进同仁医院发热门诊。"当时媒体报道武汉已有 40 多例确诊患者,又听她说话的口音似乎有点像,所以多留了一份心。"临时支援发热门诊的于亦鸣医生首先想到的,是详细询问这位患者的流行病学史。"她说自己是从武汉来看望工作在上海的女儿和女婿的,抵沪之后就感觉身体不舒服。"听到这些,于医生立刻警觉起来,又发现她血象和胸片高度疑似病毒性肺炎,于是马上汇报总值班,启动了不明原因发热患者的诊治流程。

　　肺炎诊断的重点和难点是肺炎的病因和分类。

　　肺炎依照病因主要分为:①细菌性肺炎;②病毒性肺炎;③支原体肺炎;④真菌性肺炎;⑤其他病原体所致的肺炎。除细菌外,病毒是成人社区获得性肺炎第二大常见病原体。近年来,新的变异病毒不断出现,产生暴发流行,病死率高,成为公共卫生防御的重要疾病之一。新冠肺炎的及时确诊,不仅有利于患者本人的康复,还有助于及时启动公共卫生防御,防止疾病的进一步蔓延。从于医生发现上海首例新冠肺炎患者的案例中,我们发现以下几点很重要。

　　第一,医疗服务中的科学素质。高度的职业敏感和缜密的临床思维,让于亦鸣医生成功筛查出上海首例新冠患者,打响了本市抗疫第一枪。而这一切的背后并非机缘巧合,是他一贯对事业的孜孜不倦和对患者的体察入微,是一次完美的厚积薄发!这就是我们需要具备的科学素质。从这个案例出发,我们要鼓励医学生扎实掌握医学知识和技能,为以后的治病救人奠定坚实的基础。

　　第二,医疗服务中的人文素质。人文素质主要体现在医患沟通中。从本案例中我们可以看到,于医生有个习惯:喜欢和患者聊天。他并非天生健谈,而是以这种方式了解和观察患者,从而比别的医生获取更多的信息,成为自己临床诊断的依据。而这一职业习惯,终于在关键时刻发挥了举足轻重的作用,如果于医生不是耐心听取那位"1 号患者"絮絮叨叨说从武汉来上海看女儿、在当地就多次因发热就医等一大堆家长里短,他也不会凭空长出火眼金睛。

　　现代医学模式是生物—心理—社会医学模式。医患沟通能帮助医生更好地诊断病情,治疗患者,融洽医患关系。在现代医学模式下做好医患沟通不可或缺。在日常学习工作中,我们不仅要掌握肺炎的理论知识,也要将医学职业精神融入医学服务中,不断提升个人的职业素质和人文素质。

参考文献:

王锦帆,尹梅.医患沟通[M].2版.北京:人民卫生出版社,2018:20-25.

(曾健,上海市交通大学附属同仁医院,内科学教研室,副主任医师)

飞翔在雪域高原的上海白衣雄鹰

思政映射点：爱国情怀，无私奉献

学科：心血管内科

相关知识点：心包积液

素材简介：本文从新闻报道"上海援青医生雪域高原点亮生命希望：精湛技术接连救治心包积液重症患者"引出国家对口援青、援藏、援疆的战略部署，让医学生了解国家制定援青援藏援疆政策的战略意义，弘扬医务工作者伟大的家国情怀和无私奉献精神，在学生心中深深埋下"报效祖国，服务人民"的种子。

习近平总书记在党的二十大报告中勉励广大青年，要坚定不移听党话、跟党走，怀抱梦想又脚踏实地，敢想敢为又善作善成，立志做有理想、敢担当、能吃苦、肯奋斗的新时代好青年。

在我国，心包积液的主要病因是结核，我国结核性心包炎占心包疾病的21.3%～35.8%，严重时可致急性心力衰竭、心脏压塞而危及生命。青海高原地区地理环境和个人卫生习惯等原因，造成肺结核感染人群发生大量心包积液的情况。

44岁的藏族女性扎西（化名）就是其中一名结核性心包积液患者。胸闷、乏力已有一月的扎西，因症状加重并伴呼吸困难，前往果洛藏族自治州人民医院就诊。胸部CT显示，扎西的左肺下叶背段结核，心包、胸腹腔有大量积液。据了解，以往碰到这类危重患者，果洛藏族自治州人民医院因缺少心包穿刺经验，一般会建议患者转至西宁市进一步诊治。但这次医院正好来了上海交通大学医学院附属第九人民医院（简称上海九院）黄浦分院心内科和重症医学科的上海第五批援青医生陈奕纬、金烨和王璐，他们第一时间赶至病房，认真研究病案后，在患者的病床旁进行了心脏超声检查，并在超声定位引导下成功进行了"剑突下心包穿刺抽液引流术"。"上海曼巴（藏语医生）太厉害了！我感觉胸闷、气促好多了！"随着大量心包积液被引流抽出，患者的心衰症状得到了有效缓解。

顺利出院康复后的扎西专程赶来医院,为三位上海医生送上锦旗并献上洁白的哈达。

14 岁的男孩夏吾才让(化名)是一位呼吸困难、连续多日不能平卧的患者,父母焦急万分。夏吾才让口唇紫绀,颈静脉怒张,呼吸频率 30 次/分以上,心率在 140 次/分,血氧饱和度最低在 70%。如不能及时处理,随时可能发生心包填塞甚至猝死。三位上海援青医生陈奕纬、金烨和王璐临危受命,带领果洛藏族自治州人民医院急诊科团队立即开展救治。时间就是生命! 医生们立即在抢救室给夏吾才让进行心包穿刺抽液引流置管术。在引流出大量液体后,男孩胸闷、喘憋等症状得到缓解,生命体征渐渐平稳,吸氧状态下血氧饱和度恢复到 95%左右。医生们分 5 次为他引流出心包积液约 1500 毫升。夏吾才让出院时,拉着援青医生的手久久不愿松开。

据了解,近年来,果洛藏族自治州人民医院在上海援青医疗队的持续帮扶下,疾病的诊治水平和急危重症的救治能力不断提高。两例结核性心包炎重症患者的成功救治体现了果洛藏族自治州人民医院多学科诊疗能力迈上了新台阶。

近年来,我国医疗资源供给和医疗服务能力不断提高,但仍面临医疗资源分布不均衡的问题,大部分优质医疗资源集中在经济较发达的省份和城市,而边疆偏远地区医疗资源非常匮乏。例如在平均海拔 4200 米的青海果洛,气候条件差,医疗资源相对匮乏,很多当地民众习惯于生病就往 500 公里以外的西宁转诊救治,不仅延误病情,也给患者家庭带来了沉重的经济负担。随着一批批上海援青"组团式"医疗队的到来,这种"藏民小病扛,大病卖牛上西宁"的现象几乎没有了。青海省果洛藏族自治州的重症患者"足不出州"就能得到及时有效的救治。

医疗人才"组团式"支援工作是党中央关注边疆(青海、新疆、西藏)民族人民群众的重要举措,是促进民族交往、交流、交融的重要载体,有利于维护社会公平、稳定和长治久安;有利于实现共同富裕;有利于民族团结统一;有利于构建社会主义和谐社会。医疗队员们始终坚守初心、勇担使命、服务大局、创新实干,积极为当地医疗事业发展建言献策,通过技术帮扶坚持"输血""造血"并重,让优质高效的医疗服务惠及越来越多的当地群众。他们升华思想、锤炼意志,用无私奉献的精神传播医者大爱,彰显家国情怀,诠释对党的忠诚、对人民的赤诚,为"健康中国"战略贡献力量。

参考文献:

[1] 在援青工作中感悟践行"五个特别"老西藏精神[N].青海日报江源评论,2022-05-17.

[2] 人民日报.这在党和国家历史上是第一次[N/OL].(2021-07-25)[2022-10-20]. https://baijiahao.baidu.com/s? id=1706231544965319394&wfr=spider&for=pc.

[3] 上海援青医生雪域高原点亮生命希望:精湛技术接连救治心包积液重症患者[N].上观新闻,2022-10-13.

（王玮,附属仁济医院,心血管内科,副主任医师）

医心与仁心，温暖患者心

思政映射点：知识宽广，人文关怀

学科：心血管内科

相关知识点：稳定型心绞痛

素材简介：本文从心内科医生成功治疗一例"疑难杂症"的案例中，引出"双心医学"(psycho-cardiology)的理念。在如今从单纯生物医学模式向生物—心理—社会医学综合模式的实践转变中，"双心医学"地位更显重要，它强调医生在临床上不仅要具备相关专业知识，还要有一定的心理学知识，给予患者更多的人文关怀，使医学变得温暖，医患关系变得和谐。

一位来自豫北某县的 52 岁女性患者就诊于北京和睦家医院的门诊，由国内一名知名心血管病领域的专家诊治。在此之前，她已在北京十多家综合或专科医院就诊了十多个科室，花了 30 多万元医疗费，病是越看越重，感觉自己的人生走入了"绝境"。

患者事先整理了一叠厚厚的资料，包括她的症状描述，以往的检查报告和曾就诊的各科室的诊断分析材料。她的症状很泛化，自诉有左胸憋胀感、刺痛感，以及伴随着头部腹部不适、乏力、睡眠差、易生闷气等情况，去多个科室仅查出些没有多大临床意义的"问题"，各科"铁路警察各管一段"的治疗，不仅无效，病情还似乎越来越重了。在专家耐心的倾听和拉家常式的询问下，患者慢慢敞开心扉，开始谈到自己的病是怎么开始的。第一个孩子夭折对她的打击；贫穷的家境和不愉快的婆媳关系；长期生病的自责内疚……谈起这些生活经历，患者悲痛不已，一度失声痛哭。

专家意识到这位患者的问题出在"心理"上，只要找对病因，给予多层次的医疗干预（包括药物和心理疏导）就可以缓解。专家不禁感叹，如果综合医院的非精神心理临床科室的医生们学点心理学相关知识，和患者多些时间沟通，这位患者的就诊之路就不会如此曲折与痛苦。这位专家就是在我国第一个提出

"双心医学"的北京大学人民医院心内科胡大一教授。

中医早在《黄帝内经》中就认识到了"心主神明"，意思是，心脏有统率全身脏腑、经络、形体、官窍的生理活动和主司精神、意识、思维和情志等心理活动的功能。这是最早将"心脏"和"心理"融合在一起的证据。临床上发现30%以上的患者常具有典型的"心绞痛"症状，但心电图检查没有明确的缺血性改变，冠脉造影也没有明显的冠脉狭窄，甚至有些患者没有冠心病的危险因素。因此如何识别、诊断和治疗这些患者可能需要跳出生物医学的模式，以心身疾病的理念来认识。

1995年北京大学人民医院心内科胡大一教授提出"双心医学"的概念。所谓双心医学，又称为心理心脏病学，是研究与处理心脏疾病与情绪、社会环境和行为相关的科学。"双心医学"的目的，不仅是简单地把心理疾病和心脏病放到一个单元进行治疗，而是强调在临床治疗中关注患者躯体疾病的同时，关注患者的精神心理状态，尊重患者的主观感受，给予充分的人文关怀，倡导真正意义上的健康，实现患者躯体和心理的完全康复。

心内科是综合医院里遇到心理障碍患者最多的科室。首先，一些没有器质性心脏病而存在抑郁或焦虑状态的患者，其中枢神经递质 5-羟色胺、去甲肾上腺素、多巴胺等水平下降，后者又通过神经体液和神经内分泌机制使心脏自主神经功能发生改变，从而产生心血管系统的心身症状，出现胸闷、心悸不适等症状。另外，一些有器质性心脏病的患者，比如冠心病患者，更易合并抑郁、焦虑、疑病、恐惧这些心理问题而出现新的心身疾病症状，使原有疾病症状的表现变得更为复杂难治。因此，培养一批既懂心脏又懂心理的临床"双心"医生十分必要，可以对精神心理障碍及早识别、及早诊断及综合治疗，从而为患者提供更人性化、理性化的服务。

那么临床医生如何辨别出患者是否存在心理问题或心理障碍呢？除了有宽广的知识外，在和患者的交流中要处处体现人文关怀，有远见的心血管医生懂得其面对的不是心脏本身，而是拥有这颗心脏的人。多数精神障碍患者往往有大量主诉，在漫长的就医过程中，做了许多检查，用了许多药物进行治疗，但患者的病情仍然得不到很好缓解，同时，患者常会感到自己的病症得不到医生的重视和家人的理解，心生怨言。医生要对患者的病情表示理解，对患者病痛表示同情,耐心倾听和接受患者对疾病的描述,试着了解对方的工作压力、对环境变迁不适应的焦虑、感情生活的挫折、对疾病产生的恐惧、重大生活事件的打击等,用自己的心去体会患者的感受,产生共情。正如爱德华·特鲁多医生(Dr. Edward Trudeau)的墓志铭所写的那样:"有时去治愈,常常去帮助,总是去安慰。"(To cure sometimes,to relieve often,to comfort always.)

　　"双心医学"是"人学"和"仁学",是使医学变得温暖,医患关系变得和谐的医学。医者,看的是病,救的是心,开的是药,给的是情!

参考文献:

[1] 2008 东北国际心血管病论坛.丁荣晶:双心医学研究进展[EB/OL].人民网,(2019 - 07 - 18)[2023 - 11 - 20].http://health.people.com.cn/n1/2019/0718/c428499 - 31243191.html.

[2] 胡大一.我是如何悟出并提出"双心医学"的[J].中华心血管病杂志,2021,49(6):543 - 544.

[3] 毛家亮谈"双心"问题[N].中国医学论坛报,2012 - 02 - 19.

[4] 中国康复学会心血管病专业委员会,中国老年学学会心脑血管病专业委员会.在心血管科就诊患者的心理处方中国专家共识[J].中华心血管病杂志,2014,42(1):6 - 13.

(王玮,附属仁济医院,心血管内科,副主任医师)

医疗紧急救治责任与立法保护

思政映射点：医学伦理与法治

学科：心血管内科

相关知识点：急性 ST 段抬高型心肌梗死

素材简介：在临床紧急医疗过程中，经常会发生为抢救生命垂危的患者需要紧急实施手术治疗等，但因为各种客观原因，短时间内无法获得家属或授权人的签字的情况。过去发生此类情况，经常造成医务工作者的犹豫与困惑，"是救，还是等？"医学伦理与法律责任，执业风险和职业天职发生了激烈的碰撞。继《中华人民共和国侵权责任法》和《中华人民共和国执业医师法》后，2021 年 1 月颁布的《中华人民共和国民法典》再次明确规范和保护了医疗机构的紧急医疗和救治责任，对由此造成的法律后果给予了明确的立法保护。

2017 年 9 月 24 日晚上 10 时 30 分许，来株洲出差的湖北男子王岚（化名）突然昏厥，被同事紧急送到市二医院，情况危急，随时都有生命危险。"患者家属都在外省，当时还联系不上，我们只能将病情和手术方案告知他同事。"医生谭宇文说，由于病情危重，患者的同事们害怕担责，都不敢在手术知情同意书上签字。无奈之下，谭宇文只能一边组织紧急会诊讨论，一边将情况报告给医院相关领导和医务科负责人。院方决定按照病情需要和医疗原则，尽全力救治患者。"晚上 11 点左右，患者家属还是联系不上，在无法取得家属电话录音授权的情况下，我只能和同事冒险开始手术。"谭宇文说。最终，经过 3 个半小时的手术，患者终于转危为安。25 日上午，王岚的家属赶到医院，得知事情经过后，对谭宇文等医生表示了衷心感谢。目前，王岚的身体恢复情况良好。

（来源：红网《男子株洲突发心梗 家属未签字医生先动手术救人》，https://baijiahao.baidu.com/s？id＝1579679531782613499&wfr＝spider&for＝pc，2017‐09‐27）

《医疗机构管理条例》第 33 条规定："医疗机构施行手术、特殊检查或者特殊治疗时,必须征得患者同意,并应当取得其家属或者关系人同意并签字;无法取得患者意见时,应当取得家属或者关系人同意并签字。"可见上述心内科医生的救治行为,因未能获得家属手术同意签字,是冒着一定风险的,所幸结局是好的,患者康复,家属感谢。然而,下面两个案例的结局就不一样了。

案例一,某女难产大出血,生命垂危。因家属不在场,产妇本人亦陷入昏迷状态,医生为保产妇性命,未经产妇及其家属同意,为产妇切除了子宫。产妇出院后将医院告上法庭,索赔获胜。

案例二,某患者由于急性会厌炎在医院进行输液治疗。在治疗中,患者病情加重,出现喉头阻塞、呼吸严重困难,但此时没有家属在场,患者本人又无法签字,未行气管切开术。当 1 个小时后患者家属赶到医院签字时,患者因缺氧时间过久,呈植物人状态。患者家属向法院提起诉讼,向医院索赔获胜。

那么医生在面对自身利益风险与拯救患者天职的天平两端时,应该如何权衡?如何作为?这是一个典型的医学伦理问题。医学伦理学起源于古希腊,它包含了四个基本原则:尊重原则、不伤害原则、有利(行善)原则、公正原则。其中,医生面对紧急情况下的救治行为,就是有利(行善)原则。坚持这种基本伦理原则,就要求为医者,即使面对巨大的压力,即使要承担一定的风险后果,也要开展有利于患者的医疗救治行为。这就是救死扶伤的医者精神。新闻里的这家医疗机构和医生,就是坚持了有利原则,站在了医学伦理的高处,坚持了医者本心。

其实,早在 1994 年颁布的《医疗机构管理条例》就已提出"无法取得患者意见又无家属或者关系人在场,或者遇到其他特殊情况时,经治医师应当提出医疗处置方案,在取得医疗机构负责人或者被授权负责人员的批准后实施"。2010 年 7 月实施的《中华人民共和国侵权责任法》第 56 条也规定:"因抢救生命垂危的患者等紧急情况,不能取得患者或者其近亲属意见的,经医疗机构负责人或者授权的负责人批准,可以立即实施相应的医疗措施。"尽管有这些法律依据,但在实际操作过程中,有些医疗机构或者医生,对无法获得家属签字或许可而开展手术治疗仍非常犹豫,医生因此承担的风险也并没有明确的保障性说法,患者家属一旦认为手术失败或者没有达到预期效果,医院可能会惹来官司,而这种情况在国内也时有发生。

2021 年颁布的《中华人民共和国民法典》第 1220 条规定："因抢救生命垂危的患者等紧急情况,不能取得患者或者其近亲属意见的,经医疗机构负责人或者授权的负责人批准,可以立即实施相应的医疗措施。"这相当于"重要的事情说三遍"。医学伦理与法律保护同步运行,在紧急情况下为患者实施手术,属于合情、合理、合法,让医生在救死扶伤时没有后顾之忧,让"救与不救,不再是一个问题"。

参考文献:

[1] 医学教育网.医学伦理学对医学实践具有重要的指导作用[EB/OL].(2014-11-11)[2023-11-20].https://www.med66.com/web/yixuelunlixue/sh1411112110.shtml.

[2] 刘香丽.论医疗中的知情同意法律制度[EB/OL].中国法院网,(2014-07-16)[2023-11-05].https://www.chinacourt.org/article/detail/2014/07/id/1339576.shtml.

[3] 华律说法.医生手术,必须经患者或其亲属签字同意! 这条法律究竟在保护谁? [EB/OL].(2020-04-26)[2023-11-05].https://baijiahao.baidu.com/s? id=166323859675 7678545&wfr=spider&for=pc.

（王玮,附属仁济医院,心血管内科,副主任医师）

发展新领域，领跑新赛道

思政映射点：前沿引领，开拓创新

学科：心血管内科

相关知识点：心脏瓣膜疾病

素材简介：本文先通过经导管主动脉瓣置换术和经导管二尖瓣钳夹术的手术模拟动画视频，让学生领略心脏瓣膜病最新的治疗技术进展；随后回顾介入技术的发展历程，强调每次技术上的革新都为治疗带来了新的突破，同时也为患者带来了福音。由此鼓励学生向前辈们学习，在医学的道路上不断开拓创新，引领前沿。

心脏瓣膜病是一类常见的心脏疾病，严重威胁社会居民健康。随着人口老龄化的加剧，这类病患数量大幅攀升，催生了非常庞大的临床诊疗需求。葛均波院士曾论断"心脏瓣膜疾病是人类长寿征途上需要跨越的一道坎"。以往外科开胸手术是瓣膜病的标准治疗手段，但近年来，随着医学技术的发展，心脏瓣膜病也可以通过介入方式进行治疗。

2002 年法国知名心血管专家阿兰·克里比尔（Alain Cribier）等完成了全球首例人体经导管主动脉瓣置换术（Transcatheter Aortic Valve Replacement，TAVR），书写了经导管介入瓣膜置换治疗的新篇章。2010 年葛均波院士团队完成了我国首例 TAVR。与国外相比，虽然我国 TAVR 起步较晚，但近年来飞速发展，许多方面已走在国际前列。

起初，TAVR 只用于三叶式的主动脉瓣狭窄患者，针对国人二叶式主动脉瓣畸形比例高、钙化严重的特点，我国学者提出并临床应用了多种新的治疗策略，证实了二叶式主动脉瓣治疗的安全性及可行性。2015 年，我国专家创新性地提出，二叶式主动脉瓣可成为 TAVR 相对适应证。

同时，我国国产瓣膜的自主研发与 TAVR 技术的推广齐头并进。2016 年世界首个预装瓣膜 Venibri（杭州启明医疗器械股份有限公司）完成了首例人体植入(First-in-man,FIM),显示了中国人体心脏瓣膜医疗技术的突破。2017 年国产瓣膜取得了重大进展,杭州启明医疗器械股份有限公司的经股动脉途径的 Venus-A 瓣膜和苏州杰成医疗科技有限公司的经心尖途径的 J-Valve 瓣膜相继获 CFDA(国家食品药品监督管理总局)批准上市,为中国 TAVR 的快速发展奠定了基础。2020 年我国自主研发的 Venus A-Plus 经导管人工主动脉瓣置换系统——可回收输送系统获批,这标志着中国经导管人工主动脉瓣置换术进入了"可回收时代"。2022 年四川大学华西医院心脏内科主任陈茂教授带领的瓣膜病介入治疗多学科团队成功实施了全球首款全释放可回收自膨干瓣经导管主动脉瓣置换系统 Venus-PowerX 临床应用。

主动脉瓣介入治疗在我国的发展非常迅猛,二尖瓣介入领域亦不落其后,涌现了大量优秀的介入修复/置换器械,2021 年全年更是其临床进展的高光时刻。目前,国产 DragonFlyTM 经导管二尖瓣瓣膜夹系统的上市前注册临床研究已接近尾声,NovoClasp 经导管二尖瓣夹及可操控导引导管系统,以及另一款经皮二尖瓣修复产品 ValveClasp 亦成功完成了 FIM,正式进入了临床探索阶段;Mithos 经心尖二尖瓣置换系统、HighLife 经房间隔二尖瓣置换系统也已进入人体植入试验阶段。

从患者层面来讲,追求健康以及更高的生活质量是每一个个体的愿望。新型的介入治疗为临床上因高龄、合并多器官疾病无法耐受外科手术或外科术后恢复效果不佳的患者,提供了生的希望。随着研究的推进,这种创伤小、安全又有效的新技术的适应人群还在不断扩大,未来将惠及更多患者。

心脏瓣膜病治疗先后经历了传统的胸骨正中切口手术以及微创(小切口)手术,目前已经迎来了介入治疗时代。我们可以发现每个新技术的应用或新器械的研发,都需要开拓创新的精神。"惟创新者进,惟创新者强,惟创新者胜"。能够打破条条框框的限制,敢于开拓创新,根据实际情况不断创造独特的中国方案、中国智慧,这是百年奋斗的重要经验启示,更是推进中国式现代化的有效途径。作为医学生,要向前辈们看齐,锐意进取勇开拓,笃行不怠向未来。

参考文献:

[1] 中国医学救援协会.葛均波院士:瓣膜病是人类长寿必须跨越的一道坎[EB/OL].(2021-

09‑13)[2023‑10‑20].https://baijiahao.baidu.com/s? id＝1710753803295093454&wfr＝spider&for＝pc.

[2] 陈茂.中国心脏瓣膜病介入治疗:发展迅猛但仍需努力[J].中华心血管病杂志,2022,50(2):107‑111.

[3] 中国结构性心脏病介入治疗进展报告编写组.中国结构性心脏病介入治疗进展报告 2020[J].中国循环杂志,2021,36(9):833‑840.

[4] 心血管健康联盟.结构 2021 年度报告重磅来袭:结构性心脏病介入蓬勃发展,多项技术仍有大量提升空间[EB/OL].(2022‑01‑18)[2023‑10‑30].https://www.163.com/dy/article/GU17BA8H0514S7S5.html.

(王玮,附属仁济医院,心血管内科,副主任医师)

永远做一名"医学生"

思政映射点：专业扎实，终身学习

学科：心血管内科

相关知识点：慢性心力衰竭

素材简介：心力衰竭（heart failure），简称心衰，是一种由于心脏泵血功能失常引起的疾病。以心衰领域为代表，近几年新型药物的涌现不断改写着指南，而这些新药物，需要专业扎实的医生将其科学运用到患者身上，才能使患者真正获益。医学是一门不断发展的学科，其他领域也像心衰一样，会涌现出新的观点、新的治疗手段，这就要求医生终身学习，掌握本专业先进的理念和技术，从而更好地帮助患者。

心力衰竭是 21 世纪心血管疾病面临的最严重挑战之一，病死率高于部分恶性肿瘤，严重危害人民的健康。2019 年，我国心衰流行病学调查的结果显示，中国心衰的患病率在过去 15 年间增加了 44%，心衰患者增加了 900 多万人，已达到 1370 万，可见心衰的防治形势十分严峻。

近五年心衰管理指南/共识更新速度快，说明对心衰的认识和治疗发展迅速。传统的药物治疗"金三角"包括肾素-血管紧张素系统（RAS）抑制剂（ACEI/ARB）、β受体阻滞剂和醛固酮受体拮抗剂。血管紧张素受体脑啡肽酶抑制剂（ARNI，代表药物沙库巴曲缬沙坦钠）可抑制 RAS 并调节利钠肽系统，使包括心血管死亡和心衰住院的主要复合终点风险降低 20%，心脏性猝死减少 20%。目前 ARNI 已被推荐为一线抗心衰治疗药物中首选的 RAS 抑制剂，"金三角"变成"新三角"。随着临床研究证据增多，钠-葡萄糖协同转运蛋白 2 抑制剂（SGLT-2i）强势加入，"新三角"变成"新四联"，"新四联"疗法的主要复合终点事件风险降低 68%，延长心衰患者无事件生存时间达 6.3 年。接着，维利西呱（Vericiguat），一种口服的可溶性鸟苷酸环化酶激活剂和奥卡替夫美卡比（Omecamtiv Mecarbil，OM）—— 一种心肌肌球蛋白激活剂，也将作为新药登上心衰治疗的舞台。面对这些新药,心内科医生只有始终保持学习,研读指南,了解新药的作用机制、适应证和禁忌证,吸取国内外同道的使用经验,获得扎实的专业知识,才能在临床上明晰如何选择合适的药物,使患者得到最优化的治疗。

中国工程院院士、复旦大学附属中山医院内科教授陈灏珠曾说,医生需要以患者为中心,坚持终身学习。上海交通大学医学院前院长陈国强院士也对青年学生说过,学医是个终身学习的过程,因为医学充满不确定性,我们并非全知全能,生命在延展,医学在发展,我们的知识必须更新。

医生是一个需要终身学习的职业,需要"活到老,学到老",这是由医学的特殊性决定的。医学知识正在不断地更新发展,新的病症需要被归纳认识,一些疾病的发病机制有待研究,很多未知的领域需要我们去探索。随着科学技术的进步,医学知识总量翻新的周期也从过去的 100 年缩短到目前的 3～5 年。医生在有限的时间内不可能完全知晓所有的医学知识,也不可能掌握所有先进的临床技能,仅仅靠学校学到的知识是难以应对的,唯有不断学习才能满足工作需要。

选择了医学,也就选择了做一辈子的"医学生",就要树立终身学习的理念,将单纯的求知行为变成一种生活常态,不断更新自身的思维模式和学习方式,提高主动获取知识和信息的能力。只有通过阅读文献、参加研修、聆听学术报告、参加国内外年会等,不断了解专业进阶和学科交叉等方面的前沿知识,才能适应医学事业飞速发展的需求,满足时代和社会的期望,才能为守护人民健康作出贡献。

参考文献:

[1] HAO G, WANG X, CHEN Z, et al. Prevalence of heart failure and left ventricular dysfunction in China: the China Hypertension Survey, 2012 - 2015 [J]. Eur J Heart Fail, 2019, 21 (11): 1329 - 1337.

[2] 中华医学会心血管病学分会心力衰竭学组.中国心力衰竭诊断和治疗指南 2018[J].中华心血管病杂志,2018,46(10):760 - 789.

[3] VADUGANATHAN M, CLAGGETT B L, JHUND P S, et al. Estimating lifetime benefits of comprehensive disease-modifying pharmacological therapies in patients with

heart failure with reduced ejection fraction: a comparative analysis of three randomised controlled trials[J]. Lancet,2020,396(10244):121-128.

[4] 顾建文.选择了医学,也就选择了做一辈子的"医学生"[EB/OL].人民政协网,(2020-07-17)[2023-10-10].https://baijiahao.baidu.com/s? id=1672445201576749015&wfr=spider&for=pc.

(王玮,附属仁济医院,心血管内科,副主任医师)

外科学（含麻醉学）

忠诚慈爱开拓革新的外科学家：傅培彬

思政映射点：专业扎实，科学精神，文化传承

学科：外科学

相关知识点：胃十二指肠疾病，血管外科，胆石症等

素材简介：本文介绍了广慈医院（瑞金医院的前身）外科奠基人，为中国外科事业作出了突出贡献的外科学家傅培彬的事迹。结合思政内容可用于课堂授课及见习带教勉励学生提升爱国情怀，培养开拓创新的科学精神，强化人文关怀，促进文化传承等。

1907年，广慈医院在上海诞生。一大批立志报效祖国的优秀人才，心怀行医济世的医学梦想，从四面八方汇聚而来。他们心怀仁爱、勇于探索，在中国乃至世界医学史上留下了不可磨灭的印迹，他们的精神也犹如灯塔般指引着后人不断奋进。在最负盛名的"瑞金花园"里，伫立着医院外科创始人傅培彬先生的铜像（见图1）。

图1　瑞金医院内傅培彬铜像

图片来源：瑞金医院普外科叶枫 摄

傅培彬于1947年来到广慈医院工作。新中国的成立为他提供了大展身手的机会，可以说，他是新中国外科医教研体系的创始人。临床上他细分亚专科，开创了外科胃肠、肝胆、胰腺、移植、烧伤、胸外、神外各专业百花齐放的局面；教学上他高度整合，建立起大外科教研室高标准教学的模式；科研上他率先提出"应该重视与外科有关的基础科学的研究""做会开刀的内科医生"。但更重要的是傅培彬传授给外科的灵魂——爱与忠诚！

"爱组织、爱器械、爱患者"，是著名的"傅氏三爱"。傅培彬经常对青年医生说，组织是

宝贵的，不能因为我们的手术给患者带来额外的创伤，所以他要求止血钳要准确钳夹出血点，不能大块结扎；做肠道缝合时一定要用无齿镊，尽量保留健康组织。手术台上，他要求器械哪里拿就放回哪里去，不允许随手乱扔。他说，"问病史时，最好搬个凳子坐在患者旁边，这样患者很定心，觉得你有时间听他讲"，"冬天做体检一定要搓热双手，这样患者不会受寒冷刺激"。为农村老妇洗脚、手术中为患者献血再重新换上手术衣上台、回家路上看到急性胆管炎的患者马上送到急诊，还把手里提着的苹果送给患者等事迹，对傅先生来说只不过是再平凡、再自然不过的事情。

傅培彬忠诚于祖国和人民。他幼年赴欧，中文讲得不好，但他的拳拳爱国之心却从来没有动摇过。1937 年八一三事变发生后，傅培彬走进鲁汶大学校长的办公室，要求休学回国参加战地救治。院长很惊讶："你一个刚读完医学预科的新生回去能干什么呢？"傅培彬说："那是我的祖国，我必须回去为祖国服务，做不了医生的工作，我可以做护士，哪怕为伤员换块纱布也是救国。"就这样，他回到上海参与伤兵医院的工作，发现因为缺少外科医生，很多伤兵留下终身残疾甚至失去生命。傅培彬暗下决心，一定要把外科学好。

1939 年，他以优异的成绩毕业于比利时鲁汶大学，获得医学博士学位。毕业后傅培彬因学习刻苦、天赋出众得到导师的赏识，导师甚至想把诊所传给他。但二战结束后欧洲到上海的邮船刚刚恢复，傅培彬就买了船票回国。上海解放时，他的导师再次写信让他去欧洲，而傅先生最终选择留在上海，挑起外科学的大梁。

傅培彬忠诚于医学科学。他技术精湛，知识面广，敢于创新。他在国内率先行无名动脉瘤切除术及同种血管移植治疗梅毒性大动脉瘤；他创造了胃肠一层吻合的广慈手法，减少了吻合口瘘；他最早主张施行胃部分切除术治疗溃疡急性穿孔；他在国内率先提出急诊手术胆道减压的治疗方案；他制订的 8 类胆石分类法被称为"傅氏胆石分类法"，成为中华医学会胆石分类的"金标准"；他开展坏死性胰腺炎坏死组织清除及灌洗术，打破"坏死性胰腺炎必死"的传统观念。但是，对于不同意见，只要有道理，他也欣然接受。联合脾脏切除的胃癌扩大根治术是傅先生的成名法宝，但当他的学生朱正纲拿出翔实的临床数据向他指出，脾脏的免疫功能对胃癌预后非常重要，早中期胃癌患者应该保留时，他认真审核所有资料,认为朱正纲的意见是正确的。

傅培彬忠诚于教育事业。他常对学生们说:"你们学了本事并没有完成任务,要把你们的知识和经验教授给下面的学生,让他们也能掌握一样的知识,那才能算你们成功了。"他在一手创建的外科教研室立下规矩:必须是最优秀的外科医生才能加入。每位青年医生进入外科,傅培彬都要先与他谈话,并提出三个要求:第一,拿到的工资全部要用来买肉吃,补充营养;第二,每天22:00之前不准睡觉,少睡2小时用来看书;第三,做住院医生期间不允许谈朋友、结婚,所有时间都要用在学习上。他会在其他老师上课时默默走到教室最后面坐下来听课,有位其他医院的老教师法语非常娴熟,上课前从不备课也能侃侃而谈,傅先生听完课后毫不客气地说:"你的法语是很好,但你的课没准备过,是不合格的。""文化大革命"期间,傅先生失去了给患者做手术的资格,但他总是搬个凳子坐在手术室门口,他说,"万一你们有什么事,可以问我,即使没事,我听着心里也安心"。

傅培彬才华横溢却又无比谦逊,他要求学生们认真向董方中教授学习手术技术,因为董先生虽然不爱说话却有真本事。他是著名外科专家,却要求外科医生向比他年轻14岁的内科医生陈家伦学习,因为陈家伦善于总结、善于研究,是真正的医学家。

"无冥冥之志者,无昭昭之明;无惛惛之事者,无赫赫之功。"傅培彬正是凭借对着祖国人民、对医学科学、对教学事业的无比忠诚和专一志向,才有了建立瑞金外科的赫赫之功。

参考文献:

[1] 杨伟国,瞿介明.回眸广慈[M].上海:上海交通大学出版社,2017.

[2] 瑞金医院志编纂委员会.瑞金医院志[M].上海:上海科学技术文献出版社,2017.

(叶枫,附属瑞金医院,外科学/普通外科,主治医师)

用自己生命的余光点亮了他人

思政映射点：医学伦理与法治，无私奉献

学科：外科学

相关知识点：器官捐献理念

素材简介：本文以移植器官捐献者的故事，结合优秀党员的先进事迹，让学生体会患者对延续生命的渴望，激发医务工作者的责任心和关爱心；深化学生对器官捐献的认识和理解，增强奉献精神。同时，强化学生对职业责任的践行。

杨海燕，1982 年 6 月出生于河北邯郸磁县的一个普通家庭，2011 年加入中国共产党。她在磁县白土镇人民政府工作期间，以踏实的工作作风和出色的工作成绩，赢得了领导和同事们的赞誉。2014 年，她通过公务员招录考试进入了邯郸市红十字会，继续展现出她的卓越才能。

在红十字会的工作岗位上，杨海燕负责的项目连年在河北省红十字系统位居前列，她的优秀品质和出色的工作能力使得她在平凡的岗位上取得了不平凡的成就。尽管工作繁忙，但她始终牵挂着家人和同事，常常与他们分享自己的想法和经验，希望能够帮助更多的人。

2017 年 6 月，杨海燕被诊断出患有严重的疾病，这让她倍感痛苦和无助。然而，在生命的最后时刻，她作出了一个令人敬佩的决定：将自己的器官和组织无偿捐献给他人，用自己生命的余光点亮他人的生命。

在河北医科大学第三医院的重症监护室内，杨海燕的生命已经危在旦夕。仪器上的数字是她还存在生命特征的唯一标志。"海燕，求求你，醒过来啊！"家人和同事们流着眼泪在她耳边呼唤，希望能够唤回她的意识，但奇迹并没有出现。16 时 24 分，杨海燕的心脏永远停止了跳动。

在这个时刻，杨海燕的家人毫不犹豫地填写了器官捐献表。医护人员们开始了紧张的手术，一个小时后，她的肝脏让一位中年男子获得了新生；几小时后，她的双肾脏拯救了两个人的生命。而她的眼角膜，也让两位失明患者重见

光明。

"你真的很伟大。"这是医护人员在手术结束后对杨海燕的赞誉。他们向她的遗体鞠躬默哀，表达了对这位勇敢女性的无尽敬意。"如果我不在了，请把我的全部器官捐献给需要的人。"作为邯郸市红十字会工作人员，杨海燕曾多次向父母、家人和同事表达过这样的愿望。河北省红十字会工作人员告诉我们："经上报确认，杨海燕是目前中国红十字会系统工作人员中第一位器官捐献者。她用生命践行了人道、博爱、奉献的红十字精神。"

杨海燕走了，但她的生命故事却感动了我们每一个人。她用无私的爱和奉献，让我们看到了人性的光辉。她的勇敢和无私，让我们看到了生命的伟大和崇高。

我们感悟到生命的脆弱和珍贵，感悟到我们应该更加珍视每一个瞬间，用爱去对待这个世界。杨海燕用她的生命践行了人性的光辉，让我们看到了生命的意义和价值。她的精神将永远激励我们前行，让我们不断追求更高的人生目标。

（张蔚青，附属瑞金医院，重症医学科，副主任护师）

“一个人”的球队

思政映射点：无私奉献，人文关怀

学科：外科学

相关知识点：器官捐献理念

素材简介：本文讲述了接受叶沙（化名）器官捐赠的5人自愿组建了名为“叶沙”的篮球队，并走进中国女子篮球联赛（WCBA）赛场，替叶沙实现梦想的感人故事。本文通过案例的导入，结合目前中国器官捐献和移植的现状，讲述器官捐献的基本情况，向医学生传递“大爱无私、救死扶伤”的理念，启发学生对于器官捐献的思考。

　　能够想象一支不会打球、不懂规则的业余球队，出现在中国女子篮球联赛（WCBA）全明星赛场上，并与职业球员比赛吗？2019年1月27日，一支特殊的球队在WCBA的赛场上展现出独特的魅力。这支球队由5名队员组成，却代表了“一个人”的梦想和奉献。

　　这支球队每个人的球衣上都印着“叶沙”的名字，这个名字来自一名16岁的少年，一个对篮球充满热爱的少年。2017年4月27日，这位热爱篮球的少年——叶沙，因脑出血永远地离开了这个世界。叶沙的父母作出了令人感动的决定，他们捐出了叶沙的心脏、肝脏、肺脏、肾脏和眼角膜，让7名素不相识的患者重获了新生。因为叶沙生前对篮球有着深厚的热爱，梦想着参加职业比赛，于是在中国人体器官捐献管理中心的帮助下，5名受捐者自愿组成了一支名叫“叶沙”的篮球队，并踏上了WCBA的赛场，以实现叶沙的梦想。

　　2017年4月27日，那是叶沙捐献器官的日子，他们的球衣号也分别是20、1、7、4、27。每个球员的球衣上都印有叶沙的名字，以及他们所“接受”的器官。这是一个与篮球相关的梦想，5个完全没有篮球经验的普通人，为了纪念那位热爱篮球的少年，走进了专业篮球的赛场。尽管善良的人已经离开了我们，但他以另一种方式永远留在了他最热爱的篮球场上。这支“球队”的队员会在每年的 4 月 27 日相聚,共同纪念那位给了他们第二次生命的 16 岁少年叶沙。

《叶沙,一个人的球队》圆梦故事被报道后,引发了社会各界热切关注,也让"器官捐献,生命永续"的理念在全社会更加深入人心。截至 2021 年 3 月 31 日,我国人体器官捐献志愿登记人数累计已超过 315 万,完成公民逝世后器官捐献 3.3 万余例,捐献器官 9.9 万余个,成功挽救了近 10 万名器官衰竭患者的生命。尽管自 2016 年以来,我国连续五年在全球器官捐献数量中位列第二,但仍然无法满足巨大且迫切的器官移植需求。器官的极度稀缺是当前全球面临的普遍挑战,也是阻碍器官功能衰竭患者获得移植治疗的主要原因。即便是拥有极高器官捐献率的国家,如西班牙、美国、葡萄牙,也无法达到世界卫生组织设定的各成员国自给自足的目标。世界卫生组织全球器官捐献与移植统计中心的数据显示,尽管器官移植率在医院保持稳定,但等待移植的患者人数仍在逐年增加。每年全球的器官移植数量仅能满足总需求的不到 10%。考虑到我国庞大的人口和患者数量,器官短缺问题也更加严峻,因此迫切需要全社会,包括医务工作者,积极更新和普及器官捐献理念。

参考文献:

[1] 彭博,曾梦君,王心强,等.生命礼物的流动:从人体器官捐献的决策到器官移植的接纳[J].医学与社会,2021,34(9):84-88.

[2] 薛武军.加强具有中国特色器官捐献与获取组织建设,促进我国器官移植事业快速发展[J].实用器官移植电子杂志,2021,9(2):102-104.

（何康,附属仁济医院,肝脏外科,主治医师）

长寿的秘密

思政映射点：勤奋进取，专业扎实

学科：外科学

相关知识点：免疫抑制剂

素材简介：器官移植早在 20 世纪 50 年代就已经陆续开展，但是始终无法实现术后的长期存活，根本原因是缺乏对移植术后免疫排斥的理解和干预。直到环孢素诞生并于 1978 年起用于器官移植的抗排斥治疗，才让移植术后的患者得以长期存活。本文通过阐述环孢素的发现过程鼓励学生勤奋进取、勇于探索和创新。

在接受异体器官移植后，受体的免疫系统会将移植的器官视为一种"外来物质"，并发动攻击、破坏和清除的反应。这就是我们所称的移植排斥反应，它是影响移植物生存的关键因素之一。在 20 世纪早期，虽然许多医生尝试了不同器官的移植手术，但很少有患者能够长期存活，移植排斥一直是一个困扰着医学界的难题。直到 20 世纪 70 年代末，瑞士的科学家波莱尔(Borel)发现了一种名为环孢素(CsA)的环状多肽，由霉菌酵解产物提取而得。环孢素被证明能够特异性地抑制淋巴细胞的反应和增殖。尤其是对 T 细胞和 TH 细胞有很好的选择性抑制作用，而对其他免疫细胞的抑制作用相对较弱。因此，它在器官移植排斥反应的治疗中表现出色，也用于治疗自身免疫疾病，具有高度的临床应用价值。然而，环孢素的发现和免疫抑制作用的确定也经历了一系列曲折的过程。

自然界中的生物系统是一个巨大的药物宝库，许多分子结构在演化过程中形成，具备了人工设计和合成所难以比拟的特殊性。在 1970 年左右，科学家 Z. L. 基什(Z.L.Kis)从挪威和美国的土壤中分离出了一种丝状真菌，并从中获得了两种全新的代谢产物。虽然它们没有表现出对细菌的活性，但显示出对真菌的一定抗性，这引起了科学家进一步研究的兴趣。于是，研究人员扩大了这种丝状真菌的培养,以确定它们是否可以开发成抗真菌药物。在这个过程中,环孢素 A 和 C 被分离出来并被命名,其中环孢素 A 是主要的代谢产物。然而,初期的研究结果表明,这些代谢产物不适合作为抗真菌药物。在一段时间里,关于环孢素的发现似乎只是山德士公司药物数据库中的一个历史记录。

大约在环孢素被发现的同时,山德士公司启动了一项名为"一般筛选程序"的大规模筛选项目,其中包括 50 多个不同的药理试验。这个项目有点类似于今天的高通量筛选,但它不是基于特定适应证,而是基于化合物。最终,这个项目发现了环孢素的潜力,但如果不是山德士公司的科学家 A.吕埃格尔(A. Rüegger)的敏锐直觉,环孢素免疫抑制功能的发现可能不会发生。他认为来自微生物的代谢产物通常具有特殊的药理活性,可能会带来惊喜。因此,他没有忘记那些来自丝状真菌的代谢物样品,并将它们提交给"一般筛选程序"进行测试。幸运的是,这个直觉并没有让人失望,在所有的药理试验中,只有环孢素显示出了免疫抑制效果。环孢素的特异性免疫抑制活性的发现,无异于为器官移植打开了一扇新的大门。

环孢素的特异性免疫抑制作用的发现为器官移植领域打开了新的视野。这一发现激发了众多动物实验的开展,其中一个值得特别提及的是移植领域的先锋罗伊·卡恩(Roy Calne)在心脏移植的猪模型上首次研究了环孢素的效果。出色的实验结果使卡恩深信,环孢素是一种安全且具有强大免疫抑制效果的物质,适用于器官移植患者。这一认知为环孢素的临床应用打下了坚实的基础。科学家经过长达 10 年的临床试验和研究,证实了它的抗排斥反应作用比其他药物更强大,不良反应更少。因此,它于 20 世纪 80 年代正式获批上市。在之后 20 年的临床应用中,环孢素显示出了惊人的治疗效果,使器官移植患者能够长期存活,远离致命的排斥反应。

在药物开发的历史上,很多药物的发现似乎是偶然的,但实际上,每一种全新药物的发现都是长期知识积累和不懈追求的结果。环孢素的发现也是如此,它离不开长期的微生物分离和培养工作,离不开在药物筛选过程中积累的各种药理模型,更离不开那些不怕失败、敢于尝试、勇往直前、不畏未知的研究者。正是这些勇敢的尝试,为我们提供了有力的工具,用以理解和治疗器官移植后的排斥反应。它们彰显了科学探索的精神,为人类的医学进步作出了巨大的贡献。

参考文献：

［1］ COLOMBO D，AMMIRATI E. Cyclosporine in transplantation — a history of converging timelines［J］. J Biol Regul Homeost Agents，2011，25(4)：493‐504.

［2］ 耿海刚,张汤安苏,肖云飞,等.肝移植术后免疫抑制剂的应用进展［J］.实用器官移植电子杂志,2020,8(4):313‐317.

（何康,附属仁济医院,肝脏外科,主治医师）

流水线上的猪

思政映射点：医学伦理，科学精神

学科：外科学

相关知识点：异种移植

素材简介：如何开拓更多的供体器官来源？异种器官移植已然成为重要的新课题。生长周期短、繁殖率高、体内逆转录病毒传递给人较低等特点，让猪（基因编辑）成为异种器官移植的最佳对象。生物安全和移植伦理一直是除去技术环节后的关键问题，本文旨在引导学生开展移植伦理的讨论和移植前沿的探索。

器官移植手术的问世为许多患者带来了新的曙光，然而，等待接受器官移植的需求远远超过了可用的器官数量。据估计，全球大约有 25 万名患者正在等待接受器官移植手术，但每年实际能够接受手术治疗的患者仅有 5 万人。即使像西班牙这样人均器官捐献率最高的国家，每百万居民中也只有 50 人愿意捐献器官，但每年有 500 人需要接受器官移植手术。人类器官捐献市场的供需矛盾极为突出，这也是医学界面临的一个重大挑战。

面对这一挑战，科学家们不断探索新的途径，寻找解决器官短缺问题的方法。其中一个思路是考虑使用动物器官来替代人体器官。最早的异种器官移植尝试可以追溯到 1906 年，当时医生曾将猪和山羊的肾脏分别移植到两名患者体内。不幸的是，由于当时对排异反应机制的了解非常有限，患者很快就去世了。

然而，在经过多年的研究后，科学家们逐渐克服了免疫系统对异种器官的快速排斥反应。1984 年，美国洛马林达大学医疗中心的移植外科医生伦纳德·贝利（Leonard Bailey）尝试将一颗狒狒的心脏移植到一个出生仅 12 天的患有先天性心脏疾病的婴儿体内。虽然最终由于血型不匹配而婴儿不幸去世，但这一尝试被视为具有开创性。一年后，贝利医生在一名婴儿身上成功完成了第一例人类供体到人类受体的心脏移植手术，这标志着异体器官移植领域取得重要进展。

1992 年，美国匹兹堡大学医学中心又进行了一项尝试，将一只狒狒的肝脏移植给一名 35 岁的男性患者，后者因乙型肝炎引起的肝脏坏死而危及生命。为了减少排异反应，医生采用了多种抗排异药物，包括当时还在实验阶段的他克莫司（Tacrolimus）。尽管手术后患者短期内表现出良好的恢复迹象，但后来还是发生了感染并最终不幸去世。

尽管早期尝试将动物器官移植到人体经历了很多挫折，但科学家们并没有灰心丧气，而是不断寻求突破。为了探索跨物种器官移植的奥秘，他们在动物间进行了一系列实验。英国剑桥大学的科学家自 1992 年开始饲养了一群含有人类基因的猪，这些猪是通过将人类基因嵌入猪卵细胞后培育而成的。当这些猪成熟后，科学家将它们的心脏移植到猴子体内进行实验。令人惊讶的是，将猪心脏移植到猴子体内后，几乎没有出现排异反应，植入猪心脏的猴子平均能存活 40 天。

最近，一项成功的猪肾移植实验引起了广泛关注。2021 年 10 月 20 日，美国纽约大学朗格尼医学中心进行了一项特殊的实验，首次将基因编辑过的猪肾移植到一名脑死亡女性患者的体内，该患者表现出肾功能不全的症状，她的家人同意在她停止生命迹象之前进行这一实验。移植手术后，受体未出现超急性排斥反应，移植的猪肾开始产生尿液，肌酐水平下降，并正常运行了 54 个小时，直到受体最终脱离了生命支持。这一成功实验为跨物种器官移植领域带来了新的希望，尽管仍需要进一步的研究和观察，但这是一个令人鼓舞的进展。

面对跨物种异体移植领域研究的快速发展，一些科学家也提出了他们的担忧。首先，一些对猪、狒狒等动物无害但对人类却是致命的病毒，如艾滋病毒，有可能通过异体移植传播给人类。尽管目前在进行异体移植前需要经过严格的检查，但一些尚未被人类所了解的动物病毒可能会逃过检查，对人类构成威胁。伦敦全国医学研究所的病毒学家乔纳森·施托耶表示："这不一定会导致不幸的后果，但我感到担忧。"波士顿大学医学教授诺曼·莱温斯基表示，这些新发现"令人不安"。他强调："在将猪的器官移植给人类之前，我们必须极为谨慎。"

　　异种移植作为一项前沿的生物医学技术,不仅引发了医学和生物学领域的广泛关注,还涉及了一系列伦理和道德问题,值得医学生思考和讨论。

　　(1)生命尊严和伦理挑战:异种移植引发了对生命尊严的重要讨论。如何平衡拯救患者的生命和确保动物权益的伦理是必须深思熟虑的问题。我们应该如何权衡人类生命的价值与动物福利的重要性? 这种权衡是否取决于疾病的严重性和治疗的必要性?

　　(2)科技进步与伦理责任:异种移植是划时代的科技与医学的进步,但同时也带来了伦理责任。我们必须明确:如何确保科技的应用符合伦理原则和社会价值观? 科学家和医生在推动异种移植研究时,应当承担哪些伦理和社会责任?

　　(3)生物安全性和风险管理:异种移植可能引发生物安全性风险,如病毒传播。如何在保障患者利益的同时,最大程度地降低这些风险? 政府、医疗机构和科学界应该如何协作,建立有效的风险管理和监管机制?

　　(4)社会共识和法规体系:异种移植需要社会共识和法规体系的支持。我们应该如何促进公众对这一技术的理解和接受? 法律和伦理框架是否需要进一步完善,以适应异种移植等新兴技术的发展?

　　(5)科技与人类命运的关系:异种移植不仅仅是一项医学技术,还涉及科技如何影响人类的命运。我们应该如何看待科技与人类生活之间的关系? 科技是应该以提高生命质量和延长寿命为唯一目标,还是应该考虑更广泛的伦理和社会影响?

参考文献:

[1] 张思玮.世界首例异种移植尚需谨慎乐观[N].中国科学报,2021-10-26(001).

[2] CENGIZ N,WAREHAM C S. Ethical considerations in xenotransplantation:a review [J]. Curr Opin Organ Transplant,2020,25(5):483-488.

(何康,附属仁济医院,肝脏外科,主治医师)

且行且珍"膝"：个性化手术选择和浸润式宣教

思政映射点：医学伦理与法治，专业扎实，开拓创新，人文关怀

学科：外科学(骨外科学)

相关知识点：骨关节病，膝关节退行性病变，人工关节重建，功能康复

素材简介：本文主要是讲个性化治疗的最终优化。通过对患者膝关节疾病相关大数据的分析，把单一的手术做成类似创意性乐高玩具的自由选择和组合，用真正的个性化手术方案(人工全膝关节置换、单髁置换、髌股关节置换、楔形截骨矫形等)帮助患者解除病痛，通过丰富的融入式谈话和宣教，把医疗的细节提升到极致。

随着生活条件的日益优越，人们对于生活质量的要求也越来越高，大家不再满足于平淡的生活，更追求生命的真谛。户外运动、登高望远、长途跋涉，一切都是为了接近我们的大自然。但是，这也让我们的膝关节承受了以往不曾承担的重担，膝关节炎的患者与日俱增，为了登上珠穆朗玛峰，很多人在膝关节置换面前犹豫不决。如何为患者更好地解决他们"膝膝"相关的问题，减少手术恐惧？加强宣传教育特别重要。

据不完全统计，就 2018—2022 年的五年中，上海交通大学医学院附属仁济医院收治的各类膝关节炎相关患者超过 1500 例，且年龄趋于年轻化，但是无论是保守治疗还是微创关节镜技术，都不能从根本上解决问题。对于年龄较大的膝关节退行性病变患者，膝关节人工关节置换是最有效和直接的方法，但手术后患者及家属如何配合手术医生工作尤为重要，毕竟膝关节功能的重建，除了技术上的因素，患者积极配合围术期的功能锻炼也是成功的要素。

大多数患者的主诉是膝关节的疼痛不适，以及活动后的加重等，时间有长有短，有些患者也经历过多家医院的多种方式治疗，包括口服药物、膝关节局部注射药物等保守治疗，还有中医针灸、康复理疗等手段的尝试。由于疾病本身的特性，年纪较大的患者往往效果欠佳，不得不重新审视手术治疗的利弊。个

性化的治疗是建立在大数据之上的,因此术前的综合检查和评估是我们工作的重点。下肢全长位片、CT 三维重建、MRI 动态测量等精准的检查非常重要。常规的人工全膝关节置换分为 CR 假体、PS 假体等,还有日渐流行的单间室置换(单髁),还有楔形截骨等。我们从循证医学出发,利用大数据分析,在琳琅满目的工具面前,选择最适合当前患者的手术治疗方式,好比乐高积木,可以自由组合。

手术的选择是个性化也是人性化的。但是如何说服对此并不熟悉的患者和家属,如何让他们了解到切实的风险和术后的艰难恢复过程,比起成熟的手术技术而言,更加重要和务实。毕竟,患者来到医院,是希望让双膝能够继续作为攀登高峰的保障,对手术免不了有各种担心。同时,个性化治疗不是一句空话,我们要用数据说话,用经验诠释。我们把围术期的种种"故事"讲给患者及家属听,而不是照搬课本的条条框框。讲完故事,我们会"要求"患者反馈,告诉我们人工膝关节重建手术到底是怎么回事,只有真正明白前因后果,才能把手术的正向作用发挥到最大,克服恢复过程中的种种困难。为了让患者及家属更好地配合我们手术,我们借助 3D 打印技术,以最直观的视角给患者展示术前、术中和术后的"膝",用模拟动画推演手术,让患者感觉这一切都像身临其境的四维电影,从而不再惧怕手术,而更多的是期待,期待再次起航。无论是常见的人工全膝关节置换,还是数量上升趋势明显的单间室置换(单髁,髌股关节),抑或是其他截骨矫形、辅助微创关节镜手术等,我们团队都会给出专业的建议,倾听患者及家属质朴的需求,从而制订最终的优化治疗方案。

术后康复,一直是国内骨科手术后的短板,我们团队专门聘用了专职康复医师,从术前宣教到术后跟踪随访,用扎实的基本功和贴心的服务感动患者,同时做好围术期的心理疏导工作,让手术不再可怕,使患者生理的痛和心理的担忧都能得到细致的照顾。比起冷冰冰的康复机器,专人的"陪伴"和"监督",不仅让患者依从性更好,还能利用住院期间最大化提高功能康复的效率,真正做到事半功倍。我们让每一位患者成为我们短暂治疗团队中的一员,方案个性化,随时解说,把对患者及家属的人文关怀落到实处,在工作中切实地执行。

每个人都有选择高质量生活的权利,我们关节外科的大夫就是为患者的奔波而奔波,路漫漫,且行且珍"膝"。

参考文献：

［1］CANALE S T，BEATY J H. Campbell's Operative Orthopaedics［M］. Elsevier，2013.

［2］田伟.实用骨科学［M］.北京：人民卫生出版社，2008.

［3］王亦璁.骨与关节损伤［M］.北京：人民卫生出版社，2007.

（丁裕润，附属仁济医院，骨科，主治医师）

"患者还是把医生投诉了"

思政映射点：爱岗敬业，专业扎实，终身学习，人文关怀

学科：外科学

相关知识点：泌尿，男性生殖系统感染

素材简介：急性睾丸、附睾炎是男性生殖系统感染的一种常见表现，多见于中青年男性，发病急骤。因其临床表现与睾丸扭转非常相似，临床上常引起混淆。此外，其发病部位较为隐私，在诊治的过程中常涉及人文关怀、医患沟通、隐私保护、心理疏通等多方面的问题，而这些医学人文方面的问题容易被临床医生所忽视。本文通过具体病例融合思政的教学方式，进一步加强医学生对急性睾丸、附睾炎和睾丸扭转的临床表现、体格检查、辅助检查特点以及治疗原则的理解与掌握，提高医学生对这一教学内容的学习兴趣和重视程度。同时，加强医学生的医学人文教育，指导医学生学习如何良好地进行医患沟通以及保护患者隐私。

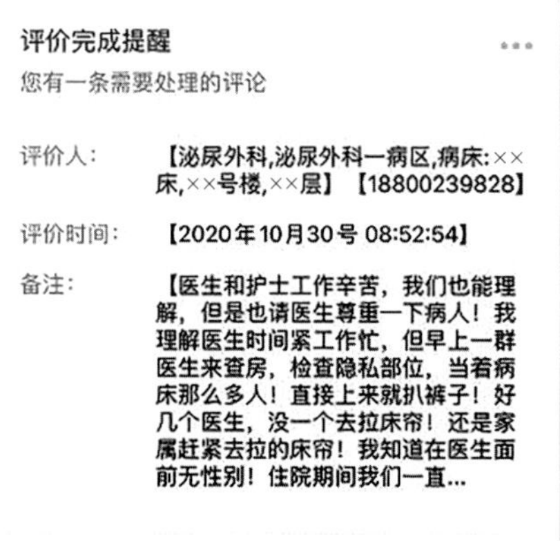

评价完成提醒

您有一条需要处理的评论

评价人：【泌尿外科,泌尿外科一病区,病床:××床,××号楼,××层】【18800239828】

评价时间：【2020年10月30号 08:52:54】

备注：【医生和护士工作辛苦，我们也能理解，但是也请医生尊重一下病人！我理解医生时间紧工作忙，但早上一群医生来查房，检查隐私部位，当着病床那么多人！直接上来就扒裤子！好几个医生，没一个去拉床帘！还是家属赶紧去拉的床帘！我知道在医生面前无性别！住院期间我们一直……

图 1　患者投诉信内容

这是医院泌尿外科收到的一封患者投诉信，投诉的原因是医生在查房时不注意患者的隐私（见图 1）。很多临床医生在收到这样一封投诉信时都会"口吐芬芳"，心里默念一句"岂有此理！"事实上，很多医生都容易形成一个错误的观念，认为医生的主要工作是看病，把病看好了是最重要的，在生死面前隐私什么的都是"浮云"。在很多医生眼中，患者无性别，而且医学教育也一直在灌输"患者无性别"这个观念。然而在患者眼中，他们真的是这么想的吗？生病是否意味着对隐私的要求也随之下降？显然答案是否

定的。

患者资料如下。

现病史：患者,男,28岁,学生。2020年10月27日晚21:37因"间歇性左下腹疼痛2天伴左侧睾丸肿痛1天"就诊我院急诊外科。患者于2天前出现左侧下腹部疼痛,伴发热,体温最高38℃,自行服用"消炎药"后体温下降,疼痛有所缓解,当时未予以重视。1天前患者出现左侧睾丸明显肿痛,伴有阴囊皮肤发红、水肿,遂至我院急诊外科就诊。

查体：生命体征平稳;腹软,无压痛、反跳痛;左侧阴囊皮肤发红、水肿,左侧睾丸明显肿胀,大小约5×3 cm,伴有明显触痛,左侧精索增粗,左侧附睾触摸不清,右侧睾丸无明显异常。阴囊抬高试验(Prehn征)阴性。

实验室检查：血常规:WBC 11.0×10⁹/L,N% 78.6%,中性粒细胞绝对值 8.70×10⁹/L,CRP 57 mg/L。

影像学检查：腹部CT(2020-10-27 14:08):左侧睾丸肿大,密度不均匀 (见图2)。

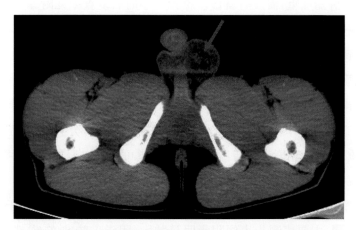

图2　腹部CT平扫提示左侧睾丸明显肿大,密度不均匀(箭头处)

睾丸附睾多普勒超声(2020-10-27 14:16):左侧精索增厚呈团状,回声增强,考虑炎症,精索扭转不除外;左侧睾丸、附睾增大,炎症可能。右侧睾丸、附睾未见明显异常(见图3)。

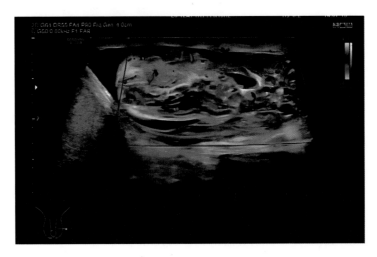

图 3　左侧睾丸的多普勒超声图像

因患者超声提示急性睾丸、附睾炎症可能大,通过与患者积极沟通后,考虑暂时先予以保守治疗,并密切监测病情变化,嘱密切随访睾丸附睾超声,且若出现睾丸附睾肿痛加重,需及时就诊。患者 4 小时后复查睾丸附睾多普勒超声,提示:左侧睾丸呈横位,大小约 $39 \times 28 \times 29$ mm,血流信号较右侧减少,左侧睾丸精索扭转可能。

根据患者超声检查结果,并结合泌尿外科专科诊治规范,因患者左侧睾丸扭转不能排除,存在手术探查指征,与患者及家属沟通后急诊全麻下行左侧睾丸附睾探查术。术中探查见左侧睾丸、附睾肿胀,质硬,分界不清,左侧精索明显增粗,质地较硬,精索未扭转,睾丸、附睾血供可。考虑为急性左侧睾丸、附睾炎,遂结束手术并予以积极抗感染治疗。

急性睾丸、附睾炎是男性生殖系统感染的一种常见表现,多见于中青年男性,发病急骤,主要表现为患侧阴囊明显肿胀、阴囊皮肤发红、发热、疼痛。附睾、睾丸及精索均有增大或增粗,有时睾丸、附睾界限不清,下坠时疼痛加重。可有寒战、高热等全身表现。查体可及患侧阴囊红肿,患侧睾丸肿大、疼痛、质地硬、触痛明显,累及附睾时可表现为附睾肿大且触痛明显,精索肿胀有触痛。B 超可见患者睾丸附睾体积增大,回声变低,内部回声不均匀,彩色超声检查可见丰富的血流信号。

本案例的诊治重点首先在于急性睾丸、附睾炎的鉴别诊断：

（1）睾丸扭转。又称精索扭转，是精索顺其纵轴旋转导致睾丸的血供突然受阻而造成的睾丸急性缺血、坏死的病变，以左侧、青少年多见。其主要表现为睾丸疼痛。查体可见患侧睾丸明显肿胀，并提高呈横位，阴囊抬高试验（Prehn征）阳性。多普勒超声提示患侧睾丸血流量减少或消失。若扭转未及时解除，最终可导致睾丸坏死。

（2）睾丸附件扭转。睾丸附件一般指苗勒氏管残余。睾丸附件扭转起病急，好发于青少年，但其睾丸本身无变化，仅于睾丸的上方或侧方扪及豌豆大的痛性肿块。

（3）睾丸鞘膜积液。本病一般无自觉症状，通常以发现阴囊或腹股沟包块就诊。多数发病缓慢。查体于阴囊或腹股沟区可见肿块，表面光滑、有囊性感，透光实验呈阳性。B超可看到鞘膜内的液性暗区和正常睾丸，从而明确诊断。

（4）睾丸肿瘤。以15～35岁男性多见，多为单侧，早期症状多不明显，典型表现为逐渐增大的无痛性睾丸肿块。通常采用手术联合放化疗的综合治疗。

（5）附睾肿瘤。临床少见，绝大多数为原发性，多发生于30岁左右，多为单侧发病。常表现为阴囊内无痛性肿块。体检常为附睾质地韧而硬，表面光滑，无或轻压痛。

（6）睾丸梅毒。睾丸肿大如球，手感轻飘飘，挤捏睾丸无感觉；睾丸的硬结小而光滑、坚硬。追问病史常有冶游史，血清康华氏反应阳性。临床少见。

（7）睾丸、附睾结核。临床表现多数为无痛性肿块，继发非特异性感染后则出现肿块增大、疼痛，甚至发热，抗炎、抗结核治疗后明显好转。追问病史常有结核病史。检查可见附睾无痛性硬结，输精管串珠样改变、睾丸肿硬甚至与阴囊粘连。

（8）睾丸血肿。睾丸可出现肿大、坚硬、沉重、触痛，严重者阴囊肿胀、皮肤青紫瘀血；追问病史常有外伤史。B超检查可见睾丸回声内出现低回声血肿区。

其次在于急性睾丸、附睾炎与睾丸扭转治疗原则的区别。睾丸扭转的治疗目标是挽救睾丸，保护生育功能。早期诊断、及时治疗是救活睾丸的关键，扭转睾丸抢救存活率与发病时间和扭转程度成正比。主要处理包括手术复位和睾丸精索固定,或者手法复位(不确定性较高,临床少用),并力争在出现症状 6 小时内完成手术;而急性睾丸、附睾炎以保守治疗为主,主要措施包括适当营养,卧床休息,局部冷敷,抬高阴囊,止痛药物以及抗生素治疗等。一般使用广谱抗生素,并根据病原菌培养结果调整选择敏感的抗生素治疗。

本例患者最终诊断为急性左侧睾丸、附睾炎,而非睾丸扭转,那么急诊手术探查是否合理? 是否存在过度医疗呢?

根据泌尿外科指南及治疗原则,若对睾丸扭转在诊断上有怀疑,应及时进行手术探查。即使是急性附睾炎、睾丸炎,行附睾白膜或睾丸白膜切开降压,亦可缓解症状,缩短治疗周期。该患者临床表现、体征及超声检查结果均提示睾丸扭转不能排除。因此,手术探查是必要且合理的,不存在过度医疗的问题。

再者,患者为学生,且家属均不在上海,如何签署手术知情同意书? 如何与患者及家属沟通? 手术同意书一般应由患者本人签字同意。本人不能签字或者不适宜签字的,由患者的近亲属签字同意(如配偶、父母、子女等)。本例患者需施行全麻急诊探查手术,且家属均不在上海。根据《侵权责任法》第五十六条,因抢救生命垂危的患者等紧急情况,不能取得患者或者其近亲属意见的,经医疗机构负责人或者授权的负责人批准,可以立即实施相应的医疗措施。该患者在经过本院行政值班报备同意,并经患者授权委托后,委托其班主任签署了知情同意书。

针对该例患者,与其沟通时,需充分交代术前诊断,拟实施的手术方案,术中、术后可能出现的并发症和意外,手术风险及获益,以及手术的必要性。因该患者涉及可能存在睾丸坏死行睾丸切除的可能,需积极交代此方面的后果和影响(如可能影响生育、性功能等)。且因该患者的父母均在外地,患者未婚、未育,需同时与患者父母交代以上内容(电话或其他途径沟通)。

如若患者术中确诊为睾丸扭转,且睾丸已坏死,需切除睾丸。如何与患者及家属沟通? 首先,需明确告知手术的必要性及不手术的风险,若睾丸已坏死,不行手术切除可能会引起感染等并发症,且坏死的睾丸已无功能。其次,须告知单侧睾丸切除后对患者心理及生理的影响,如可能影响生育、性功能等。再次,需告知家属密切注意患者的心理健康,让患者尽量放松心情,解除思想顾虑,多做体育活动转移注意力,积极面对生活,避免手术导致的心理创伤,如自卑、抑郁等。最后,需告知若产生不良影响的替代方案,如 IVF、激素替代治疗等,并做好及时的心理疏通和治疗等。

本案例中,医生为患者提供了及时且合理的诊治,但为何遭到了患者的投诉呢? 主要原因是医生在对患者进行体格检查时,疏忽了对患者隐私的保护。对于保护患者的隐私,需要注意以下几点,且需引起足够的重视:

(1)评估患者的民族、信仰、风俗、习惯、忌语,在不违反医疗规定的原则下尊重患者的民族风俗习惯。

(2)未经患者或家属同意,不得私自向他人公开患者个人资料、病史、病程及诊疗过程资料。

(3)注意在言谈中不得擅自议论患者及家属的隐私。

(4)对特殊疾病的患者,医护人员床头交接时不应交接医疗诊断。

(5)对异性患者实施隐私处置时,应有医护人员或家属陪伴。

(6)除重症监护病房外,住院病室要做到男、女患者分室。

(7)医护人员进行暴露性治疗、护理、检查等操作时,应加以遮挡,并避免无关人员探视。

(8)对于院内或科室内安排的涉及患者隐私的参观、学习活动,应征得患者同意,并告知学习内容,不得随意拍照。

(9)对涉及患者隐私或敏感问题的医疗信息收集,应选择合适的环境和场所,避免信息传播。

(10)除实施医疗活动外,不得擅自查阅患者的病历,如因科研、教学需要查阅病历的,需经医务科同意,阅后应立即归还,不得泄露患者隐私。

参考文献:
[1] 孙颖浩.吴阶平泌尿外科学[M].北京:人民卫生出版社,2019.
[2] 黄健.中国泌尿外科和男科疾病诊断治疗指南[M].北京:科学出版社,2019.

(钱苏波,附属新华医院,外科学/泌尿外科,主治医师)

因为膀胱癌而出走自杀，你这样不值啊！

思政映射点：爱岗敬业，专业扎实，沟通协作，人文关怀

学科：外科学

相关知识点：泌尿系统疾病的症状，膀胱肿瘤，肿瘤诊疗

素材简介：本文从一个缺乏基本医学知识的患者盲目放弃治疗、结束生命的实际案例出发，将膀胱癌理论教学与思政教育有机结合，在教授学生膀胱癌的诊断及治疗的理论知识的同时，引导学生秉承爱岗敬业的精神，注重对患者特别是肿瘤患者的沟通与关怀；强调了医学生既要有扎实的专业知识和责任担当，也要做好医学知识的科普和对"医保惠民"政策的宣传。本文可用于引导学生加强专业学习、强化科学精神、注重人文关怀等。

2017 年澎湃新闻报道了一例膀胱癌患者因患癌不想拖累家庭而离家出走的事件，最终在山上找到老人时，老人已不幸去世。类似的报道可以说屡见不鲜，让人感到十分惋惜。

在本事件中王东（化名）选择结束自己的生命，一方面是出于家庭的考虑，因为不想给家庭增加经济负担，不想拖累儿子。但对他儿子而言，他们是血脉相连的亲人，有事要一起承担，如果能找到父亲，不管赚钱还是借钱，都要给父亲看病。孝顺父母是中华民族的传统美德，虽然最后没来得及救回王东，但他们父子之间互相为对方考虑、互相关爱的情感令人动容。

而另一方面在于对疾病缺乏了解。王东选择结束生命跟他对于膀胱癌这种疾病的了解不足有很大的关系。膀胱癌到底是一种什么样的肿瘤？得了膀胱癌是否意味着死亡？

膀胱癌是泌尿系统最常见的肿瘤之一，多发生于 45 岁以上，且男性显著高于女性，尤其好发于吸烟和长期接触工业化学产品的人群中。血尿是膀胱癌的常见症状，尤其是间歇性全程无痛血尿，可表现为肉眼血尿或镜下血尿。泌尿系统超声检查，是膀胱癌的一线检查方法。超声上膀胱癌常表现为膀胱内等回

声或稍高回声占位或结节(见图1),结合彩色多普勒超声可显示肿瘤基底部血流信号,对肿瘤的分期、分级有一定意义。膀胱癌的分级分期、浸润转移等情况需要结合CT、磁共振等检查进一步明确。

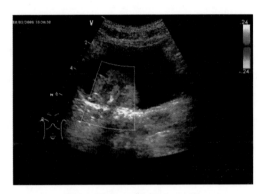

图1　膀胱癌的典型超声影像

而膀胱镜(膀胱软镜)检查和活检,是诊断膀胱癌最可靠的方法之一,通过膀胱镜检查可明确肿瘤的数目、大小、形态、部位以及周围黏膜的异常情况等,同时可对肿瘤和可疑病变进行活检以明确病理诊断(见图2)。

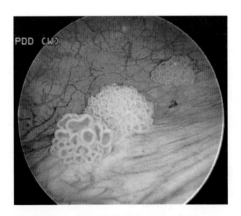

图2　膀胱癌典型的膀胱镜下影像

很多对医疗,对癌症毫无了解的人,为了博人眼球,不断向大家灌输"癌症治不治都是死""医院就是要在死之前把你榨干"这样的谣言,导致大众对"癌症"两个字的恐惧越来越深。坊间常说,癌症患者 1/3 是被吓死的。虽然这个比例值得商榷,但听到"癌症"两字,认为必死无疑的人不在少数。这样的判断,会让人产生巨大的恐惧,甚至会让一些人因为不科学的认知,走向最极端的方式——提前结束生命。

那么膀胱癌的治疗现状如何呢? 早期浅表性膀胱癌是可以治愈的,即使不能治愈也可以带瘤生存。目前膀胱癌的治疗与其分期密切相关。非肌层浸润性膀胱癌(non muscle-invasive bladder cancer, NMIBC)占初发膀胱肿瘤的 75%,包括 Ta(非浸润性乳头状癌)、T1(肿瘤侵入上皮下结缔组织)以及 Tis(原位癌)。经尿道膀胱肿瘤切除术(transuretheral resection of bladder tumor, TURBT)是 NMIBC 的重要诊断方法,同时也是主要的治疗手段。然而, NMIBC 术后有很高的复发率,小部分患者甚至会进展为肌层浸润性膀胱癌。因此推荐所有 NMIBC 患者进行术后辅助性膀胱灌注治疗,包括膀胱灌注化疗和膀胱免疫治疗。不管是经尿道膀胱肿瘤切除术还是辅助性膀胱灌注治疗,给患者带来的痛苦都较小。而肌层浸润性膀胱癌(MIBC),根据患者的全身情况以及肿瘤分级、分期决定治疗方式,治疗方案包括根治性膀胱切除术＋尿流改道术,保留膀胱的综合治疗、化疗、放疗等。

至于膀胱癌的预后,这与肿瘤肌层浸润情况以及肿瘤分级、分期、肿瘤大小等密切相关。研究报道,各期膀胱癌患者的 5 年生存率为 Ta-T1 91.9%、T2 84.3%、T3 43.9%、T4 10.2%,各分级膀胱癌患者 5 年生存率分别为 G1 级 91.4%、G2 级 82.7%、G3 级 62.6%。因此,总体上来说,膀胱癌的预后情况较其他恶性肿瘤要好得多。

我们已经无法知晓王东的膀胱癌分级分期,如果在 T2 之前,他的 5 年生存率在 80% 以上,所以如果他能获得更多的医学常识和人文关怀,包括医护人员的有效沟通,可能不会轻易选择结束自己的生命。这告诉我们医护人员,一方面要做好疾病的科普,使患者正确认识疾病,不至于谈癌色变;另一方面要做好医患沟通,多关心患者,使患者正确看待疾病、配合医疗。

"这个病手术得花十多万元",患者自杀也是贫困人员害怕"看病贵"的一种体现。但是国家正在完善构建国民健康保障体系。我国医疗保障体系以基本医疗保险和城乡医疗救助为主体,还包括其他多种形式的补充医疗保险和商业健康保险。党和政府也一直在努力进行医疗减负的工作。电影《我不是药神》播放后，很多原先昂贵的抗肿瘤药物通过优先审批或者快速审批通道得到医保覆盖。我们有理由相信这样的故事会越来越少，要看到党和政府的努力，要相信党和政府的能力。

参考文献：

［1］黄健.中国泌尿外科和男科疾病诊断治疗指南［M］.北京：科学出版社，2019.

［2］BABJUK M，BURGER M，CAPOUN O，et al. European Association of Urology Guidelines on Non-muscle-invasive Bladder Cancer（Ta，T1，and Carcinoma in Situ）［J］. European Urology，2022，81(1)：75－94.

［3］董胜国，纪祥瑞.影响膀胱癌患者长期生存的因素分析［J］.临床泌尿外科杂志，1999，14(6)：4.

（沈海波，附属新华医院，泌尿外科，主任医师）

无声的呐喊
——"消失的半张脸"

思政映射点：人文关怀，沟通协作，专业扎实，科学精神，前沿引领

学科：外科学

相关知识点：体表肿瘤，罕见病，Ⅰ型神经纤维瘤病，医学遗传学等

素材简介：本文通过具体案例向学生展示典型的Ⅰ型神经纤维瘤病（Neurofibromatosis Type Ⅰ，NF1）患者，根据患者的临床表现，系统介绍体表肿瘤性疾病——Ⅰ型神经纤维瘤病的诊断、治疗及预后，提高学生对于体表肿瘤性疾病的认识，并增强学生对患者的人文关怀意识。此外，本文还介绍了Ⅰ型神经纤维瘤病诊疗的最新进展，以拓宽学生对疾病的认识，激发医学生的开拓性思维。本文可用于引导学生关注体表肿瘤患者，增强人文情怀和医患沟通能力。

几年前，一位患有Ⅰ型神经纤维瘤病的患者来上海交通大学医学院附属第九人民医院（简称上海九院）就诊，这一年，她 32 岁，是两个孩子的妈妈，她的母亲也因该病去世。这位患者近几年来，面部的神经纤维瘤越来越大，已经影响到她的日常进食。经过医院整复外科长达 18 小时的手术，为她成功摘除了肿瘤。

神经纤维瘤是整形外科学中常见的体表肿瘤之一，常常表现为缓慢生长的无痛性体表结节或肿块。大约 90% 的神经纤维瘤为单发性，其余的属于Ⅰ型神经纤维瘤病。Ⅰ型神经纤维瘤病是一种进展相对缓慢的病变，需要严密随访观察神经纤维瘤是否出现其他病变（如出血、恶变），尤其是丛状型神经纤维瘤。临床上比较常见的情况是，当肿块增大到一定程度，往往导致局部和邻近器官的下坠移位，造成明显的畸形，进而引起功能障碍。比如，我们这位手术患者即出现了左侧视力丧失、面部容貌的毁损及进食障碍。早发现、早治疗有利于对患者进行健康宣教，告知其正视疾病，提高治疗依从性。

NF1 是一种常染色体显性遗传疾病，新生儿发病率约为 1/3000，有遗传风

险,尽早告知患者可以采取优生方式,通过第三代试管婴儿等手段筛选健康后代。具有下述两项或两项以上症状、体征即可诊断 NF1:

(1)有 6 处或 6 处以上牛奶咖啡斑,青春期前直径 5 mm 以上,青春期后直径 15 mm。

(2)有 2 处或 2 处以上任何类型的神经纤维瘤或一处丛状神经纤维瘤。

(3)腋下和(或)腹股沟雀斑。

(4)视神经胶质瘤。

(5)有一处明确的骨病变,如蝶骨翼发育不良,长骨皮质变薄,伴或不伴假关节。

(6)有 2 个或 2 个以上 Lisch 结节。

(7)有一名直系亲属(父母、兄弟姐妹或子女)患有符合上述标准而诊断 NFl 者。

NF1 患者有着明显的牛奶咖啡斑、腋窝雀斑、家族史等特点,应与结节性硬化、脊髓空洞症、骨纤维结构不良综合征、局部软组织蔓状血管瘤等相鉴别。快速准确地诊断出Ⅰ型神经纤维瘤病,可以帮助患者更科学地认识到 NF1 的预后以及其对遗传、生活质量的影响。

Ⅰ型神经纤维瘤病是一种可以累及多系统的病变,轻者可能仅有牛奶咖啡斑和散在的神经纤维瘤等表现,手术是主要的治疗方式。2023 年在上海九院整复外科神经纤维瘤团队的牵头下学界完成了"孤儿药"的临床研究并推动了药物在中国的上市,结束了中国 NF1 患者无药可治的窘境。

医生需要系统地了解 NF1 诊疗的最新进展,改变既往仅仅是单纯地进行"哪里长了瘤就切哪里"的手术,这类手术通常会造成患者反复经历挂号—就诊—住院—手术的过程,除了经济负担重以外,患者的工作和生活也受到了巨大影响,甚至有一部分患者觉得自己生不如死,进而产生自杀念头。因此,出于医者仁心的人道主义关怀,医生首先要和患者明确 NF1 是可以带病生存,并进行药物和手术联合治疗的;其次要关注患者的心理变化,如果出现不良倾向,及早进行心理干预。

我们还遇到过这样一位患者,她从小在农村长大,受教育程度比较低,收入也很低,仅凭自己是无法负担医疗费用的,所以她和家人一直在直播平台坚持做主播,也通过这些平台筹到了足够的医疗费用。在和患者及家属沟通的过程中,我们发现他们强烈的手术意愿不仅仅来自自身,还有外界的关注造成的压力。整个诊治过程是公开透明的,会接收到很多评论,这些期望和压力可能会干扰到患者的想法。因此医生在沟通中要注意,务必充分、彻底地告知手术的目的、过程和可能造成的风险,特别要告知仅通过一次手术就要达到外界人士希望的术后效果是比较困难的。在充分的沟通之外,整复外科医护团队还必须做好详尽的术前评估和充分的术前准备。

I型神经纤维瘤病巨大的体表肿瘤严重影响患者外观,同时也造成一定的功能损害。当前 NF1 的诊治仍是临床工作中的一大挑战,作为医者,一方面我们需钻研科学知识,为患者提供专业的治疗方案,另一方面我们应增加对患者的人文关怀,进行疾病的健康宣教,鼓励患者正视问题,积极遵医治疗。在帮助案例中的患者手术切除面部肿瘤并重建面部外观之后,患者勇敢地走出家门,平生第一次参加了孩子的家长会,并在当地的建筑队找到了一份帮厨的工作,用以补贴家用。最终患者从与世隔离,到融入社会,并用自己的努力工作服务社会,回馈家庭。

上海九院整复外科在体表肿瘤等相关病症方面有着深厚的传承。这里有中国整复外科奠基人张涤生院士。1969 年他冒着巨大风险带领全科同志认真讨论研究,针对困难逐个击破,充分做好各项术前、术中准备,顺利完成我国第一次切除一个重达 32.5kg 的巨大神经纤维瘤的手术。他教导大家:"我们的手术刀下,存在着一股力量,这股力量可以把病魔赶跑,为患者治愈疾患,减少病痛,恢复健康,给患者带来正常生活和工作能力,给社会发展作出贡献。医学治疗不仅仅是治疗疾病,更重要的是提升患者的整体身心健康水平和生活幸福指数。"真正的医者不仅妙手回春,更心怀大爱,让患者从"活下来"到"活得好","使伤者不残、残者不废"是张涤生院士对于整复外科的使命和责任定位,激励着一代代整复外科人前行。

参考文献:

[1] HUSON S M, COMPSTON D A, HARPER P S. A genetic study of von Recklinghausen neurofibromatosis in south east Wales. II. Guidelines for genetic counselling[J]. J Med

Genet，1989.

[2] FRIEDRICH R E，SCHMELZLE R，HARTMANN M，et al. Resection of small plexiform neurofibromas in neurofibromatosis type 1 children[J]. World J Surg Oncol，2005.

（王智超，附属第九人民医院，整复外科，副主任医师/副教授）

换脸：整形外科的世纪挑战

思政映射点：专业扎实，前沿引领，开拓创新，人文关怀

学科：外科学

相关知识点：面部重建，功能重建，医患沟通等

素材简介：本文通过一例因面中部缺损及功能障碍行面部重建手术的案例，向学生展示临床进行面部重建所需要面对的手术设计思路、特定方法，针对外观及功能障碍的主诉如何通过手术解决，以激发医学生的开拓性思维及为患者设身处地思考的人文情怀。本文可用于引导学生关注整复外科学的前沿知识，培养学生与特殊患者沟通交流的人文情怀。

　　整复外科是外科学的重要组成部分，它涵盖的知识范围广、信息量大，在外科技术及基础研究的推进下发展迅速。面部重建（face reconstruction）是整复外科工作项目中的一个重要部分，能极大地改善面部缺损及创伤患者的外观及功能障碍，同时也面临着巨大的风险及挑战。

　　我们曾接诊过一位病程长达 10 年的面中部缺损及功能障碍患者，这位患者可能存在呼吸困难、口齿不清、咀嚼受限、因相貌自卑等一系列问题，需要针对这些问题采取相应的解决措施。患者最主要的问题是鼻-上唇的缺损，可在缺损部位进行填补，并进行相应的功能重建。按照传统的手术修复方式，患者需要在面中部缺损的部位经过游离皮瓣移植、皮瓣修整、鼻支架植入、鼻黏膜衬里等多期手术才能完成治疗，手术创伤较大，手术总时间和总花费也会相对较高。

　　如何既能减少手术的时间和次数，又能达到更好的治疗效果，是临床工作亟待解决的问题。为了解决这个问题，医疗团队制订了详细的治疗计划和方案。修复鼻-上唇缺损需要选择设计相应的填充物，我们通过电脑 3D 设计对皮瓣的大小进行了模拟，从而获得了推荐尺寸的数据（见图 1）。

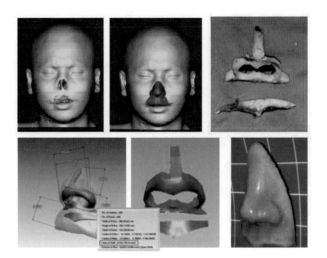

图 1　皮瓣 3D 设计

我们在患者的前胸预制了鼻及上唇，经过精心设计的复杂的手术流程，患者术后一年恢复良好，容貌和生活质量都得到了极大的改善（见图 2）。医学是一门科学，更是一门艺术，整复外科可能是与艺术最为接近的学科之一，医生的手就像雕塑刀，患者残缺的面部在修复过后俨然成为一件完整的工艺品。

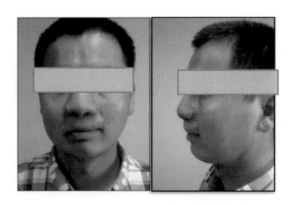

图 2　手术后 1 年患者的照片

面部重建复杂而多变，整个手术流程会面临许多风险和挑战，例如获取的皮瓣可能因供血不足而坏死，术后效果可能没有达到预期，功能修复不完全，还有面临多次手术的可能。因此,面部重建的术前沟通工作尤为重要,医生在沟通时应充分考虑手术的必要性和可行性、手术是否符合伦理、"异体面部移植"是否可以进行、需要多次修复的可能性等,在沟通时需告知家属手术的风险及可能恢复的程度,得到患者及家属的理解配合。

此外,由于面部重建手术的技术要求高、费用昂贵、风险高,患者及家属可能会对治疗的安全性和最后效果持悲观态度,尤其是先前已经进行相应治疗的患者。在治疗前,医生应向患者及家属充分解释手术治疗以外的治疗项目,包括输血、抗感染、多次换药等操作,术后可能的效果和费用,告知再次手术或多次手术的可能性,解除患者疑虑,从而实现医患相互理解。

我们相信通过自身技术水平的提高、耐心亲切的治疗指导以及充分的知情沟通,医疗环境会越来越好。医生和患者是一个战壕的战友,我们共同的目标是战胜疾病,恢复健康。秉承着这份"救死扶伤、大爱无疆"的医者仁心,通过我们每一位医者的点滴努力,健康中国的梦想与蓝图一定可以实现。

参考文献：

[1] SHIMIZU F，UEHARA M，OATARI M，et al. Three-dimensional visualization of the human face using DICOM data and its application to facial contouring surgery using free anterolateral thigh flap transfer[J] J Plast Reconstr Aes，2016.

[2] Yang D P，Zhang P. Facial resurfacing with prefabricated induced expanded skin flap [J] J Craniofac Surg，2019.

（王智超,附属第九人民医院,整复外科,副主任医师/副教授）

抗美援朝硝烟中的公济人

思政映射点：爱国情怀，无私奉献

学科：麻醉学

相关知识点：麻醉的概念，麻醉学发展历史，麻醉的任务，麻醉方法分类

素材简介：本文介绍了公济医院（现上海交通大学医学院附属第一人民医院）的医务工作者们在抗美援朝战争中救治伤病员的故事，将抗美援朝时期公济人参与伤病员救治的故事与麻醉学相关知识点相融合，激发学生爱国情怀以及无私奉献、勤奋进取的精神。

热映影片《长津湖》带我们重温了抗美援朝战争第二次战役中的长津湖战役，全景式还原了 70 多年前的史诗战役。1950 年，朝鲜战争爆发后，以美国为首的"联合国军"不顾中国政府的多次严正警告，悍然越过三八线，直逼鸭绿江，将战火烧到了中朝边境。1950 年 10 月 19 日，中国人民志愿军雄赳赳、气昂昂跨过鸭绿江，开赴朝鲜前线，保和平，卫祖国（见图 1）。我们感动于老一辈志愿军的奉献精神和家国情怀。这其中有一群身穿白衣的志愿军战士（志愿手术医疗队），他们中就有来自公济医院的一批革命前辈——抗美援朝硝烟中的公济人。他们主动请缨，在前线浴血奋战，拯救了一批批伤病员。他们的家国情怀永远值得我们学习。

在抗美援朝的征途上，附属第一人民医院革命前辈的身影曾出现在光荣的中国人民志愿军队伍中。自 1951 年 1 月至 1955 年 6 月，上海先后派出医疗队、专业队 9 批 19 队（团），历时四年半。公济医院参加了其中的 7 批，共计 34 人次（有的医护人员曾两度参加支前医疗队），19 人立功受奖（见图 2）。其中外科医生霍銮锵、泌尿科医生谢桐、内科医生唐孝均、麻醉科护士屈桂莲更是随军出行，冒着生命危险入朝，在前线浴血奋战，参与国际救援活动。

图 1 抗美援朝志愿军雄赳赳气昂昂跨过鸭绿江

图 2 上海市公济医院第一批抗美援朝志愿手术医疗队全体队员合影

据回忆,外科医疗队从扩创、固定到开胸、开腹,从修补、矫形到再建、再造,最多一天需完成 60 余例手术。然而,在手术刀有其用武之地的时候,这些外科医生也要忍受心理上的折磨。因为敌人的破坏,志愿军的物资长期供不应求,医生动手术时经常没有麻药,有时候"只能用寒冷的雪包着做,让雪去冻麻木"。

在当时,他们唯一的想法就是要把战友们救活。然而,就是在这样艰苦卓绝的环境中,英雄的战士们仍然顽强地挺了过来,他们前赴后继,为维护国际正义、捍卫世界和平、保卫新生的共和国建立了不朽功勋。他们的家国情怀现在想来,仍让我们激动不已、感慨良久。

如果当时我们的物资足够富足、有现在先进的麻醉技术加持,是不是我们的志愿军战士就不需要忍受手术带来的巨大痛苦了?

大家了解麻醉是什么吗?麻醉是指应用药物或其他方法使患者整体或局部暂时失去感觉,从而消除手术时疼痛的方法。麻醉的使用最早可追溯至人类古老的石器时代,应用砭石、骨针来镇痛治病。后来,人们又学会使用罂粟、可可叶、曼陀罗根、酒精、放血(使患者意识丧失)进行外科手术;而到了古埃及,人们复合应用罂粟和莨菪进行麻醉并沿用至今(吗啡及东莨菪碱属于心脏麻醉术前用药)。麻醉的起源,“西方”落后于“东方”,有史料记载,公元200年,中国有“神医”之称的华佗使用麻沸散作为麻醉药品。而在西方,1562年,法国医生帕雷用绑扎患者四肢的方法止痛;到了1661年,泽韦林(Severinus)应用冷冻的方法帮患者麻醉止痛。这也是抗美援朝时,中国医疗队常用的麻醉方法之一。19世纪三四十年代,英国有位叫罗伯特·李斯顿的医生在无麻醉的情况下,两分半钟切下患者的腿,但却带来了巨大的手术死亡率,患者被身强体壮的手术助手强行压制,在众目睽睽之下,进行野蛮粗暴的切皮、放血、刮骨,截肢、烙铁止血、缝合等步骤。没有麻醉,可以手术,但风险极大。可以想见,在当时艰苦的条件下,志愿军战士是忍受着怎样的痛苦坚持下来的!这是多么强大的意志力、多么坚定的爱国主义精神以及多么伟大的奉献精神啊!

到了1846年10月16日,牙医威廉·莫顿(William Morton)使用乙醚完成了第一例成功的医疗麻醉下拔牙手术的公开演示,标志着现代麻醉医学时代的到来。从1846年到20世纪40年代初,麻醉学的发展以“无痛”为目的,以药物或方法的开发、创新和临床应用为内涵,又称“麻醉术”。从20世纪40年代初到50年代末,麻醉学开始顺应患者安全及外科手术拓展的需要,从麻醉技术向临床诊治发展。从20世纪50年代末至今,麻醉学逐渐发展成一门研究临床麻醉、生命机能调控、重症监测治疗和疼痛诊治的科学。我国麻醉学科也逐渐发展壮大,诊治水平达到国际先进水平。祖国的强盛、社会的进步、科学技术的不断发展,才带来我们如今的舒适化医疗。止痛是舒适化医疗的最低要求,更多时候是要消除患者的紧张、焦虑情绪。来自抗美援朝硝烟中的公济人的追忆,使我们明白在抗美援朝时期,志愿军战士为了保家卫国勇往直前,才换来了我们现在安逸的生活。我们将永远铭记志愿军战士们的英勇付出。

参考文献:

RONALD D,MANUEL C. Basic of anesthesia [M]. 6th ed. Philadephia:Elsevier Saunders,2011.

(黄丽娜,附属第一人民医院,麻醉学系,副主任医师)

我国小儿先心手术麻醉先驱的自力更生、艰苦创业

思政映射点：爱岗敬业，开拓创新

学科：麻醉学

相关知识点：小儿先天性心脏病患者的麻醉

素材简介：本文对应小儿先天性心脏病的麻醉教学内容。1974 年丁文祥教授的外科团队和金熊元教授的麻醉团队为年龄 18 个月，体重 10 kg 的幼儿在体外循环下成功实施了室间隔缺损修补术，开创了我国婴幼儿心内直视手术的先河。这是麻醉与外科相辅相成，共同克服物资匮乏、器械短缺的重重难关的成果。由此，国内小儿先心病外科进入自力更生、艰苦奋斗的创业期。本文引导学生学习老一辈儿科前辈创业起步时的艰辛历程，激发学生的爱国之情、强国之志和报国之心。

1974 年 5 月，丁文祥教授的外科团队开创了我国婴幼儿心内直视手术的先河，书写了一部自力更生、艰苦奋斗的创业史。在创业初期的儿童心脏外科手术室里，麻醉科同外科一样面临器械设备相当缺乏的窘境。马家骏教授自创了简易有创血压监测装置，这种使用有机玻璃平板和塑料管制成的水银柱测压装置虽然精度不够理想，但是已经能够初步满足连续监测动脉血压的要求。没有动脉套管针，马教授就开始自制。将对人体影响小的聚丙烯塑料管道稍稍加热拉长变细后紧紧裹套在金属注射针的外面，经过灭菌处理后俨然就是一根套管针。自制的套管针紧固不佳、质量也不稳定，在做动脉穿刺时需要异常高超的技术。为了满足小儿术中通气需要，丁文祥教授和马家骏教授四处打听，终于联系到绍兴三五仪表厂和上海医院设备厂，由它们合作开发了小儿麻醉机和小儿呼吸机。这些改进后的手术麻醉器械和设备在全国十多家儿童医院推广应用，对我国小儿心脏外科的早期发展起到了关键作用。

围术期全面监测包括心功能、呼吸功能、重要脏器氧供、内环境、凝血系统等。对于危重患者，全面监测有利于早期发现脏器功能损伤，并为目标导向性

治疗提供参考依据。针对心功能监测,我们可以运用脉搏指示连续心排血量监测(pulse index continuous cardiac output,PICCO)导管、无创心排量监测等方法分析心排量、外周血管阻力、血管容量状态,目标导向性治疗调整血流动力学稳定性,同时结合脑部血氧饱和度评估大脑氧供,大大降低脑缺血缺氧和术后神经功能损伤风险,降低危重患儿的围术期麻醉相关死亡风险。

推荐视频:【人民的医生:我从医这70年】第三十二集:丁文祥——小儿心脏"魔术师"　视频来源:https://www.bilibili.com/video/av83632723/。

回忆医学前辈自力更生、艰苦创业的故事,通过案例(视频)和图片(见图1)展现老一代麻醉人不怕困难,不计得失,为突破儿童先心病治疗瓶颈勇于开拓的精神,聚焦学生的课堂兴趣,让学生了解正是因为老一辈对祖国和人民怀有无限的深情和对事业热切的追求,才能在艰难的条件下开创一片新天地,从而引发学生对儿科医疗事业的热爱及职业使命感和荣誉感,并树立从医报国的信念。

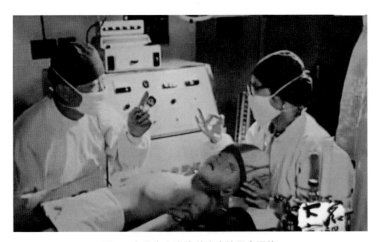

图1　小儿先心病外科治疗的历史照片

图片来源:附属上海儿童医学中心小儿心胸外科学科历史陈列馆藏

外科学的发展与麻醉学科的发展相辅相成,这两门学科好比走路的两条腿,两者配合得好才能走得更快、更远、更平稳。在创业初期设备条件匮乏的年代,怀揣一片爱国之心,饱含对孩子们的深情,我们的前辈克服重重困难,发挥聪明才智,终于将小儿先心外科发展起来。这是何等不易!今天,我们的设备和技术已经有了翻天覆地的改变,如何更好地利用这些先进的设备,把麻醉和手术做到极致,使患儿得到更好的治疗,是摆在医生们面前的课题。我们要向老一辈医生们学习,学习他们刻苦钻研、孜孜以求的精神,认真打好专业基础,在临床中不断提升技能水平。老一辈麻醉人的精神和信念能够坚定学生发奋学习、刻苦磨炼的意志,促使他们更积极主动地投入学习和临床工作。

参考文献:

[1] 黄宇光.党领导下的中国麻醉医疗事业发展[J].中华医学信息导报,2021,36(11):5-6.

[2] 于布为.辉煌七十载,迈向新未来[J].临床麻醉学杂志,2020,36(1):5-7.

[3] 于布为.医学百年,麻醉先行[J].上海医学,2017,40(8):449-452.

(宋蕴安,附属上海儿童医学中心,麻醉科,副主任医师)

麻醉医师：生命的守护者

思政映射点：爱岗敬业，专业扎实

学科：麻醉学

相关知识点：麻醉学导论

素材简介：本文介绍了国际医师节的由来，通过讲述麻醉医师日常的小故事，讨论关于手术意外事件的社会热点话题，向学生传递麻醉工作的神圣使命与责任，激发他们对麻醉专业的向往与兴趣。同时让学生感受到麻醉医师的责任重大，鼓励学生敬畏生命、关注麻醉。疫情下麻醉医师的逆行，使学生体会到了医者仁心，激发了学生的爱国之志。

国际医师节的由来

3月30日是国际医师节，这是一个为了纪念麻醉科医师而设立的节日！这是所有麻醉医师的骄傲。1842年3月30日，美国乡村医生克劳福德·朗(Crawford Long)首次为一位摘除颈部肿块的患者成功实施了乙醚全麻，人类从此开始战胜手术中的疼痛。1993年，时任美国总统的老布什签署总统令，将每年的3月30日定为美国的"国家医师节"。因为麻醉的发明，对促进人类健康发展、人类文明社会的进步具有划时代的意义，3月30日便作为庆祝日被延续下来，并逐渐在各国得到推广，我国将每年3月的最后一周定为"中国麻醉周"。

麻醉医生——"生命的守护神"

每一台手术都离不开麻醉医生的陪伴，他们是无影灯下生命的守护神。如果把手术比作一场挽救生命的旅行，也许我们要好好感谢在这场旅行中全程为我们保驾护航的麻醉医生们。他们虽没有站在与家属接触的最前线，没有外科医生的光鲜，但是因掌握麻醉、急救、护理等多方面技能被称为手术室内的"千手观音"，始终站在离患者最近的地方，跑在抢救生命的最前线。有位患者曾说：掌声、鲜花、赞美和荣耀不属于您，可您使我感到安全，抚慰我，让我镇定和安宁，让我无所畏惧，让我安心地入睡，默默等待我苏醒。

无论何时何地，抢救生命是第一位，麻醉医生因熟练掌握急诊插管技术，时常奔跑在医院的长廊，奔跑在抢救生命的第一线。无论路程多远都要在3分钟内跑到患者身边，早一秒恢复通气，患者就多一分生的希望。

社会案例：豪门千金整容身亡：10年致20万人毁容的"幽灵手术"，变美与死亡就在一瞬间

豪门千金为追求美貌而前往诊所整容，利用自体脂肪移植进行丰胸手术。手术进行时因出现剧痛不断抽搐，主刀医生金某便又给她注射了两次其他种类的麻醉药。当医生开始移除她左臂的脂肪时，她的血氧饱和度突然下降，整个人面色苍白，嘴唇发紫。麻醉药品本应由专业的麻醉医生负责并控制合适的麻醉深度，可此时诊所内没有一位麻醉医生在场，没有救助能力，只能打电话找救护车，将其送到医院抢救。遗憾的是，年轻的女孩就这样错过了抢救时机而不幸身亡。

案例背后的启示：手术有大小，麻醉无大小。麻醉医生是生命的守护者，责任重大。生命有时是脆弱的，要敬畏生命。麻醉工作离不开责任心，麻醉医生手术中必须时刻守在患者身边。麻醉工作必须由专业的麻醉医生完成，他们需要有专业的学识，能够承担起处理危急事件、抢救生命的重任。

参考文献：

郭曲练，姚尚龙.临床麻醉学[M].北京：人民卫生出版社，2016.

（金立红，附属上海儿童医学中心，麻醉科，主治医师）

为"暴心"女孩千里换"心"

思政映射点：开拓创新，人文关怀

学科：麻醉学

相关知识点：危重心脏病患儿的麻醉管理

素材简介：本文对应危重心脏病患儿的麻醉管理章节。2019 年上海交通大学医学院附属上海儿童医学中心为心脏停摆 6 天，依靠体外膜肺氧合（ECMO）维持循环的 10 岁暴发性心肌病患儿成功进行了心脏移植。在这一场与时间赛跑的生死对抗中，即便只有一线希望，医生们也不轻易放弃，带着强烈的责任感和使命感，用高超的医疗技术挽救了患儿的生命。本文通过展示历经千辛万苦最终成功换心的案例，使学生体会医生职业的崇高，培养学生坚持不懈、攻坚克难、锐意进取、勇攀医学高峰的职业精神。

　　10 岁的女孩熙熙因暴发性心肌炎心脏突然停止跳动，已持续整整 6 天，恢复无望。在重症监护室持续一周多的体外膜肺氧合（ECMO）治疗后，其心室肌仍然肥厚、水肿，没有消退的迹象，同时 ECMO 并发症逐渐显现，再拖延下去可能会发生肢体坏死，甚至造成截肢的后果。会诊专家们汇总出一致的结论：只有心脏移植才是目前状况下唯一能够挽救熙熙生命的"活路"。在这一场与时间赛跑的战役中，医院心血管、危重症医学、影像诊断、麻醉、护理等多个科室围绕着心脏移植紧急开展了多轮讨论与推演，最终，医院从卫生行政主管部门获批开展此次心脏移植并顺利获得了供体。夜晚的手术室灯火通明，来自长海医院的两位心脏移植外科专家以及上海儿童医学中心心胸外科、麻醉科、体外循环等多学科合作的专家团队，严阵以待，完成了各项准备工作。来自两家医院的知名专家团队屏气凝神，配合默契，无论是血管的吻合，还是恢复供血循环，每一个细节都在考验着医务人员的技术、耐心与合作精神。历经一夜奋战，熙熙停跳的心脏终于"活"了过来（见图 1）。

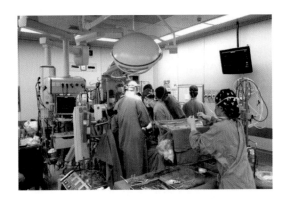

图 1　对患儿实施心脏体外循环手术

　　在挑战极限的过程中，总是面临着困难，需要承受压力，也可能会有失败，但是为了能让更多病患摆脱病魔纠缠，让更多家庭重新圆满，医生必定要勇于承担这份使命。医生在面对挑战时表现出勇攀高峰的毅力，正是对大医精诚的职业精神最好的诠释。青年医生一定要在最应该奋斗的年纪努力拼搏，树立奋发向上的信念，承担起青年一代的历史使命，在这份伟大而艰巨的事业中开创新的局面。苏联作家尼古拉·奥斯特洛夫斯基在《钢铁是怎样炼成的》一书中说："一个人的生命应该这样度过：当他回首往事的时候，他不因虚度年华而悔恨，也不因碌碌无为而羞愧——这样，在临死的时候，他能够说：'我整个的生命和全部精力，都已献给世界上最壮丽的事业——为人类的解放而斗争。'"作为医生，为人类的健康事业而奋斗何尝不是一项伟大的事业？

　　推荐视频：【纪录片】中国麻醉（高清）——记录中国麻醉医学的过去、现状及未来　视频来源：https://www.bilibili.com/video/av39150730/。

参考文献：

[1] 石佳.中国心脏移植麻醉技术操作规范（2019 版）[J].中华移植杂志（电子版），2020，14（2）：72 - 74.

[2] 方印，陈宇，龚婵娟.麻醉科住院医师规范化培训：心脏移植麻醉管理带教体会[J].教育教学论坛，2020（36）：141 - 143.

[3] 王成彬，赵嘉美，丁琳，等.同种原位心脏移植手术的麻醉管理[J].中华麻醉学杂志，2018，38（9）：1107 - 1110.

［4］BARNES A，GIBSON W. Pediatric heart transplant［J］. Semin Pediatr Surg，2021，30
（2）：151039.

［5］SCHURE A Y，KUSSMAN B D. Pediatric heart transplantation：demographics，
outcomes，and anesthetic implications［J］.Paediatr Anaesth，2011，21(5)：594－603.

（宋蕴安,附属上海儿童医学中心,麻醉科,副主任医师）

"无哭声手术室"彰显医学人文的温暖力量

思政映射点：开拓创新,人文关怀

学科：麻醉学

相关知识点：小儿围术期镇静与舒适化医疗

素材简介：本文对应小儿围术期镇静与舒适化医疗章节。因害怕与父母分离,患儿对未知和陌生环境的恐惧感、害怕疼痛等产生明显的术前焦虑。低龄患儿可能表现为情绪不佳、哭闹不止,哭闹会使呼吸道分泌物增加、胃肠胀气,同时可能增加术后烦躁和疼痛。2014年起,上海儿童医学中心麻醉科提出创建"无哭声手术室"超前人文关怀理念,将人文、艺术、科技和动画科普融入围术期医疗,有效增进了医患沟通,缓解了患者焦虑情绪。"无哭声手术室"是小儿围术期人文关怀的创新之举,旨在缓解手术前患儿及父母的焦虑情绪,创造和谐的手术环境,实践人性关爱,呵护病童健康,体现无处不在的大爱之心。现代医学模式由传统单纯的生理医学模式向生理—心理—社会医学模式快速转变,围术期医疗迫切需要麻醉医师对患者实施必要的人文关怀,体现当代儿科麻醉医生对患者的拳拳爱心和极富人文关怀理念的医学职业精神。我们鼓励青年学生积极开拓思维,不断丰富人文关怀举措,全心全意为患者服务。

2014年起,上海儿童医学中心麻醉科提出创建"无哭声手术室"超前人文关怀理念,本着对儿童的关爱,悉心捕捉儿童心理需求,将人文、艺术、科技和动画科普巧妙融入围术期医疗,努力缓解手术前患儿及父母的焦虑情绪,创造和谐的医患环境,呵护病童健康,实践人性关爱。

我们打造了温暖的"阳光小屋"主题等候室、动物园主题手术室,为不同年龄的孩子准备了绘本、玩具、iPad和视频眼镜;我们用"玩具小红车"、婴儿车转运孩子,由医护人员装扮成"小丑医生"到病房安慰孩子。2020年,我们根据手术室的真实场景,精心制作了一整套卡通绘本和动画视频,让等待手术的患儿和家长熟悉手术室环境和手术流程(见图1)。这些举动无关用药,却让孩子和家长体会到了我们作为儿科医生的温暖情怀,感受到了我们对孩子深切的爱!

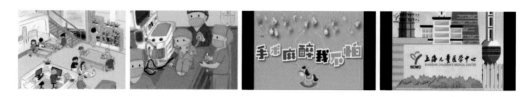

图1　上海儿童医学中心麻醉科 原创科普动画《手术麻醉我不怕》

图片来源:https://mp.weixin.qq.com/s/EeF-03MR2as9aqUldwe7nw

爱是一切行动的根源。美国医生特鲁多的墓碑上有一句名言,"有时去治愈,常常去安慰,总是去帮助",医学的最大价值不只是治愈疾病,更是安慰和帮助患者。医学不仅是技术的产物,更是情感的产物。

人文举措实施以来,哭吵率下降,患儿术前准备期间舒适配合度明显改善。术前舒适配合度从 63.2% 提高至 89.5%,哭吵发生率从 36.8% 降至 10.2%,患者满意度从 68.8% 上升到 96.7%。"无哭声手术室"是儿科麻醉与人文关怀的一次亲密接触,是首次成功的探索。其充满人性温暖的医疗模式得到了广泛认同,也带动了一大批儿童专科医院积极开展儿童围术期舒适化医疗服务。

麻醉医生是围术期医疗的主要参与者,现代医学模式由传统单纯的生理医学模式向生理—心理—社会医学模式快速转变。麻醉医生既要拥有专业医学知识,更要充分认识到医学人文关怀在当前社会背景下的重要意义。对"无哭声手术室"成功案例的充分解读,可加深麻醉医生对医学人文精神的理解,拓宽实践人文关怀的执行思路。我们可以充分运用儿童喜闻乐见的方式对他们进行心理疏导,也可有效利用多媒体、网络平台等现代化媒体工具,向社会广泛宣传儿童围术期健康知识。我们通过医学人文教育和实践,充分彰显当代儿科麻醉医生对患者的爱心和极富人文关怀理念的医学职业精神,也必将使得关爱儿童的理念深植青年医生心中,并激励青年医生积极开拓思维,不断丰富人文关怀举措,全心全意为患者服务。

推荐视频:【动画】上海儿童医学中心麻醉科原创科普动画《手术麻醉我不怕》　视频来源:上海儿童医学中心麻醉科公众号,https://mp.weixin.qq.com/s/G4ZuUKBXZVUa1HVAGJvi4A.

参考文献:

LIU P P,SUN Y,WU C,et al. The effectiveness of transport in a toy car for reducing preoperative anxiety in preschool children:a randomised controlled prospective trial [J].Br J Anaesth,2018,121(2):438 - 444.

(宋蕴安,附属上海儿童医学中心,麻醉科,副主任医师)

高原"安吉拉"

思政映射点：民族团结，爱国敬业，人文关爱，勇于奉献

学科：泌尿外科

相关知识点：泌尿，生殖系结核

素材简介：本文通过医疗援藏队员的经历，结合援藏期间所收治的藏族女孩肾结核病例，围绕高原泌尿系结核诊治的系列问题，让学生深刻了解肾结核的临床表现、诊断及治疗；通过援藏医疗队员的亲身感悟和所见所闻，向当代医学生传递"民族团结、爱国敬业、人文关爱"的理念，弘扬"特别能吃苦、特别能战斗、特别能忍耐、特别能团结、特别能奉献"的老西藏精神，诠释用实际行动践行"敬佑生命、救死扶伤、甘于奉献、大爱无疆"的医者精神。

或许每个人心中都有一个儿时的梦想：或当一名军人，驰骋沙场，戍卫边疆；或当一名教师，传业授道解惑；或当一名医生，除人类之病痛，助健康之完美。你我心怀"救死扶伤"之壮志，"悬壶济世"之豪情，站在了一个没有硝烟的战场上，为人类之健康保驾护航。

或许每个人心中都有一个西藏梦：那里不仅有神圣的冈仁波齐，还有风景秀丽的雪域山川，一度被誉为"离天堂最近的土地"。在而立之年，作为上海交通大学医学院附属仁济医院的代表，上海市第五批组团式援藏医疗队的成员，我踏上了那令人神往而又敬畏的雪域高原。

图1　援藏医疗队的成员、附属仁济医院代表所拍摄的雪域高原照片

　　从 318 国道一路向西，挺进海拔 3800 米处，初到高原的我，内心充满敬畏，敬畏着这里的壮美山河，敬畏这里圣洁的雪山（见图 1），更敬畏这里朴实无华的苍生，却又心生怜悯，感慨脆弱不堪的生命，在医疗资源匮乏的高原地区更是如此。在青藏高原的所见所思更加坚定了我们行医为医的初衷本心，力争在精准医疗援建的道路上贡献自己的绵薄之力。

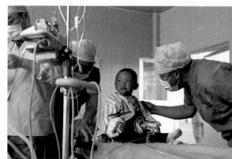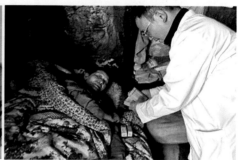

图 2　援藏医疗队入驻日喀则市人民医院泌尿外科所拍摄的临床现状

　　初到日喀则市人民医院泌尿外科，第一印象是这里的开放手术占绝大多数，无论患者年纪大小，无论什么泌尿系统疾病，通常都采用开放手术方式。印象中最深刻的是 5 岁的小卓玛，如同格桑梅朵一般甜美，却因为肾结核做了开放手术，手术刀口近 10 cm，因为本身营养状态不好，加上切口大，术后伤口感染一直不能愈合，反复换药近一个月，才终于出院（见图 2）。虽然我们定点援建已经有三个年头了，但是这里的微创手术普及度仍然不够，传统开放手术观念依旧没有明显改观。

　　泌尿系结核也是困扰藏区同胞的主要疾病，针对日喀则地区泌尿系统的疾病谱，我们制定了泌尿系结核患者居住环境和饮食习惯调查问卷以及泌尿系结核防治的宣教手册，并在每年的世界结核病日（3 月 24 日）开展义诊巡诊，下乡送药送健康活动，希望能从预防角度，尽量减少结核的发生率。而在临床工作中，我们陆续开展了科普宣教、泌尿系结核病例远程会诊、沪藏连线多学科讨论等形式的活动，帮助藏区结核病患者，尤其是泌尿系结核患者获得更准确的诊断和更优质的医疗服务（见图 3）。

图 3　援藏医疗队在当地开展义诊、慰问及远程会诊

对于那些需要手术治疗的格桑梅朵们，我们力求通过腹腔镜手术等微创手术为患者解除痛苦。在这一年多的援藏工作中，我们接触的泌尿系结核接受治疗的十几例患者，最小的只有 4 岁，最大的 56 岁，对他们实施的所有微创手术都非常顺利，术后也没有切口感染等并发症，大幅缩短了住院时间。同时，我们努力将"输血工程"转化为"造血工程"，努力打造一支带不走的医疗队伍。这对解决藏区同胞们看病难、实现西藏"大病不出区、中病不出市、小病不出县"的目标，都具有非常重要的意义。

因为高原缺氧，我们援藏医疗队的所有成员手术时，都会戴着鼻导管，边吸氧边带教手术，被当地医护人员亲切地称为"辫子医生"（见图 4），而"医生"这一神圣的称谓，在西藏有一个更加优美的名字——"安吉拉"，是不是有点像英文单词 angel（天使）？我们作为医务工作者的巨大幸福感和满足感不就体现在出院时格桑梅朵们脸上天真无邪的笑容里吗？藏区同胞们献上的一条条洁白的哈达（见图 5），或是简单的一声"安吉拉"，足以让我们为之坚守、为之努力。

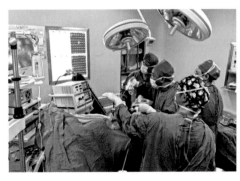

图 4　援藏医疗队戴着鼻导管，边吸氧边带教手术

图 5　藏区同胞们给援藏医疗队献上哈达以表示感谢

（吴小荣,附属仁济医院,泌尿外科,主治医师）

眼科学

唐由之：中医白内障治疗，继承发扬传统医学

思政映射点：精益求精，文化传承

学科：眼科学

相关知识点：晶状体疾病，手术治疗

素材简介：本文介绍了唐由之教授继承并革新、发扬祖国传统医学，采用中医白内障手术治疗方法解决毛泽东主席晚期白内障视力问题的事迹。白内障手术的治疗方法不断发展更新，其中亦有中医的治疗方法，祖国传统医学博大精深，要继承和发扬下去。本文可以用于强化学生对传统医学诊治方法的兴趣，重视中医中药的治疗作用，同时也对革新中医疗法以适应目前医学发展提出了要求。

中国中医科学院名誉院长唐由之，在 20 世纪 80 年代提出发展中医药眼科的四大宏愿：建一所现代化的中医眼科医院和眼科研究所；组织成立中华中医药学会眼科分会；组织成立中国中西医结合学会眼科专业委员会；创办一流的刊物《中国中医眼科杂志》。如今宏愿一一实现。作为新中国成立以来中医眼科集大成者，唐由之的成就来之不易。唐由之，1926 年 7 月 1 日出生于浙江省杭州市，曾任中国中医科学院眼科医院名誉院长，为全国老中医药专家学术经验继承工作指导老师、"首都国医名师"、国医大师。他在继承和发扬中医眼科金针拨障术和睫状体平坦部的手术切口研究方面成就突出，发明了白内障针拨套出术。

唐由之通过博览群书，根据中医理论结合现代眼科的研究成果，从现代解剖学、病理、生理等方面进行深入的研究与探讨，发扬"金针拨障术"，提出了以睫状体平坦部作为内眼手术切口部位的崭新观点，并以此部位为进针切口进行眼科手术。经过长期随访，以及术后眼球的病理组织学观察，他证明了在睫状体平坦部做手术是安全可行的，从根本上消除了白内障针拨术后发生青光眼的可能性，为眼科学理论的发展作出了一定的贡献。1963 年，改进后的"白内障针

拨术"因手术切口小,术后并发症少被唐由之作为首选手术。该项研究在1966年得到卫生部组织的全国著名眼科专家的鉴定和一致通过。唐由之多次为一些党政领导人做手术,助他们恢复光明,一次又一次地为祖国医学赢得了声誉。

1974年,唐由之当时是中国中医研究院广安门医院眼科主治大夫。春节前的一天,有人通知他去给毛泽东主席看病。毛主席患老年性白内障,视力下降,看书已经困难了,只能模模糊糊地看清眼前的手指。当时从全国各地来的眼科专家有七八位,但中医师就唐由之一人。几次会诊后,大家都认为毛主席的白内障需要手术治疗。唐由之还了解到毛泽东有慢性肺心病,两年前休克过;咳嗽得厉害,咳嗽以后没有吞咽反应。针对这些情况,大家反反复复地讨论手术方案,当时西医摘除白内障手术切口大,咳嗽可能会造成手术意外,导致切口破裂,角膜裂开,房水、虹膜、玻璃体外溢等,有许多风险。唐由之自1958年起研究并改进"白内障针拨术",证明了手术切口在角膜缘外4mm处是科学的,他又进一步解决了术后发生青光眼等可能的问题。1975年7月23日晚上11点左右,唐由之很自然地问主席:"考虑好做手术没有?"主席坚决地说:"做!"手术室就设在毛主席的书房,唐由之技术熟练,手术很成功,不久,毛主席就能够自己看文件看书了。

唐由之教授继承并革新、发扬祖国传统医学,为往圣继绝学,为民众去疾苦,将所学所研用于合适的患者,是值得我辈学习的。

（刘海芸,附属第一人民医院,眼科系,主任医师）

赵东生：视网膜脱离理论和治疗技术创新

思政映射点：爱岗敬业，开拓创新，淡泊名利

学科：眼科学

相关知识点：视网膜疾病，手术治疗

素材简介：本文介绍了赵东生学成归国后，在艰苦的条件下始终坚守治病救人的原则，建立了附属第一人民医院眼科，开创了视网膜脱离的手术治疗方法和赵氏膜形成分级标准，为增生性玻璃体视网膜病变制定了标准，在当时达到国际领先水平。本文体现了赵东生爱岗敬业、无私奉献、淡泊名利的职业精神，同时也展示了他通过扎实的专业基础不断开拓创新、引领前沿的科学精神。这些值得当代医学生学习。

赵东生是我国眼底病外科领域的先驱，视网膜脱离手术的创始者和奠基人，被誉为"东方一只眼"。他是附属第一人民医院眼科的创始人及第一代学科带头人，国务院政府特殊津贴获得者，国家卫技一等2级教授，归国华侨。1939年毕业于奥地利因斯布鲁克大学，获得医学博士学位后，他先后在维也纳大学眼科和匈牙利大学眼科工作。1944年他放弃了国外优厚的待遇，毅然回到了战火纷飞的祖国。1946年他在上海公济医院组建眼科并任眼科主任。1979年他加入中国共产党，始终保持共产党员的先进性，在极其艰苦的条件下研究并开创了中国视网膜脱离手术；他一生做了几万例手术，坚持为患者诊治及手术直至85岁高龄（见图1）；他开办我国第一个全国性视网膜脱离学习班，并坚持每期都亲自讲课，直到91岁高龄；即便在"文革"期间，他也从未离开过患者……赵老一生收获诸多荣誉，然而再多荣誉都不足以匹配他为中国眼科事业所付出的心血，拥有赵老实在是国之大幸、民之大幸。

图 1　赵东生为眼疾患者做检查

　　赵东生的一生,是以崇尚科学为荣的一生。他在学术上始终精益求精,学风上严谨踏实,无数实验数据和病历都要亲自整理、校对、总结。赵东生成立了我国最早的视网膜脱离手术研究和治疗的专科病房,从此开创了我国治疗视网膜脱离的历史。20世纪50年代,他率先对当时国外的巩膜缩短术进行了重大改进:采用结合推压封闭裂孔和放液的层间巩膜缩短术,发明了破口直接定位法,创造了切开巩膜挑开脉络膜放液的新方法。通过这一系列创新与改进,手术成功率达到87%,而当时国外的手术成功率为60%。在多年的临床研究中,他最先认识到视网膜脱离分级和增殖膜对手术预后的影响,经过数千例病理研究,于1979年首次提出视网膜脱离膜形成和分级学说,被眼科界尊称为"赵氏膜形成分级法",比国外类似的分级法早4年面世。该分级理论在视网膜脱离分级、手术选择以及成功率判断上有着重大的指导意义,为提高我国视网膜脱离的手术成功率和学术研究水平作出了卓越的贡献。此外,赵东生从20世纪60年代起开始举办国家级视网膜脱离手术学习班(见图2),先后达20余届,培养了当时全国28个省市的3000余名视网膜专科医师,为推广视网膜脱离手术作出了巨大贡献。百忙中他还主编了《赵东生视网膜脱离手术学》《眼科手术学》等经典著作,为我们留下了珍贵的学术遗产。

　　在赵东生的一生中,我们可以体会到老一辈医者的爱岗敬业、无私奉献、淡泊名利的职业精神,和通过扎实的专业基础不断开拓创新,引领前沿的科学精神。

图 2　赵东生主持开展视网膜脱离手术学习班

（刘海芸,附属第一人民医院,眼科系,主任医师）

从康柏西普看国产药物创新发展

思政映射点：爱国情怀，开拓创新，前沿引领

学科：眼科学

相关知识点：视网膜疾病，生物制剂治疗

素材简介：本文介绍了康弘药业科研团队着眼于眼底疾病的抗血管内皮细胞生长因子(VFGF)治疗药物创新开发应用的事迹，展示了他们要做中国人自己的好药的豪气，和发明推广新药被国内外认可的民族自豪感。本文可以用于引导学生树立爱岗敬业、无私奉献的职业理想，培养开拓创新、勤奋进取的科学精神，同时鼓励其为民族复兴而奋斗的勇气。

玻璃体腔内抗血管内皮生长因子(VEGF)药物注射是目前新生血管性年龄相关性黄斑变性(nAMD)的最有效的治疗方式之一，也是临床上治疗该类疾病应用最广泛的手段之一。根据以往的研究，VEGF-A是调控眼底的脉络膜新生血管(CNV)形成的主要细胞因子，国内首先批准使用的抗VEGF药物是雷珠单抗。虽然全球多项临床试验研究已经证实抗VEGF-A药物对于nAMD的有效性及安全性，但仍然有一部分患者在标准化疗程中对抗VEGF-A药物存在低应答，甚至是不应答。此外，中国人群中AMD病变特征与西方人群显著不同，其亚型特发性息肉状脉络膜血管病变的发生率显著高于西方人群，给临床治疗带来了极大的挑战。国产药物康柏西普作为融合蛋白类药物的代表，可广泛作用于VEGF-A、VEGF-B、PlGF等引起血管新生和渗漏的关键因子，具有较长药物半衰期、较少注射次数、较强亲和力的优点，为临床抗VEGF治疗提供了更好的选择。

研发康柏西普的康弘药业指出，企业必须聚焦定位和发展方向，"能做到两到三个走向全球的产品，这就是康弘的梦想"。以往根本没有创新药的概念，化学药都是仿制，进口药价格比较昂贵，这让康宏药业有了"要做中国人自己的药"的想法。由于医药创新投入大、时间长、门槛高，加上彼时国内药企实力较

弱,多数药企都选择了"短、平、快"的仿制药道路,于是出现了国内创新药发展落后、综合竞争力不足等问题。1994年康弘药业创立之初就提出创新是立业之基、生存之本、发展之路,并坚持"三不原则",即没有明确市场定位的不做,未能满足临床需求的不做,没有知识产权的不做。

在这种理念的支撑下,康弘药业的明星产品康柏西普眼用注射液跳过Ⅰ期、Ⅱ期,2016年直接进入美国食品和药品管理局(FDA)Ⅲ期临床试验,2017年荣获中国专利金奖,2018年作为"国之重器"登上第五届中国工业大奖领奖台,2020年被正式纳入了新版《中国药典》三部目录。虽然研发过程艰难,但如今的成绩也让康宏药业引以为傲,"我们希望有一天康柏西普能够走出国门"。或许,这就是当今民族医药创新的底气。

(刘海芸,附属第一人民医院,眼科系,主任医师)

沙眼衣原体发现的故事

思政映射点：科学精神，无私奉献

学科：眼科学

相关知识点：结膜炎

素材简介：汤飞凡是我国著名的微生物学家、病毒学家，沙眼衣原体的发现人之一。本文介绍了汤飞凡发现、分离并证明沙眼衣原体致病的故事，汤飞凡在研究中展现出的严谨求实的科学态度和无私忘我的奉献精神，值得广大医学生学习。

汤飞凡(1897—1958)，中国第一代病毒学家，最早研究支原体的微生物学家之一。1955 年，他与北京同仁医院眼科主任张晓楼等协作，首次应用鸡胚接种方法从沙眼患者的眼结膜中分离出沙眼衣原体，找出了预防沙眼的方法，解决了沙眼致盲的问题，为预防和治疗沙眼作出了贡献。1981 年他获得了国际沙眼防治组织追赠颁发的"沙眼金质奖章"。

沙眼是由沙眼衣原体感染所致的一种慢性传染性结膜角膜炎，是致盲的主要疾病之一。20 世纪 50 年代，沙眼在世界上很多地区广泛流行，全世界有 3 亿～6 亿人感染沙眼，中国人口中 50%患有沙眼，边远农村更有"十眼九沙"之说，危害极大。全世界都急需医学领域的突破，寻找出沙眼的有效治疗方法。当时一位名叫野口英世的日本科学家发表了一篇科研论文，声称"颗粒杆菌"是导致沙眼的病原体。汤飞凡仔细研究了野口的医学论文后，对此提出了质疑。他严格按照野口的论文进行了重复试验，结果发现：在多个病例中，只有 1 次出现了野口所说的"颗粒杆菌"。汤飞凡公布了自己的发现后，不少专家纷纷力挺野口，但是汤飞凡依然坚持自己的判断，坚持相信科学结论，而不是随声附和。为了彻底攻克沙眼难题，汤飞凡找到了眼科专家张晓楼。汤飞凡花了整整一年的时间，每个星期都带着助手前往同仁医院眼科门诊工作半天，一共采集了 200 名典型沙眼患者的样本，并制作出全世界第一例沙眼动物模型。在进行动物实验时,上千次的失败案例没有让他气馁。在坚持不懈的努力下,汤飞凡、张晓楼等人于 1956 年用鸡胚培养的方法在世界上首次分离出沙眼衣原体。沙眼衣原体分离成功后,有人建议汤飞凡赶快发表论文,因为世界上很多实验室在竞相分离沙眼病原体,不赶快发表怕被人抢先。但是作风严谨的汤飞凡没有同意,他认为还没有达到科赫定律(确定某种传染病病原体)的要求。汤飞凡又继续开展实验工作,证明了沙眼衣原体能在鸡胚中继续传代,用它感染猴子能造成典型的沙眼并找到包涵体,他把它从猴子眼睛里再分离出来,得到"纯培养"。他还用分级滤膜证明沙眼衣原体是可过滤的,并测出它的尺寸在 120～200 纳米之间。经过一系列论证后,他于 1956 年 10 月发表了论文。为了证明沙眼衣原体就是沙眼的确切病因,汤飞凡在 1957 年除夕将沙眼衣原体注射进自己的一只眼睛,很快他的眼睛就开始红肿发炎,出现了典型的沙眼表现。为了观察沙眼全部的病程,汤飞凡在患病后的整整 40 天里,拒绝接受任何治疗,拖着病体进行研究,这一个个用自己的健康和生命收集来的证据无可置疑地证明了沙眼衣原体对人类的致病性。沙眼衣原体分离成功在国际科学界引起了巨大反响,因为这是一个关键性的突破,将长期处于低潮的沙眼研究一下子推上了高潮。沙眼的防治在接下来的短短几年内取得了前所未有的进展。

汤飞凡在沙眼衣原体发现过程中表现出的严谨求实、敢于质疑、高度认真、极端负责的态度值得后来者学习。

(苏莉,附属第一人民医院,眼科学,副主任医师)

角膜捐献

思政映射点：无私奉献，人文关怀

学科：眼科学

相关知识点：角膜炎

素材简介：角膜疾病是全球第四大致盲性眼病，在中国更是第二位致盲眼病，角膜移植却可以使患者恢复视力。医学生可通过各种形式向民众科普和宣传器官捐献的知识，提高我国器官捐献工作的水平，帮助更多角膜病患者恢复健康。

2015 年 1 月 16 日，知名歌手姚贝娜在北京大学深圳医院病逝。姚贝娜去世后，将双眼角膜捐献，使两位患者重见光明。姚贝娜的善举将角膜捐献拉入人们的视野。实际上，角膜疾病是全球第四大致盲性眼病，在中国更是第二位致盲眼病，不过角膜移植却可以使患者恢复视力，姚贝娜捐赠的眼角膜就成功使两名受助者重见光明。但幸运如这二人一般的只是极少数。据 2008 年第二次全国残疾人抽样调查统计，中国目前共有视力残疾 1691 万人，角膜病致盲患者约 400 万人，其中 70% 可以通过角膜移植手术复明，但是由于角膜移植的供体来源有限，每年只能进行不到 5000 例的移植手术。

其实眼角膜移植手术单从技术角度来说并不复杂，手术成功率可达 90% 以上，中国也很早就效仿发达国家建立了眼库。但是我国角膜移植手术却面临"无米下锅"的尴尬境地，造成这一局面的直接原因是我国角膜捐献率过低，角膜资源极其稀缺。目前，国内大约有 20 个眼库，但几乎都是"有库而没有眼角膜"的"空库"。中华眼库协会于 1985 年成立，到 2006 年接收到的自愿捐献的角膜不到 100 例。角膜移植供体在我国面临巨大缺口。

我国器官捐献率与世界其他国家相比相差悬殊。究其原因是中国人的传统观念认为，人去世后身体应保持完整。欧美国家大多信仰基督教，认为身体只是灵魂的寄居之所，死后灵魂升天，身体并不重要。根据 2022 年国家器官捐献研究项目"公众对器官捐献态度"的调查数据:传统观念束缚是我国器官捐献率低的首要原因,其次是担心捐献出去的器官会造成器官买卖,另外对器官捐献不了解也是重要原因之一。

作为发展中国家的斯里兰卡却是一个角膜捐献大国,签字死后捐献角膜者超过 90 万人。其角膜资源不仅满足了本国需要,还使海外 14 万人重见光明。事实上,起初斯里兰卡人并没有捐献眼角膜的传统,20 世纪 50 年代,名流哈德逊·席尔瓦博士在报纸上撰文承诺捐出自己的眼角膜,并呼吁读者也在去世后捐出眼角膜,该倡议在斯里兰卡人民中引起极大反响,国家领导人等社会名人也带头鼓励捐献,于是捐赠角膜成了斯里兰卡代代相传的文化。

积极的科普宣传,突破传统观念的束缚,畅通的角膜捐献途径将有助于提高我国角膜捐献率,帮助更多角膜病致盲的患者重见光明。作为医学生也有义务通过各种形式向民众科普和宣传器官捐献的知识,提高我国器官捐献水平,帮助更多角膜病患者重见光明。

参考文献:

郑晓瑛,程凯.第二次全国残疾人抽样调查数据分析报告[M].北京:华夏出版社,2008.

(苏莉,附属第一人民医院,眼科学,副主任医师)

慈善光明行

思政映射点：专业扎实，爱国情怀，无私奉献

学科：眼科学

相关知识点：白内障

素材简介：白内障是老年人最常见的致盲性眼病，白内障可以治愈，但是我国仍有一些贫困家庭的白内障患者由于经济能力所限，不能及时进行手术，从而引起不同程度的视力障碍甚至失明。本文旨在鼓励眼科医生积极响应党和国家的号召，结合自身特点，积极投身白内障复明扶贫工程中，帮助更多贫困患者重见光明。

随着人口增速下降和老龄化的加剧，我国60岁以上人口已超过2.3亿。在我国60岁以上人群中，白内障发病率达80%以上。据报道，2019年我国白内障导致中等程度视力损害的人数约为1384万（占各种原因导致中等程度视力损害患者的30.15%）；白内障导致严重视力损害的人数约为135万（占各种原因导致严重视力损害患者的28.93%）；因白内障致盲的人数约为295万（占各种原因致盲患者的33.92%），由此可见，白内障仍然是导致严重视力损害，甚至致盲的主要因素。白内障可以治愈却仍在农村和偏远贫困地区肆虐，一些白内障患者由于经济能力所限，不能及时进行手术，引起不同程度的视力障碍甚至失明，无法正常地生产生活，给患者及家庭带来了沉重的生活负担。

根据国家发展规划，2017年，"光明扶贫工程"被列入我国扶贫重点工作计划之一。之后，在国务院扶贫办、国家及各级卫健委和残联、各种社会慈善项目的大力推动和支持下，我国在农村贫困地区和偏远地区开展了大量白内障免费筛查和手术治疗工作，使得大量白内障致盲的患者重见光明。

2023年9月，来自上海的眼科专家再次远赴新疆开展"慈善光明行"活动，为新疆生产建设兵团第十师北屯市的眼疾患者提供就医机会（见图1）。北屯市是我国新疆最北部的屯垦戍边之地，来自上海各大医院的眼科专家不辞辛苦奔

赴边陲,用高超的医术展现"指尖上的艺术",为白内障患者送去光明,让边疆的老百姓享受到国内先进的医疗技术和服务。"真没想到在北屯市能有上海的专家来给我的眼睛免费做手术,感谢国家的好政策,感谢光明行的专家们",85岁的黄先生兴奋地说道。白内障免费手术义诊活动为每一位接受手术治疗的患者节省了近万元的费用。

图1　"慈善光明行"活动现场

白内障手术可以使患者快速恢复视力,提高患者术后视觉质量和生活质量,有效降低因病致贫的风险,为患者和家庭带来光明和希望。眼科医生应积极响应党和国家的号召,结合自身特点,积极投身白内障复明扶贫工程中,为更多患者带来光明。

参考文献:

XU T,WANG B,LIU H,et al. Prevalence and causes of vision loss in China from 1990 to 2019:findings from the Global Burden of Disease Study 2019[J]. Lancet Public Health,2020,5(12):e682-e691.

(苏莉,附属第一人民医院,眼科学,副主任医师)

"青光眼俱乐部"

思政映射点：无私奉献，人文情怀

学科：眼科学

相关知识点：青光眼

素材简介：青光眼是全球第一位不可逆致盲眼病。早发现、早诊断对于青光眼的防治至关重要。附属第一人民医院眼科成立了青光眼俱乐部，进行青光眼疾病科普教育十余年，使数万患者直接受益。除了日常临床工作外，积极参与科普宣传工作也是医生的责任和义务，目的在于提高人民健康素养和自我保健意识，将慢性疾病防患于未然。

青光眼是全球第一位不可逆致盲眼病。随着人口老龄化的加速，我国青光眼的患病率也逐年增加。相关统计数据显示，2020 年我国青光眼患者的人数达到 2100 万，致盲人数达到 567 万，青光眼已成为影响人们视觉健康和生活质量的主要威胁之一。2023 年发布的《青光眼综合防治管理蓝皮书》指出：我国青光眼患者大多对青光眼疾病认识不足，我国青光眼的社会认知度低，有 2/3 的患者在初诊时已到了中晚期。蓝皮书还指出，青光眼与其他慢病共患病比例高：56.54% 的青光眼患者合并有其他慢性病。青光眼疾病负担和治疗负担重，患者疾病认知、治疗依从性和生活质量均有待提高。

因此，青光眼疾病的科普教育极为重要和迫切。为此，附属第一人民医院眼科成立了青光眼俱乐部，定期举办活动，使 5 万余人次直接受益。附属第一人民医院眼科进行青光眼疾病科普教育 10 余年，已开展居民健康科普宣讲、义诊咨询 37 次。社区眼病筛查和健康档案建立惠及 10 万余人次。推广青光眼科普、诊疗新观念新技术至全国多个省区市及各级医院，定期举办学习班，培训各地各级眼科医师。

青光眼被称为"光明的偷盗者"，患者一旦被诊断，就意味着在未来的人生中要与青光眼持续抗争，如果不能获得良好的治疗，可能会有失明的风险。因此很多青光眼患者会有沉重的心理负担,担心失明,对生活失去希望。曾经有一位患者被确诊青光眼后,非常忧虑将来失明进而失去正常的生活能力,甚至开始练习使用盲杖、学习盲文。为了减轻青光眼患者的心理负担,让他们重拾生活信心,青光眼俱乐部开展科普讲座,用准确、通俗易懂的语言让患者了解青光眼,树立正确的治疗目标,对日常治疗、用药、饮食、生活、运动、用眼等进行详细的指导,让患者减轻对青光眼的恐惧。俱乐部不仅宣传青光眼知识,更为青光眼患者搭建了一个交流和互助的平台,让患者不再感到孤单,互相鼓励和帮助,增强信心,携手战胜疾病。

作为一名眼科医生,我们除了日常的临床工作以外,更有义务通过科普宣传教育使患者"了解青光眼,战胜青光眼"。从我国现状和临床实际情况出发,全方位介绍青光眼的相关知识,强调"早发现早诊断,早干预早治疗"的青光眼科学防治理念;通过开展主题活动、科普宣讲、义诊咨询等传播青光眼科普,形成青光眼防治与自我保健的综合模式,并将青光眼防治模式提升到"生物—心理—社会"层面,提高患者依从性和自控性,让他们主动参与疾病的预防诊治管理过程,强化自我保健意识。

参考文献:

[1] 中华医学会眼科学分会青光眼学组,中国医师协会眼科医师分会青光眼学组.中国青光眼指南(2020 年)[J].中华眼科杂志,2020,56(8):573-586.

[2] 孙兴怀,邹海东.青光眼综合防治蓝皮书[M].上海:上海交通大学出版社,2023.

（苏莉,附属第一人民医院,眼科学,副主任医师）

"医生，我的眼球掉出来了，求你帮我种回去！"

思政映射点：专业扎实，沟通协作，人文关怀

学科：眼科学

相关知识点：眼外伤

素材简介：原本单纯摘除眼球只需要 1 分钟就可以完成的手术，出于对患者的负责和对患者最有益的考虑，医生选择了难度高的眼球脱臼修复手术，经过 1 个小时的精心手术，术后效果良好，患者非常满意。通过该案例的学习，旨在引导学生在医疗过程中从患者的利益出发，对患者充满人文关怀。

"医生！医生！我的眼球快掉出来了……"一天，眼科急诊传来了患者的大声呼救。只见一位中年男性患者，满脸是血，用手小心翼翼地托着他摇摇欲坠的眼球，在眼科急诊室外呼救。患者由于意外摔伤，右眼眼睑多处撕裂伤，眼球像一个断了线的灯泡，完全脱出眼眶之外（见图 1）！再仔细一看，患者眼球并没有完全掉下来，仍被少许组织牵连着。"医生，求求你帮我想想办法，我不想摘除眼球，我年纪还不大，不想失去一只眼睛。外地医生让我把这个眼球摘掉，我不愿意。我从外地连夜赶到你们医院，就是想着你们医术高明。帮我把眼球种回去吧，求求你……"患者一遍遍重复着他的诉求。

一般来说，眼球完全脱臼的患者很难再种回去。清理完眼球表面的积血和污物后，我们发现眼球的四条直肌已经从眼球赤道部离断，但眼球壁没有明显伤口，视神经从眼球后极部相连的地方被生生拽断，留下一个直径 3 毫米的圆洞，只有两条斜肌牵连着眼球使其不至于脱落。这种完全脱臼的眼球可以说恢复视力是毫无希望了，视神经和四条直肌都断了。现在，摘除眼球非常简单和容易，只需要最简单的一个动作——剪断斜肌即可，1 分钟就可以完成这个手术！

可是当我听着患者苦苦的哀求，看着患者"完整"的眼球，角膜那么透明，眼内容物几乎没有流失，脑海里冒出一个想法，如果能把它再种回去，如果能成

活,就算没有视力,也能起到一个义眼填充的作用,如果侥幸能恢复一些血液供应、眼球不缺血萎缩的话,不是比义眼的效果更好吗?

瞬间,这个念头占据了我的脑海,我放下剪刀,拿起缝线,开始精心地修补和固定肌肉,回纳眼球。经过1个小时仔仔细细的缝合修补后,一个看起来"正常"的眼球已经"种"回去了。

令人惊喜的是,两周后患者眼表的血管逐渐红润,角膜透明有光泽,眼球并没有萎缩和感染,患者没有任何不适,对外观十分满意。4周后患者复查,情况良好(见图1)。

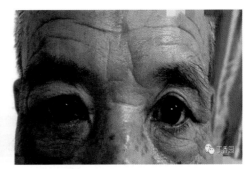

术前:伤眼突出于眼眶外　　　　术后:伤眼复位,外观恢复良好

图1　患者术前、术后眼部外观照片

原本单纯摘除眼球只需要1分钟就可以完成的手术,出于对患者的负责和对患者最有利的考虑,我们选择了难度高的眼球脱臼修复手术,经过1个小时的精心手术,术后效果良好,患者非常满意。如果选择眼球摘除手术,医生可以付出最少的劳动,但是患者将永远失去他的眼球,外观上也会带来严重影响。高难度的眼球脱臼修复手术,医生需要付出辛苦的努力,但是却可以最大限度地保留患者器官的完整性,对患者最有益。患者的满意永远是医生最大的追求!作为一名医务工作者,我们任何的诊疗活动都要从患者的需求和利益出发,尽可能挽救患者的视功能,帮助患者恢复健康。医疗工作中应该对患者充满人文关怀。

(苏莉,附属第一人民医院,眼科学,副主任医师)

临床检验诊断学

王振义：让白血病细胞"改邪归正"

思政映射点：关爱患者，开拓创新，无私奉献

学科：医学技术类医学检验技术

相关知识点：急性白血病，临床血液学检验

素材简介：临床血液学检验的急性白血病部分阐述了急性早幼粒细胞白血病的 MICM 诊断和治疗。本素材以（APL）的 MICM 分型特征为出发点，介绍特效靶向药物全反式维甲酸的发现，强调临床血液检验的发展在国家医疗卫生事业及科研工作中的重要性，引导学生从享誉世界的急性早幼粒细胞白血病"上海方案"中产生民族自豪感和荣誉感；激发学生的爱国热情、创新意识和奉献精神；鼓励他们学好专业课程的同时，传承医学科研精神。

王振义（1924—），江苏兴化人，内科血液学专家，中国血栓与止血专业的开创者之一，被誉为"癌症诱导分化之父"和有可能获得诺贝尔生理学或医学奖的中国大陆学者之一（见图 1）。王振义，1948 年毕业于上海震旦大学医学院，获博士学位，1992 年当选为法国科学院外籍院士，1994 年当选为中国工程院院士，2011 年 1 月获得 2010 年度国家最高科学技术奖，同年 12 月国际小行星中心发布第 77507 号公报，将第 43259 号小行星永久命名为"王振义星"。2020 年 9 月，获得"2020 未来科学大奖"生命科学奖。

王振义长期从事医学内科血液学领域的研究及临床工作，开创了白血病和肿瘤的诱导分化疗法，在国际上首创用国产全反式维甲酸治疗急性早幼粒细胞白血病。在 60 余年的从医生涯中，他为医学实践和理论创新作出了重大贡献，成功实现了将恶性细胞改造为良性细胞的白血病临床治疗新策略，奠定了诱导分化理论的临床基础；确立了急性早幼粒细胞白血病治疗的"上海方案"，阐明了其遗传学基础与分子机制，树立了基础与临床结合的成功典范；建立了中国血栓与止血的临床应用研究体系。

图 1　王振义

1985 年的一天,在上海儿童医院,5 岁小女孩静静,高烧,口鼻流血,内脏多处感染,生命危在旦夕。

她患的是令人胆寒的急性早幼粒细胞白血病。急性早幼粒细胞白血病是白血病中最凶险的一种,发病急骤,死亡快。快到什么程度? 从进医院到死亡,往往不超过一个星期,甚至只有两三天。

血液病专家王振义时任上海第二医学院院长,他的夫人谢竞雄是上海儿童医院儿科血液病科医学顾问,白天与主治医生诊治了这个患儿,晚上,她回家与丈夫讨论怎么办。

王振义彻夜难眠,他提出了设想:给患儿口服"全反式维甲酸"。此时,唯有这种药有可能挽救静静的生命。

上海第六制药厂生产的"全反式维甲酸",原本是用来治疗皮肤病的,但王振义团队包括研究生已做了多年实验:在显微镜下清晰看到,大量急性早幼粒细胞在这种药物的作用下,奇迹般地"改邪归正",变成了正常发育的细胞。王振义提出,既然已束手无策,为何不试一试这种药?

这天,妻子回到家眼圈是红的,她告诉丈夫:小静静已气若游丝,每一分钟都面临死亡。

寂静中，王振义直视着妻子的眼睛，一字一顿的语速加重了每个字的分量："竞雄，你我都是医生，我们没有其他选择，对吧？救人一命是天职——哪怕只有万分之一的希望！"

奇迹出现：服药三天，静静病情没有继续恶化；一个星期后，原本烧得神志不清的病孩睁开了眼睛；一个月后，病情完全缓解……

这是世界上第一个口服"全反式维甲酸"成功痊愈的急性早幼粒细胞白血病患者。

王振义是人类癌症治疗史上应用诱导分化方法获得成功的第一人。他开辟了治疗恶性血液病的新思路，即不通过传统的化疗方法来"杀死"或"消灭"白血病细胞，而以诱导分化的方法使之转变为正常细胞，这被国际医学界称为一次革命性突破。

（徐子真，医学技术学院，医学检验技术系，副教授）

邓家栋与多个血液学"第一"

思政映射点：关爱患者，开拓创新，科学精神，无私奉献

学科：医学技术类医学检验技术

相关知识点：临床血液学检验，血液学绪论

素材简介：《临床血液学检验》绪论部分阐述了我国血液学的诞生和发展，在血液学发展史中提到《邓家栋临床血液学》是中国血液学的标杆著作。本文结合绪论，拓展了该内容，引导学生了解我国临床血液学和血液学检验的发展历史，学习我国血液学先驱勤奋努力为医学科学事业奋斗的精神。

邓家栋（1906—2004）（见图1），九三学社第六届中央委员会委员，第七届中央常务委员会委员，第八、九届中央参议委员会常务委员，我国血液学创始人之一，著名的血液学家、医学教育家。他多年致力于临床医学和血液学研究，主持建立中国第一个输血及血液学研究所，并积极参与恢复八年制的医学教育；曾主编《内科学基础》《诊断学基础》《临床血液学》等著作。

图1　邓家栋与《邓家栋临床血液学》

图片来源：苏州大学档案馆

邓家栋教授是我国著名的医学科学家、医学教育家，他曾讲过："救死扶伤、

济世保健,应是学医的目的,这必须明确。为了发财致富,当然不必学医。"有了明确的目标,还要有坚定的意志和克服困难的决心。遇难而退或见异思迁,必将一事无成。医学是一门要费大精力、下大苦功才能学好,而且永远学不完、做不完的学问和工作。这也是为什么医学是很有意义的学问和工作。

一直秉承"救死扶伤、济世保健"理念的邓家栋在医学事业特别在血液学领域建树颇丰。

他参与创建了我国高校第一个血液学专业组和实验室。

1957 年,他在天津筹建了我国第一所输血及血液学研究所,类似的研究机构,当时只有苏联才有,欧美都还没有。

他筹划并主编了我国第一部大学血液学著作。

他报告了我国第一例嗜酸性粒细胞白血病。

他倡导和组织全国从事血液学基础与临床研究的学者成立了自己的学术组织——中华血液学会,并被推举为第一任主任委员。

他创办了国内权威的血液学专业刊物《中华血液学杂志》。

我们目前使用的血液细胞中译名词白细胞、红细胞、血小板等都是他早年提出命名确定的……

这位志存高远的血液学先驱,凭着救死扶伤的坚定信念,把许多不可能变成了可能,创下了对今天医学仍然影响深远的多个"第一"。

参考文献:

[1] 邓家栋,杨崇礼,杨天楹.临床血液学[M].上海:上海科学技术出版社,1985.

[2] 邓家栋,杨崇礼,杨天楹,等.血液病实验诊断[M].天津:天津科学技术出版社,1985.

(徐子真,医学技术学院,医学检验技术系,副教授)

潘瑞彭与《血液学和细胞学图谱》

思政映射点：坚韧不拔，开拓创新，科学精神

学科：医学技术类医学检验技术

相关知识点：临床血液学检验，血液学绪论，血细胞形态学

素材简介：骨髓检查部分阐述了正常骨髓各类细胞的形态特征。本文通过介绍潘瑞彭教授的《血液学和细胞学图谱》，引导学生通过图谱加强骨髓形态学学习。潘瑞彭教授虽患病多年，但仍能紧跟血液学研究步伐，知识从不落伍。我们还应该学习他千方百计克服困难的勇气和生命不息、学习不止的人生态度。

潘瑞彭（1924—2007），教授、博士生导师，血液学专家（见图1）。1949年毕业于圣约翰大学医学院，获医学博士学位。曾任上海第二医学院附属仁济医院内科教研组副主任、检验科主任，上海第二医科大学检验系主任。

图1　潘瑞彭与《血液学和细胞学图谱》

曾担任中华医学会第二届血液学会副主任,中华医学会上海分会第一、二届血液学会主任,1985—1989 年担任中华医学会上海分会理事,1987—1992 年担任上海市抗癌协会理事。

潘瑞彭长期从事血液细胞形态学、血液细胞超低温保存的冷冻学和造血细胞骨髓移植等研究工作,先后开设血液专科病房,建立细胞室。主编和参编著作 21 部,主译的《血液学和细胞学图谱》获全国科学大会奖 2 项。他个人曾获 3 项市、局级奖励和国家教育委员会颁发的从事高校科技工作 40 年荣誉证书。

著名血液学家,曾任中国医学科学院血液学研究所副所长的杨崇礼教授曾经回忆关于潘瑞彭教授的往事:

潘瑞彭教授于新中国成立初即出版过一部《血液学和细胞学图谱》,这部书对巨核细胞的形态及其与其他血细胞的鉴别描述甚详,这在当时是难能可贵的。1982 年,听说他颈椎以下截瘫了。2002 年我去医院看望他,他的同事介绍:他除了大脑能思维、嘴巴能交谈外,颈部以下的肌肉都不能活动了。我大为吃惊,因为他一直在和我通信,并且不断将他制作的《血液细胞学和血液学》(光盘)寄赠给我。手不能动,如何写字,如何敲击键盘呢?仔细打听,才知道信是他口述,夫人写的;光盘则是他先教会保姆使用电脑,由他提出"思维",保姆操作,往往需要反复多次,才能最后完成。世上如此制作学术光盘的,恐怕也只此一家了!他从 2001 年至 2006 年共制作《血液细胞学和血液学》光盘资料 15 辑。图文声并茂,内容新颖,最后两辑是关于急性髓系白血病 M2b 和噬血细胞综合征的,观看后确能使人获益良多。2006 年底,保姆离去后,他不得不又训练了另一个保姆。他一直追踪国内外顶尖血液学杂志,每次阅读杂志,都是看完一页,由夫人翻页,这样一页页地阅读的。

(徐子真,医学技术学院,医学检验技术系,副教授)

张之南与阵发性睡眠性血红蛋白尿症(PNH)研究

思政映射点：关爱患者，开拓创新，科学精神，无私奉献

学科：医学技术类医学检验技术

相关知识点：临床血液学检验，贫血，红细胞检验

素材简介：红细胞检验及红细胞检验的临床应用部分阐述了红细胞各项检测项目及其在贫血、血红蛋白病、阵发性睡眠性血红蛋白尿症等疾病中的应用。本文通过介绍张之南教授在阵发性睡眠性血红蛋白尿症等疾病诊治上的贡献，引导学生学习他一切为了病患，以患者为中心，服务于患者，坚持不懈寻找疾病诊治方法的探索和奉献精神。

　　张之南(1924—2014)，北京协和医院内科学教授，血液学家。1954 年毕业于北京协和医学院，1959 年从卫生部西医学习中医班毕业。中华医学会血液学分会第三、四届副主任委员，第五届主任委员，第六届名誉主任委员。从事血液病工作四十余年，曾对多种血液病进行研究，有丰富的临床经验和研究成果。晚年撰写随笔《治学与从业》，内容涉及医德、素质、学习方法、思维方法、医疗、教学、临床研究等方面。

　　作为我国著名血液学家，张之南在 20 世纪五六十年代曾对再生障碍性贫血、慢性粒细胞白血病、过敏性紫癜等进行临床和中西医结合治疗研究，较早提出再生障碍性贫血的分型概念，较早用雄黄等中药对慢性疾病作长期治疗观察；在国内率先建立铬-51 标记红细胞寿命、粪胆原等溶血定量检查法。20 世纪 70 年代，他即在国内对弥散性血管内凝血开展研究，建立了快速诊断实验，成功抢救了众多危重患者。他提出分析性组织细胞增生与"恶组"的区别和鉴别诊断关键，并根据细胞动力学原理制订急性白血病的新的有效化疗方案。

　　20 世纪 70 年代后期，张之南开始专注于贫血，尤其是阵发性睡眠性血红蛋白尿症(PNH)的诊断与治疗。PNH 是一种少见的、非肿瘤性的克隆性疾病，以贫血和酱油色尿为主要表现，极易误诊，而且难治。他花费近 30 年的时间，探

讨此病的发病机制,改进实验诊断的方法,研究它与常见的再生障碍性贫血的关系,力图找到有效的药物,所获成绩显著,在国内外发表上百篇的文章,是这一领域公认的权威。他最大的愿望是在有生之年研发出能治愈再生障碍性贫血的药物。为此,他组织了一支精干的队伍,将基础、临床、检验和中医相结合,长期随访六七十例患者,在没有电脑和手机的年代,全凭门诊和信访,收集患者康复进展;他经常自掏腰包,为贫穷患者买药,感动了很多患者。"患者第一"的理念始终深植在他的心中。

(徐子真,医学技术学院,医学检验技术系,副教授)

阮长耿与血小板膜糖蛋白单抗研究

思政映射点：开拓创新，科学精神，无私奉献

学科：医学技术类医学检验技术

相关知识点：临床血液学检验，血小板的结构与功能，血小板功能检查

素材简介：血栓与止血检验的基础理论阐述了血小板的基本结构，其中的血小板膜糖蛋白是血小板发挥生理功能的基础。本文通过介绍阮长耿院士在血小板膜糖蛋白抗体研究领域的成就，引导学生学习阮长耿院士不忘初心，用实际行动报效祖国，克服困难条件，努力创新的爱国主义精神和奉献精神。

　　阮长耿，1939年8月生，中共党员，教授、博士生导师，著名血液学家，中国工程院院士，曾任江苏省血液研究所所长。1964年毕业于北京大学生物化学专业，同年至苏州大学附属第一医院（原苏州医学院附属第一医院）血液科从事医疗科研工作。曾在法国巴黎第七大学 Saint-Louis 医院血液病研究所进修，并获法国血液学博士学位。现为卫生部血栓与止血重点实验室主任、中华医学会血液学分会主任委员、中华实验血液学会副主任委员、江苏省医学会副会长、《中华血液学杂志》总编、《中华内科杂志》副总编，以及《中华医学杂志》、《血栓与止血杂志》（*Journal of Thrombosis and Haemostasis*）、《血栓研究》（*Thrombosis Research*）、《国际血液学杂志》（*International Journal of Hematology*）等国内外杂志的编委。

　　阮长耿院士长期从事血液学研究。在赴法进修期间，他开展了国际上第一株抗人血小板膜糖蛋白（GP）Ⅰ单克隆抗体（简称单抗）的研制，并首先应用该单抗阐明了 GPⅠ在血小板黏附过程中作为 vW 因子受体的生理功能。1981年10月学成回国后，他创建了我国第一个血栓与止血研究室。在当时极其艰难的条件下，他利用简陋的设备研制出我国第一组抗人血小板膜糖蛋白单抗，随后，又不断研制出抗 vW 因子、抗人活化血小板、抗纤维蛋白和抗人尿激酶受体等9类100多株苏州（SZ）系列单抗。其中5株单抗 SZ-1、SZ-2、SZ-21、SZ-22、SZ-

51 已通过国际分化抗原委员会鉴定,成为国际上血小板研究的标准试剂。他应用 SZ 系列单抗,深入地进行了基础和临床研究,并成功研制了血小板膜 GP、vW 因子和活化血小板(GMP-140)等检测药盒,在全国推广应用,提高了我国出血和血栓性疾病的诊断水平。

阮长耿院士认为,从事科学研究,一是要热爱事业,做到干一行、爱一行、专一行;二是要有敬业精神,做到严谨、求实、创新。阮长耿院士"忠诚、坚毅、仁爱、担当"的科学精神为我们树立了榜样。在当今世界的激烈竞争中,我们要继续发扬这种精神,紧抓机遇、朝夕必争,争取科研成果的优先权。医学生应当接过老一辈人手中的事业棒,为民族创新、科技进步添砖加瓦,为实现伟大的中国梦作出更大的贡献。

(徐子真,医学技术学院,医学检验技术系,副教授)

王鸿利：“血友”之友，用手术刀改写教科书

思政映射点：关爱患者，开拓创新，科学精神

学科：医学技术类医学检验技术

相关知识点：临床血液学检验，凝血因子检查，血友病

素材简介：血栓与止血检验的临床应用阐述了血友病的发病机制，实验室诊断和治疗原则。本文通过介绍王鸿利教授在血友病诊断和治疗领域的经典病例，引导学生学习王鸿利教授心系患者，以为病患解除痛苦为责任的大医精神，以及理论联系实际，内外结合，勇于突破传统的创新实践精神。

王鸿利，1937 年生，主任医师，博士生导师，瑞金医院终身教授（见图 1）。1963 年毕业于上海第二医学院医疗系。曾任瑞金医院副院长，检验科主任；上海第二医科大学瑞金临床医学院副院长、检验系主任；上海血液学研究所副所长，血栓与止血研究室主任；上海市医学检验重点实验室主任，中华医学会医学教育学会医学检验教育分会主任委员，中华医学会血液分会血栓与止血学副组长等。现任中华医学会检验分会常委、血栓与止血专家委员会主任委员，上海市血液学会副主任委员，卫生部高等医学院校咨询委员会委员，全国高等医药教材建设研究会常务理事。

为血友病患者手术，一直是“医学禁区”，没有医生敢碰，不少“血友”连一颗牙也拔不得。但王鸿利这个检验医师，却帮助主刀医生用手术刀改写了教科书。

华东医院原院长俞卓伟，20 多年前是瑞金医院医务处处长。他与老友王鸿利至今难忘一次“经典战役”。那是一位从北京、沈阳、天津各大医院辗转而来的血友病患者，只有 20 岁，2 岁起反复发病。“不看不知道，一看吓一跳。”患者眼球后常年出血，右眼已被顶出，呈菜花状突起，轻轻挤压坏死组织，缝隙中流出带恶臭、黏稠样的黑色液体，眼睛完全失明，四周骨板也烂了，并可能危及颅内。

图1　王鸿利与《生命之桥》

　　王鸿利思想斗争剧烈,因为这个眼球摘或不摘,面临的风险几乎等同。好在俞卓伟全力组织协调,让院内各相关科室——眼科、神经外科、口腔科、耳鼻喉科、麻醉科、血液科、检验科、药剂科和整形科,连续作了3次大会诊,终于取得摘除眼球、修复眼眶的共识方案。手术那天,打头阵的眼科大夫还犹豫不决,经再次劝服才动了刀。此后,各科医生轮番上阵,历时4个多小时,手术终获成功。术中,王鸿利全程保驾护航,为患者快速有效止血。其实手术未动,他已"粮草先行"。患者凝血因子本来只有1%～2%的水平,王鸿利测算,实际需要调高至70%～80%的水平。他从术前3天起,每8小时为患者静脉注射抗血友病球蛋白,根据这种制剂在空气中暴露的半衰周期,每次都控制在半小时内滴注完毕。术后,王鸿利坚持凝血因子注射,直至患者拆线。当创面愈合,小伙子装上义眼,挺神气地出院了。

（徐子真,医学技术学院,医学检验技术系,副教授）

与致命病毒共舞

思政映射点：爱国情怀，开拓创新，前沿引领

学科：医学技术类医学检验技术

相关知识点：感染性疾病及免疫检验、免疫防御、疫苗、免疫学检测方法

素材简介：本文介绍了陈薇院士带领团队完成帐篷式移动检测实验室和检测平台搭建工作，领衔研发全球第一个进入二期临床试验的新冠病毒疫苗，并在疫苗的临床试验中首先以身试苗。陈薇院士在危难关头无畏风险的逆行可激发学生的爱国情怀和无私奉献的精神，她在新冠病毒检测和感染防御工作中的贡献展现了我国科技工作者的实力与风采。这些事迹可用于引导学生在学习和科研工作中不惧困难、勇于探索、关注前沿，形成开拓创新的精神，激发学生科技报国的使命担当。

陈薇，1966 年出生于浙江兰溪，中共党员，生物安全专家，中国工程院院士，中国人民解放军军事科学院军事医学研究院生物工程研究所所长、中国科学技术协会副主席。2020 年 9 月 8 日，全国抗击新冠肺炎疫情表彰大会在北京人民大会堂隆重举行。中共中央总书记、国家主席、中央军委主席习近平向"人民英雄"国家荣誉称号获得者陈薇颁授勋章奖章。

2020 年 1 月 23 日，武汉市新型冠状病毒感染的疫情防控形势严峻。1 月 26 日，农历大年初二，陈薇带领一支由军队紧急派出的专家组奔赴武汉，迅速投入新冠病毒的快速检测技术、疫苗研制等工作中。她说"疫情就是军情，疫区就是战场"，我们"要争分夺秒与病毒赛跑"。抵达武汉后，陈薇带领专家组仅用一天即完成帐篷式移动检测实验室和检测平台搭建工作，应用自主研发的检测试剂盒，配合核酸全自动提取技术，迅速保证了日检 1000 人份的核酸检测能力。为加快推进科研与临床有效融合，陈薇率领科研人员在病原学、免疫学、空气动力学等领域展开研究，快速建立"核酸检测—抗体筛查—多重病原检测"的鉴定程序，精准诊断临床患者的感染类型，率先在火神山医院等 3 家医院推广应用，

有效提高了临床诊断准确率和治愈率。

虽然检测技术取得了突破性的进展，但陈薇不敢有丝毫松懈。她深知，与新冠病毒的战斗是一项复杂而艰巨的任务。当时全世界至少有 27 家医学机构、生物医药公司迅速投入新冠疫苗的研发中，大家都在争分夺秒、夜以继日地工作。2020 年 1 月 28 日，美国宣布：美国科学家将在 12 周内研制出新冠疫苗。陈薇在接受媒体采访时表示："我相信，我们国家科研人员的速度不会亚于美国。"3 月 16 日，美国宣布疫苗研制成功，进入临床试验。第二天的央视《新闻联播》报道，陈薇团队研制的疫苗已于 3 月 16 日 20 时 18 分获批进入临床试验，并且做好了量产等准备工作。中国和美国在同一天研制疫苗成功。而我国是按照"国际规范、国内法规"一步一步走过来的，没有跳过任何中间环节。

但凡有医学常识的人都知道，疫苗注射后要经历人体与病毒抗争的过程，人的体内会产生抗体从而避免感染病毒。处于临床试验阶段的疫苗药液注射进人体后，志愿者短时间内可能会出现发热、头晕、出汗、肌肉酸痛等不良反应，严重者可能会出现生命危险。我们后来才得知，在为 108 名志愿者进行疫苗注射的前几天，陈薇就已经请团队成员在她自己身上进行了疫苗注射试验。此前，不管是家人还是同事都纷纷劝她不要冒这个险。他们觉得作为一名医生，研制疫苗已经尽到了自己的义务，并没有必要去以身试险。一旦出了危险，作为负责人，对团队的疫苗研究也是一个很大的损失。但是在陈薇的坚持下，她作为疫苗注射第一人，在隔离点观察了 14 天，其间配合抽血，每天记录自己的数据，出现任何感觉和反应，都在第一时间记录在研究团队发的日记卡上，并对记录的数据严格保密。谈起用自己的身体进行疫苗临床试验这件事，陈薇院士微笑着面对记者淡然说道："我是一名军人，如果我和团队研制出的疫苗，连我自己都不相信、不敢用，那么在公众面前又怎么会有说服力呢？"

2020 年 5 月 22 日，世界权威医学期刊《柳叶刀》（The Lancet）在线刊登了陈薇院士团队的新冠疫苗人体试验临床数据结果。研究结果显示经酶联免疫吸附测定（ELISA）检测病毒抗体包括中和抗体，自接种第 14 天开始出现明显增长，并在接种后第 28 天到达峰值，特异性 T 细胞反应在接种后第 14 天到达峰值，这是世界首个新冠疫苗的人体临床数据。《柳叶刀》主编理查德·霍顿通过媒体分享了这则消息并赞叹："首次对此新冠病毒疫苗的人体试验结果发现，它具有良好的安全性和耐受性,并且能够诱导快速的免疫反应。这些结果代表着一个重要的里程碑。"

　　作为一名军人,陈薇院士闻令而动,与致命病毒短兵相接,与病毒共舞,展现了钢铁战士的血性本色;作为一名党员,她关键时刻冲在最前沿,危难关头发挥了党员的先锋模范作用;作为一名院士,她领衔研发全球第一个进入二期临床试验的新冠病毒疫苗,展现了我国科技工作者的实力与风采,用实际行动谱写了绚丽的奋斗篇章。

参考文献:

[1] 新华社.全国抗击新冠肺炎疫情表彰大会在京隆重举行[N].人民日报,2020-09-09(1).

[2] ZHU F C, LI Y H, CHEN W, et al. Safety, tolerability, and immunogenicity of a recombinant adenovirus type-5 vectored COVID-19 vaccine: a dose-escalation, open-label, non-randomised, first-in-human trial[J]. Lancet, 2020, 395 (10240): 1845 -1854.

(卫蓓文,医学技术学院,医学检验技术系,讲师)

"求求你，快点升温，快点升温，救命呢"

思政映射点：关爱患者，无私奉献

学科：医学检验

相关知识点：血液制品的科学保存和使用

素材简介：一则医生用体温暖血的朋友圈引发了广大网友的热议。人们对于医生的做法存在误解主要是对相关的知识了解不足；血制品复温有专门的设备，不能使用开水或者微波炉，否则会破坏血液成分。紧急用血时时间紧张，体温暖血是医护人员比较常用的方法，体现了医护人员的仁心仁术。本文通过分享，让学生讨论分析，从而引导学生关注血液制品的科学使用和保存，体会医务人员无私奉献的精神。

一天凌晨，为了尽快给手术台上的患者输血，郑州一医院急诊科张医生将两袋只有4℃的血液制品抱在怀里，嘴里还念叨着"求求你，快点升温，快点升温，救命呢"。

事情的起因是患者需要大量用血，前面的血浆快输完，要输的红细胞温度上不来。平常都是轮流用手暖，眼看来不及了，张医生一急把从冰箱拿出来温度只有4℃的血袋搂在怀里。他身高160cm，体重不足50kg，瘦瘦弱弱的，抱着冰冷的血袋却丝毫没有犹豫。同事拍下了当时的照片。这张照片迅速在网络上流传。大家的评论主要有两种声音，一种赞扬医护人员的奉献精神，另外一种认为虚假做作，觉得可以用微波炉或者其他方式加热。

人们对于张润医生的做法存在误解主要是对于相关的知识了解不足。血制品复温有专门的设备，不能使用开水或者微波炉，会破坏血液成分，导致浪费。但作为医务工作者，工作中会遇到很多特殊情况，为了及时救助患者，往往需要不计个人得失。如文中描述的情况，在紧急用血时间紧张的时候，复温箱复温的速度可能不如医务人员体温暖血快，体温暖血是医护人员比较常用的方法。这样的操作是医务工作者无私奉献的体现。

参考文献：

胡贤容.常见血液制品的储存方法[J].大健康,2021(16):85-86.

（姜晓星,医学技术学院,医学检验技术系,讲师）

拯救"恐龙血"女孩

思政映射点：尊重生命，无私奉献，人文关怀

学科：医学检验

相关知识点：特殊 ABO 血型的献血和用血模式

素材简介：本文介绍了一位类孟买血型的小女孩作为罕见血型受血者，最终通过社会招募，由热心人士主动献血而获得救治的故事。孟买血型或类孟买血型比 Rh 血型更为稀有，不能使用其他血型的血液制品，否则会发生严重的输血反应。在没有足够冻存血液或者需要新鲜血液且不适合自身输血时，只能依靠同种血型团结互助。通过本文向社会上所有的无偿献血者致敬，感谢他们为社会献出爱心，拯救生命，护佑健康。

　　2016 年 11 月，1 岁多小女孩妞妞的手术牵动了不少人的心。妞妞患有先天性心脏病，医生准备为她进行心脏修补手术时，却发现她的血型是比"熊猫血"还稀有的"恐龙血"——类孟买血型，并且妞妞是 AB 型类孟买，在当地血站的冻存血液中没有储备。因为年龄太小，不符合自体输血的条件，她只能等待合适的血源。

　　孟买血型和类孟买血型都属于特殊的 ABO 血型，比 Rh 血型更为稀有。孟买血型是 1952 年在印度孟买首次报道的。这种血型的人群缺乏 H 基因和分泌基因 Se，因此红细胞上缺乏 H、A 及 B 抗原。类孟买血型个体缺乏 H 基因，但有至少 1 个 Se 基因，其红细胞上不能检出 H 抗原，但有少量 A 或 B 抗原。这两种人群的血清中含有抗-H，抗-A 和/或抗-B。因此在输血时，不能使用其他血型的血液制品，孟买血型个体只能输孟买型红细胞，而类孟买血型最好输类孟买型红细胞，否则可能会导致溶血性输血不良反应。在媒体的呼吁下，同为类孟买稀有血型的肖女士奔赴厦门，献出 400mL 鲜血。两天之内共有 5 位爱心人赶来为妞妞献血，使得妞妞的手术得以顺利进行。很庆幸，因为有了无私的无偿献血者，患者转危为安。在生命面前，所有的赞扬都不足以表达对无

偿献血者的致敬。

这一事件也提醒我们，对于稀有血型的用血不能到使用时才采集，应该及时建立相应的信息登记并且采取冻存的方式。罕见血型可冻存 10 年。在没有足够冻存血液或者需要新鲜血液且不能使用自体输血时，只能依靠同种血型团结互助。

参考文献：

应盼.类孟买型 Am·h 分泌型的血型鉴定及输血[J].实验与检验医学，2016，34(3)：391－392.

（姜晓星，医学技术学院，医学检验技术系，讲师）

抢救"熊猫血"宝宝

思政映射点：爱岗敬业，专业扎实，团结协作

学科：医学检验

相关知识点：Rh 胎儿和新生儿溶血症患儿的实验室诊断以及换血治疗

素材简介：本文介绍了输血科工作人员为胎儿和新生儿溶血症患儿配血加班加点争分夺秒，成功救治患儿的事迹。Rh 胎儿和新生儿溶血症患儿病情发展可能较快，换血治疗对于相合的血液制品往往需求量较大并且时间紧急，这种情况下需要血站工作人员积极配合，争分夺秒为患儿进行配血，抢救生命。本文强调，在抢救特殊患者的过程中，医务工作者扎实的专业素养和团结协作的团队配合缺一不可。

2017 年 9 月 26 日上午，海南医学院第一附属医院一名产妇经剖宫产产下一名女婴。宝宝一出生就出现黄疸等症状，疑似胎儿和新生儿溶血症。医生将宝宝的血液标本送检，下午根据结果确诊为 Rh 抗 D、抗 C 阳性引起的胎儿和新生儿溶血症，需要换血治疗。

当晚，海南省血液中心临床输血研究室主任唐秋萍接到输血科值班人员的电话，说有新生儿患溶血症，急需 O 型、RhD、C 阴性血液。随后，唐主任和科室当日值班人员分别从家里赶到办公室，对小孩的血液进行检测确认有抗 D、抗 C 两种抗体后，随即将当时血库仅存的 9 袋 O 型、RhD 阴性血逐一检测，再筛查 C 抗原阴性的血液，到晚上 12 时许，终于准备好医院所需的血液。此后，省血液中心成分科将红细胞和血浆制备成患儿所需要的混合血液并及时出库，到 27 日凌晨 2 时，该患儿成功进行了换血治疗。27 日早上 6 点左右，孩子身上的黄疸逐渐消退，新生的红细胞在她的身体里活跃开来。

唐主任说："虽然大家连夜加班，但在我们争分夺秒的努力下，新生儿成功进行了换血治疗，我们都很高兴，帮助到患者的同时也体现了我们的价值。"上海市血液中心的工作人员每次遇到类似的情况不论时间多晚都会赶赴工作岗

位认真负责地工作。在必要的情况下,会在医生要求配血前提前准备,随时为抢救患儿的生命投入救治工作。

Rh 胎儿和新生儿溶血症患儿病情发展可能较快,如果黄疸持续,将会出现核黄疸,可能留下脑瘫、智力发育障碍等一系列的后遗症甚至死亡。这种情况需要检验人尽职尽责,积极配合,争分夺秒为患儿进行配血,抢救生命。

参考文献:

王婧,潘家华.母婴 Rh 血型不合溶血病的诊治进展[J].中国新生儿科杂志,2016(2):152－155.

(姜晓星,医学技术学院,医学检验技术系,讲师)

汤飞凡：疫苗先驱，国之瑰宝

思政映射点：爱国情怀，科学精神，无私奉献

学科：医学检验技术

相关知识点：衣原体，抗生素，疫苗

素材简介：本文介绍了沙眼衣原体的发现者，中国微生物学会第一、二届理事长汤飞凡的事迹。汤飞凡是我国第一位在全世界率先鉴定感染性疾病病原体的科学家。在抗战时期，他亲赴淞沪一线救治伤病员，研制出中国第一支青霉素，救治了大量中国和盟军战士的生命；在新中国成立前后，他培养了我国第一支药品和生物制品检定队伍。今天，他亲手创立的中国药品生物制品检定研究院，以及上海、兰州、北京等生物制品研究所，已然成为我国疫苗研制的主力军。他的科学精神、爱国情怀值得后人学习和颂扬。

1914 年暑假，18 岁的汤飞凡与湘雅医学院创建人颜福庆（也是复旦大学医学院创建人）不期而遇。颜福庆很喜欢这个好学的孩子，建议他去报考即将成立的湘雅医学专门学校。1921 年，汤飞凡获医学博士学位，成为湘雅医学院第一届的 10 名毕业生之一。

求学期间，汤飞凡对显微镜下的微生物产生了浓厚的兴趣。他非常崇拜当时国际顶尖的微生物学家巴斯德（法国）和科赫（德国）。听闻日本的北里柴三郎被称为"东方科赫"，汤飞凡说："中国为什么不能出一个'东方巴斯德'呢？"他决心终身从事细菌学研究，立志作"东方巴斯德"。

1925 年，汤飞凡获得美国哈佛大学医学院奖学金，赴美深造。1929 年春，汤飞凡回到上海，就任中央大学医学院细菌学副教授。1937 年，日本侵华战争的战火烧到上海。汤飞凡和妻子一起参加淞沪会战前线医疗救护队，他工作的救护站数次差点儿被日军炮火击中。1938 年，汤飞凡赴长沙出任中央防疫处处长。20 世纪 40 年代，青霉素开始用于临床，但数量奇少，价格奇贵，汤飞凡带动防疫处的同事，随时留意鞋靴、旧衣、水果、古钱等物品上的青霉，经培养后测定

菌株的青霉素生产能力,直到一位同事从许久未穿的皮鞋上发现一株能产生青霉素的菌株。这是国内首次分离出青霉素。

1945 年,美军发生了"不明热",严重威胁着部队战斗力。美军求助于防疫处。汤飞凡派助手魏曦赶赴现场,通过调查和实验证实是恙虫病,于是采用了针对恙虫的防治措施,"不明热"得到控制,魏曦因而获得美军"战时功绩荣誉勋章"。

新中国成立后,汤飞凡拒绝了哈佛大学的邀请,毅然选择留在祖国担任卫生部生物制品研究所所长。他主持制定了新中国第一部《生物制品制造检定规程》,据此,我国有了生物制品质量管理的统一机制。

汤飞凡在科学研究方面取得的最大成就是发现沙眼衣原体。此前日本科学家野口英世称自己分离出了沙眼病原体颗粒杆菌,但汤飞凡选出症状典型的沙眼病例,严格按野口的论文分离细菌,却未能重复野口的结果。1954 年,汤飞凡与北京同仁医院眼科主任张晓楼合作,采集典型沙眼病例样品。经过无数次失败,他们于 1956 年 8 月,分离出世界上第一株沙眼病原体。此刻,汤飞凡并没有急于发表论文,而是用了很长时间,继续进行病原体的分离、传代和动物实验。为了确认分离出的病原体能够引起人类的沙眼,汤飞凡"以身试毒",让助手将沙眼病原体滴入了自己的眼睛。他的双眼很快出现明显的沙眼临床症状,无可置疑地证明了他发现的病原体对人类的致病性。纵览汤飞凡发现沙眼衣原体的过程,可以总结出科学研究的几个必备的素质:一是不轻信已有的、未经广泛证实的结论,如汤飞凡敢于怀疑野口的论断;二是采集了高质量的样本,如汤飞凡与张晓楼的合作;三是勇敢改进已有的研究方法,如汤飞凡改用鸡胚卵黄囊进行培养,并改变抗生素的用量;四是重要结果必须反复验证,如汤飞凡在反复确认后才发表科学论文。

汤飞凡主持创建了中国最早的抗生素生产机构、第一个实验动物饲养场、中国第一家生物制品鉴定机构,领衔研发生产了国产狂犬病疫苗、白喉疫苗、牛痘疫苗,以及世界首支斑疹伤寒疫苗。他对国家、民族的拳拳之心和对科学的执着追求,将激励后来者继续前进,创造无愧于时代、无愧于人民的新业绩。

参考文献:

[1] 梅兴无.中国第一代病毒学家汤飞凡[J].炎黄春秋,2020(9):88-93.

［2］管辉.中国疫苗之父：汤飞凡[J].中国档案，2020(5)：86－87.

［3］李春发.新中国伊始战"疫"专家汤飞凡的不凡人生[J].文史月刊，2020(5)：12－17.

（李擎天，医学技术学院，医学检验技术系，副教授）

林宗扬：爱国华侨，教育泰斗

思政映射点：爱国情怀，前沿引领，文化传承

学科：医学检验技术

相关知识点：衣原体，抗生素，疫苗

素材简介：本文介绍了我国微生物学的先驱林宗扬的事迹。林宗扬毕业于香港大学、美国约翰霍普金斯大学；曾任中华医学会主席，中华医学会英文杂志总编辑。林宗扬主持的医学细菌学教学宗旨——理论与实验相结合，注重实际应用，采用启发式的教学方法。他除了讲授细菌学，还组织开展了一些细菌的研究工作，开创了临床细菌学和血清检验工作。

　　林宗扬（1891—1988），我国微生物学的第一代学者，生于马来西亚槟榔屿一个华侨富商家庭，1911 年考入香港大学医学院，1916 年以优异的成绩毕业。1918 年，林宗扬在《中华医学杂志》上发表"瓦氏反应"一文，向国内介绍了诊断梅毒的方法和技术。

　　1919 年，林宗扬入美国约翰霍普金斯大学公共卫生学院，1922 年获公共卫生学博士学位。目睹中国贫弱交加，瘟疫流行，他带着拳拳赤子之心，毅然回到祖国。1925 年他首次在我国患者中分离出布氏菌；1929 年与其同事共同发表的《检查斑疹伤寒的沉淀试验——用变形杆菌 X19 的特异物质检测》一文，填补了斑疹伤寒血清学上的一项空白，被《人体病毒和立克次体感染》这部世界权威著作引用。

　　1934 年，林宗扬在中华医学会第十次大会上被选为理事会主席。1935 年，林宗扬编著了《细菌学检验方法》，对细菌免疫学常规工作的开展发挥了重要的基础指导作用。他组织翻译的《秦氏细菌学》《罗氏卫生学》《皮肤真菌病图谱》等对我国微生物学、公共卫生学的发展起到了重要作用。此外，林宗扬还积极开展中外医学经验交流，他曾担任《中华医学杂志》英文版主编，杂志质量对标国际水平。林宗扬 1937 年任协和医学院教务长，1942 年任北京大学医学院教

授。1956年任《中华医学杂志》英文版顾问。林宗扬把毕生精力献给了祖国医学事业。

1930年,林宗扬被提升为教授,兼任微生物学科主任,成为当时协和医学院仅有的三位中国教授之一。1937年,被任命为教务长,也是协和医学院第一个担任教务长的中国人。在担任教务长期间,他大胆改革了学校沿袭多年的教育方式,使之更适合中国国情。他倡导基础结合临床,这种做法之后相继为其他医学院校仿效。他重视培养学生的自学能力,为青年教师和研究生的成长创造种种条件。林宗扬在协和医学院20年中培养出大批医学人才,他们中许多人,后来成为蜚声中外为中国医学事业的发展作出杰出贡献的医学微生物学家。

林宗扬还是我国医学真菌研究的先驱。他在分离培养真菌、鉴别其种类等方面建立了一套方法和技术。他对猪霍乱的变异、肠杆菌的分型、伤寒菌噬菌体分型等都作了比较系统的研究;在白喉杆菌、结核杆菌的分离以及伤寒病诊断方面进行了很多研究。

林宗扬赤诚爱国、严谨治学、勇于探索、热忱育才。他在生活中酷爱玫瑰,精心培育的许多新奇品种已移植到天坛公园和人民大会堂。林宗扬逝世后,遵照其生前遗嘱,将他部分存款捐赠给中华国际医学交流基金会,用于奖励医学院校的优秀教师。

参考文献:

[1] 彭瑞骢,安笑兰.缅怀我国医学教育的一代宗师林宗扬教授[J].中华预防医学杂志,1993,27(5):280-281.

[2] 青宁生.医学微生物学一代宗师:林宗扬[J].微生物学报,2005(6):34.

[3] 张彤阳.近代微生物学在中国的传播与发展(1891—1928)[D].北京:中国科学院大学,2020.

(李擎天,医学技术学院,医学检验技术系,副教授)

闻玉梅：医者仁心，为国育才

思政映射点：前沿引领，开拓创新，无私奉献

学科：医学检验技术

相关知识点：乙型肝炎病毒，治疗性疫苗

素材简介：本文介绍了我国著名病毒学家、中国工程院院士闻玉梅的事迹。作为学者，她一生追求学问，作为医者，她攻克乙肝治疗难题，设计乙肝治疗性疫苗；作为师者，她桃李满天下，为祖国培养了多位优秀人才。作为医学生，要学习她投身医学科研事业，勇于创新，无私奉献的精神。

闻玉梅，1934 年出生于北京，中国工程院院士，复旦大学上海医学院教授、博士生导师，病原微生物研究所所长，医学分子病毒学教育部卫生部重点实验室学术委员会主任（见图 1）。闻玉梅 1956 年毕业于上海医学院，1980 年到英国伦敦大学进修，1981 年前往美国国立卫生研究院学习，1999 年当选为中国工程院院士。

闻玉梅院士在演讲中提到过自己的两个偶像："第一个是居里夫人，拿过两次诺贝尔奖。一个女性两次拿诺贝尔奖，一次是化学，

图 1　闻玉梅院士

一次是物理，是很了不起的，但是我更欣赏她的爱国之心。那时候波兰是受沙皇统治的，所以沙皇的学监每次到学校来，都要让他们背俄国的历史。她那时还小，背完之后，学监一走，她就和老师抱头痛哭。""第二个偶像是白求恩。白求恩一直是我们中国人民心中最崇拜的医生。他在加拿大很有名气，却毅然到了中国帮助我们抗日。在那个时代，胸外科医生是很稀缺的。"

闻玉梅 1956 年在上海医学院毕业后，进入上海第二医学院攻读研究生，师

从我国医学微生物学和免疫学教学与研究的奠基人余㵑教授。余教授"自己探索"的教育理念让闻玉梅感受到了科学研究的成就感,也推动了闻玉梅成为又一位桃李满天下的医学教育家。

因为时代的冲击,闻玉梅在上海浦东接受过"改造"。她在挑扁担的时候,向农民学习,寻找事物的平衡点;参加治疗血吸虫病工作时,学习做宣传工作;研究霍乱时,意识到要终身学习。改革开放之后,闻玉梅的研究进入了黄金时代,她密切关注病毒学发展前沿的同时,特别强调要做转化型研究,就是要"解决患者的问题"。

1981年10月,闻玉梅获得了前往美国国立卫生研究院学习一年的机会。她非常珍惜在美国学习的时间,不放过任何机会,拼命学习。白天工作,晚上坚持听分子病毒学领域的课程。40多岁的她凭借着顽强的毅力,废寝忘食地学习英语讲授的课程内容,照样考得第一名。在美期间,闻玉梅不但学到很多先进的理论和技术,发表了论文,还与美国国立卫生研究院建立了永久的合作关系。

乙肝是我国最严重的微生物感染性疾病之一,乙肝疫苗已成为预防乙肝的有效武器,而乙肝的治疗依然是临床难题。闻玉梅首先提出"消除对乙肝病毒抗原免疫耐受性"的治疗新观点,设计消除免疫耐受性的治疗性疫苗。随后,她与上海生物制品研究所合作研制了可供人体临床研究的抗原抗体复合物型治疗性疫苗。如今,乙肝治疗性疫苗已完成Ⅰ、Ⅱ期临床试验。

闻玉梅首先针对国际学者认为"病毒可在肝外存在,肝外可能是病毒藏匿主要场所"的观点,对肝外组织进行乙肝病毒检测,发现我国乙肝患者的肝外很少有完整病毒,且不复制,证明肝外组织不是病毒长期存在的"藏身处",从而明确提出应将清除肝脏内病毒作为主攻方向。

此外,闻玉梅将为国家培育人才作为一生的使命。50多年来,她亲自带教并以优异成绩毕业的硕士生、博士生和博士后就有数十位,她的许多学生在各自领域取得了令人瞩目的成绩。如国家科技进步奖特等奖获得者、复旦大学上海医学院党委书记袁正宏,苏州大学原校长熊思东……她说:"人生并不是一支蜡烛,而是一支火炬。我们要把它燃烧得十分光明灿烂,然后交给下一代。"

闻玉梅院士一生追求学问,积极为祖国培养人才的事迹值得人们学习和传颂。

参考文献：

［1］宋文芳,韦斗斗.医者仁心战乙肝:专访闻玉梅院士［J］.科技创新与品牌,2019(5):26‒29.

［2］闻玉梅.医学与人生［J］.宁波大学学报(人文科学版),2010,23(1):1‒5.

［3］闻玉梅.用好战胜疫情的科学利器［J］.上海企业,2020(3):60.

［4］唐闻佳.科学认识疫苗接种,不要过度害怕更不要信谣［N］.文汇报,2022‒06‒25(007).

(李擎天,医学技术学院,医学检验技术系,副教授)

一叶方舟济苍生

思政映射点：科学精神，开拓创新，无私奉献，爱国情怀

学科：医学检验

相关知识点：免疫预防和感染性疾病检验

素材简介：本文介绍了科学家顾方舟"一辈子只做一件事"，带领团队研制脊髓灰质炎糖丸活疫苗，以身试险，舍己为人，爱国为民，将毕生精力奉献给了公共卫生事业，使中国正式进入无脊髓灰质炎时代的感人事迹。通过学习顾方舟专心一志、排除万难、勇于创新、大爱无疆的精神，培养求真务实、潜心钻研的医务工作者，厚植爱国主义情怀，使医学生不忘初心、牢记使命，在国家需要的时刻挺身而出，为人民健康作贡献。

顾方舟(1926—2019)，出生于上海，原籍浙江宁波，中国医学科学院北京协和医学院原院长、研究员。顾方舟是我国脊髓灰质炎疫苗研发生产的拓荒者、科技攻关的先驱者。他研发的脊髓灰质炎疫苗"糖丸"护佑了几代中国人的生命健康，使中国进入无脊髓灰质炎时代。

图 1　科学家顾方舟

图片来源：《新时代榜样科学家》

2019 年 9 月 17 日，中华人民共和国国家勋章和国家荣誉称号颁授仪式在人民大会堂隆重举行。中共中央总书记、国家主席、中央军委主席习近平授予顾方舟"人民科学家"国家荣誉称号并发表重要讲话。2020 年 5 月 17 日，"感动中国 2019 年度人物颁奖盛典"在北京举行。顾方舟获得"感动中国 2019 年度人物"荣誉称号（见图 1）。

当时的颁奖词是这样说的：

舍己幼，为人之幼，这不是残酷，是医者大仁。为一大事来，成一大事去。功业凝成糖丸

一粒，是治病灵丹，更是拳拳赤子心。你就是一座方舟，载着新中国的孩子，渡过病毒的劫难。

脊髓灰质炎曾经是人们谈之色变的急性传染病之一，随着脊髓灰质炎在中国国内大流行，其病症令人闻之恐慌。而彼时，国内流行的是 3 种脊髓灰质炎病毒中的哪一类型尚未确定，病原学、血清学研究几乎为零。

1957 年，为了全中国的孩子，31 岁的顾方舟临危受命，他带领研究团队在昆明远郊的山洞里建起了实验室，开始进行脊髓灰质炎疫苗的研究工作。

顾方舟夫人李以莞回忆，当时的玉案山一片荒芜，科研人员们扛着大石头压地基、建房子，在海拔 2100 米的大山上，耗时 9 个月，用一砖一瓦为全中国的孩子建起了生产疫苗的基地。她说："砖瓦都得从山下拉到山上去，没有水没有电，冰窟也没有，一些培养细胞、实验用的药品都需要在冰窟里保存。没有办法，只能每天山上山下两边跑，把东西存在昆明市肉联厂的冰窟里。第二天早晨要用，再背到山上去。"

之后的岁月里，顾方舟带领团队从横贯东西的 12 个城市中分离出患者粪便中的脊髓灰质炎病毒，发现病毒的 3 种类型存在不同特性，通过大量的临床实践研究，确定了国内流行的病毒类型，并建立了脊灰病毒的实验室诊断标准。

脊髓灰质炎的疫苗研发从零开始，团队克服物资短缺、环境艰苦的困难，终于获得疫苗小样。随着疫苗临床试验开始，谁第一批服用成为问题。顾方舟冒着可能瘫痪的危险，喝下了一小瓶疫苗溶液，实验室的其他人也跟着加入试验。顾方舟这样说："即使有点儿风险，豁出去了，也只有这样，不然没法进行生产。你都不敢吃，怎么能让别人去吃。"

疫苗对大人无害，对孩子的安全性又如何呢？"当时我儿子小东刚好不到一岁，符合条件。"顾方舟的口述回忆史中记载："我自己的孩子不吃，让别人去吃，这不大仗义。"在他的带领下，实验室的其他研究人员也让自己孩子参加了这次试验。经历漫长而煎熬的一个月，孩子们生命体征正常！第一期临床试验顺利通过。

在顾方舟的脊髓灰质炎免疫策略中，全中国的孩子一个也不能少。疫苗口服率要达到 95% 才能形成免疫屏障。这意味着，远在西藏高原、新疆大漠、贵州深山的孩子无一例外地都要进入防护屏障，稍有疏漏，病毒就可能复发。那时没有冷链,让疫苗有效地在全国短期内流通非常困难。用广口暖瓶配冰棍的土办法,效果不是很好。

怎样才能制造出既方便运输又让小孩爱吃的疫苗呢? 顾方舟突发灵感:为什么不能把疫苗做成固体糖丸呢? 经过一年多的研究测试,顾方舟终于成功研制出了糖丸疫苗。糖丸疫苗是液体疫苗的升级版:在保存了活疫苗效力的前提下,大大延长了保存期。随着糖丸疫苗的大规模生产,我国进入全面控制脊髓灰质炎流行的历史阶段。

1960 年,周恩来总理访问缅甸的途中路过昆明,特地来到研究所,在询问起疫苗时得到了顾方舟信心满满的答复:"如果疫苗生产出来,能够给全国 7 岁以下孩子吃的话,我们就可以把这个病都消灭掉。"1975 年,顾方舟团队又开始研制三价混合型糖丸疫苗。1985 年,终于探索出了最佳配比方案,三价糖丸疫苗研制成功。1986 年,三价糖丸疫苗在全国推广使用,为彻底消灭脊髓灰质炎提供了有力武器。2000 年,"中国消灭脊髓灰质炎证实报告签字仪式"在卫生部举行,74 岁的顾方舟作为代表郑重签名,标志着我国成为无脊髓灰质炎国家。

从脊髓灰质炎暴发时的无能为力,到彻底消灭这种传染病,顾方舟从正当盛年到年逾古稀,奉献了一生的心血。此前接受采访时,顾方舟曾落泪感叹:"如果周恩来总理健在的话,我一定想办法给他汇报,我说我实现了对您的承诺。""为一大事来,鞠躬尽瘁;做一大事去,泽被子孙。"这是科学家顾方舟一生的真实写照。他不为名、不为利,将自己的一生奉献给了祖国的医学事业,他身上不畏艰苦的科学精神、开拓创新的革命意志、无私奉献的高尚情操、人民至上的家国情怀为我们树起了一座令人敬仰的人民科学家的丰碑。

顾方舟把毕生精力花在了"脊灰"减毒活疫苗研究上,他犹如一叶方舟泽济苍生,他身上"自信自强、守正创新,踔厉奋发、勇毅前行"的精神与党的二十大主题精神完美契合,充分突出了优秀共产党人的精神特质,值得我们大力弘扬和传颂。

参考文献:

[1] WU J, DONG D X, LI Y.Just for Chinese people's stood up-Prof.Fangzhou Gu,father of "sugar pills"[J].蛋白质与细胞:英文版,2020,11(4):231 - 234.

［2］陈佳阳,崔东,恩特马克·布拉提白,等.顾方舟的免疫学贡献及其对核心素养的教育价值
　　［J］.生物学教学,2020,45(8):77‑78.

［3］赵林静,屈艳,杨帆,等.家国情怀求真理方舟苦渡万千甜——医学微生物学思政案例［J］.
　　卫生职业教育,2021,39(1):23‑24.

［4］李娟,卢莉,吴疆,等.顾方舟:为抗击脊髓灰质炎而无私奉献的一生［J］.国际病毒学杂志,
　　2019,26(4):217‑218.

［5］中国脊髓灰质炎疫苗之父顾方舟［J］.求是,2020(4):80,封3.

［6］任书荣,张蓓,王静,等.医学免疫学在线教学过程中思政素材的选取［J］.中国免疫学杂
　　志,2020,36(18):2283‑2286.

（黄洁雯,医学技术学院,医学检验技术系,实验师）

影像医学与核医学

从"我和我的祖国相遇"

谈"X线的生物学特性、安全性和防护"

思政映射点：无私奉献，科学精神，爱国情怀

学科：影像医学与核医学

相关知识点：影像诊断学总论，X线的特性、安全性和防护等

素材简介：本文首先介绍X线的生物学效应的概念，之后通过引入2019年10月热播影片《我和我的祖国》中"相遇"篇的情节，就影片中主人公高远实验后辐射发病、损伤治疗的经历，使学生对辐射的生物学效应产生更直观的认识。接着讲述具有辐射效应的影像检查和防护原则，帮助学生树立辐射防护的意识，要求合理安全进行影像检查。同时展示原子弹爆炸成功后祖国欢庆的场景对学生进行爱国主义教育。最后回到影片的原子弹爆炸成功情节，总结科学家的探索、奉献精神和爱国主义精神。

生物细胞在一定量的X线照射下，可受到抑制、损伤，甚至坏死。此为X线的生物学效应，是进行X线检查时需要注意防护的原因，也是放射治疗学的基础。超出允许剂量的照射或治疗范围可导致放射性损伤，在影像诊断和治疗中应重视放射防护，严格掌握X线检查的适应证，避免不必要的照射，尤其是孕妇和小儿。在实践中，对于临床前期的医学生，理解其中的重要性和意义具有一定的困难。

2019年10月热播的影片《我和我的祖国》"相遇"篇，主要讲述1964年10月16日中国第一颗原子弹爆炸成功的故事。影片中人物高远是一名原子弹研究专家，他的人物原型其实就是"两弹一星"元勋、著名核物理学家邓稼先。在一次研发试验中，高远为了早日试验成功，在命令整体撤离时，最美逆行返回试验室，用自己身体体验原子弹的杀伤力，因此受伤住院治疗，身体受到极大伤害。影片中有个镜头令人印象深刻：由于常年研究原子弹，高远受到核辐射威胁，身体状况越来越糟，一次在汇报工作时，他的鼻血控制不住往下流。但终于

在 1964 年 10 月 16 日下午 3 时,"中国第一颗原子弹"爆炸成功了,结束了中国近代屡受外敌欺辱的历史,由此确定了我国的大国、强国地位。影片故事是当时很多无名英雄的缩影,高远这个形象代表了无数为我国原子弹献身的科学家,正是这些无名英雄和科学家的无私奉献,才换来了我们今天的美好生活。本文通过主人公高远研发原子弹试验辐射后住院的直观事例,使大家对放射防护有一个正确认识,在今后的职业生涯中避免医源性的放射性损伤;同时让学生学习科学家的奉献精神,增强爱国热情和民族自尊,珍惜今天祖国的美好生活,立志为人民卫生事业服务。

参考文献:

[1] 相遇[EB/OL].(2022 - 11 - 25)[2023 - 11 - 10]. https://baike.baidu.com/item/%E7%9B%B8%E9%81%87/23740184? fr=aladdin.html.

[2] 徐克,龚启勇,韩萍.医学影像学[M].北京:人民卫生出版社,2018.

[3] 邓稼先[EB/OL].(2022 - 11 - 25)[2023 - 11 - 10]. https://baike.baidu.com/link?url=xIg5VUZXTxganBqJUua06vUiohlfFq92DGPvhUjVbZm7F5eNhtxJJJu67GBkQSMSq0V1pkullY8Ba4Zb dau8krLI0AJ5QXNnXbft9vZrlAiJjvRq_LKCOu_qgSwjZAZm.html.

(郑林丰,附属第一人民医院,放射科,副主任医师/副研究员)

主动脉夹层分型与传奇外科医生狄贝基

思政映射点：无私奉献，开拓创新，终身学习

学科：影像医学与核医学

相关知识点：循环系统主动脉异常，主动脉疾病，血管疾病的介入治疗等

素材简介：主动脉夹层为临床常见急症，常需要急诊影像学进行诊断并进行分型，诊断和分型对治疗具有重要意义。目前常用的分型之一是迈克尔·狄贝基(Michael DeBakey)创建的狄贝基分型。本文通过对医学科学家、分型创始人狄贝基的生平和杰出贡献的介绍，引导学生学习医学科学家不断探索和无私奉献的精神，提高学生对临床医学的兴趣。

迈克尔·狄贝基(1908—2008)是医疗史上极具传奇性的心脏外科医生，同时也是教育家、发明家、科学家，被尊称为"现代心血管外科之父"。

狄贝基出生于美国路易斯安那州的查尔斯湖(Lake Charles)，从小在父亲的药房里学到了许多基本的医疗知识，也因此受到启发立志成为一名医生，长大后在新奥尔良的杜兰大学(Tulane University)完成医学预科和医学课程，于1932年获得博士学位并成为一名外科医生。在75年的外科生涯中，他改变了心血管外科手术方式，提高了医学教育标准，并影响了医疗保健政策；他开创了数十种手术程序，如动脉瘤修复术、冠状动脉搭桥术和动脉内膜切除术等；他建立了贝勒医学院(Baylor College of Medicine)并扩大了外科前沿。2005年12月31日，狄贝基在97岁时患上了主动脉夹层，医生们正是用他自己开创的这种疾病的外科治疗方法挽救了他的生命。康复后，狄贝基继续执业直到去世，享年99岁。他为医学事业倾注一生，对医学领域的贡献长达75年之久，为6万多名患者做过手术，其中包括叶利钦等几位国家元首，训练了来自世界各地的几代、数千名顶尖外科医生；每年常规挽救数千人的生命；留下的手术创新、医学教育和研究以及医疗保健政策等更是人类的宝贵遗产。如今，在美国休斯敦的得州医学中心，有一座迈克尔·狄贝基的雕塑和以其名字命名的实验室、

博物馆。他的一生,把医务工作者不断探索、无私奉献、开拓创新和终身学习的精神发扬到极致,是我们学习的榜样。

参考文献:

[1] Portrait of Michael DeBakey,looking to the right[EB/OL].(2022‐11‐23)[2023‐11‐20]. https://profiles.nlm.nih.gov/101743405X256. html.

[2] Michael E. DeBakey[EB/OL].(2022‐11‐23)[2023‐11‐20].https://profiles.nlm.nih.gov/ps/retrieve/Narrative/FJ/p-nid/322.html.

[3] DeBakey's death is a heartfelt loss for Houston,world of medicine[EB/OL].(2008‐07‐12)[2023‐11‐23].https://www.chron.com/business/technology/article/DeBakey-s-death-is-a-heartfelt-loss-for-Houston-1606817.php.html.

(郑林丰,附属第一人民医院,放射科,副主任医师/副研究员)

"非典"勇士丁秀兰和上海抗击"非典"影像人

思政映射点：爱岗敬业，无私奉献

学科：影像医学与核医学

相关知识点：呼吸系统基本病变表现，疾病诊断等

素材简介：本文通过对 2013 年因"非典"殉职的医师丁秀兰烈士和上海放射技术人员医疗队赴北京抗击"非典"的事迹介绍，弘扬中华民族的"舍小家为大家"的光荣文化传统以及医务人员的爱岗敬业和奉献精神。CT 非典型肺炎的影像学表现为呼吸系统的基本影像表现，在基本征象和疾病的介绍中都有涉及，因此本文也有助于专业知识教学。在介绍肺部的基本征象实变和代表疾病时可引入本案例。

丁秀兰(1954—2003)，1979 年毕业于首都医科大学，毕业后在北京红十字朝阳医院工作。历任内科住院医师、住院总医师和主治医师，1988 年底调入北京大学人民医院工作，任急诊科副主任兼党支部书记，主任医师。

在抗击"非典"的战斗中，急诊科无疑是医院的第一道防线。而作为急诊科副主任、党支部书记的丁秀兰同志更是站在第一道防线的最前沿，义无反顾地冲到了抗击"非典"的第一线，成了 24 小时在岗的发热门诊的主检大夫。"选择做医务工作者，就是选择了奉献""共产党员就得带头"这些都是她常说的话，也是她一贯的工作作风和多年来的真实写照。丁秀兰于 2003 年 4 月中旬在救治"非典"患者时被感染，因多脏器功能衰竭，于 5 月 13 日凌晨 4 时 15 分光荣殉职，终年 49 岁。2003 年，北京市政府追认丁秀兰为革命烈士，同年中央组织部追授她为全国优秀共产党员（见图 1）。

图 1　北京大学人民医院内矗立的丁秀兰塑像

为了迅速战胜"非典"病魔,上海市放射科工作人员,包括长海医院的金爱国、汪军和长征医院的张沉石等,与全国的医务人员一样,舍小家为大家,不顾个人的安危,纷纷报名参加抗击"非典"医疗队和奔赴抗击"非典"的战场。他们是我们身边的"丁秀兰"们,从"非典"到"新冠",医务工作者们在一次次考验中交出了令人民满意的答卷,尽职尽责坚守一线、兢兢业业践行初心。

参考文献:

刘士远,王培军,王鸣鹏.海上影像,百年辉煌:上海市放射学发展史[M].北京:人民卫生出版社,2017.

（郑林丰,附属第一人民医院,放射科,副主任医师/副研究员）

还你做人尊严
——影像重建助力精准手术

思政映射点：专业扎实，前沿引领，沟通协作

学科：医学影像学

相关知识点：血管成像技术，影像图像重建及后处理，多学科协作诊疗模式

素材简介：本文旨在通过一个案例分享，让学生了解现代医学诊疗过程中多学科协作诊疗模式这一发展趋势，及在该模式中放射科医学影像重建技术的价值体现。对于临床各种复杂疾病或肿瘤的诊治，传统治疗手段各有千秋，新兴的治疗技术层出不穷，如何选择最优的治疗措施也就成为临床医生面临的难题。基于三维重建技术的医学影像呈现可以有效减少临床医生的主观偏差，更加客观、规范地呈现病灶定位、定性及定量信息，从而辅助临床医生选择最合适的治疗策略。本文学习有助于医学生体会放射影像学的学科价值，明确放射医师的责任与担当，同时增加职业认同感和使命感。

9月下旬，夏日的暑气并未完全消退，急诊放射科迎来了一位特殊的患者。虽然天气炎热，但这名患者仍裹着厚厚的外套，缠着一圈圈的围巾，引得周围的人纷纷投来异样的眼光。这是一名神经外科加急的患者，他从中国的最北端省份黑龙江远道而来。4 年前，他因为头部肿瘤来过上海仁济医院就诊，但当时出于自身原因未进行术后放化疗，现在肿瘤复发了，患者受肿瘤折磨外貌已完全改变，无法辨认，且自身营养状态极差，体重下降到 42 kg（包括巨大的肿瘤重量），血色素仅有5g。

面对这种状况，仁济医院神经外科联合本院放射科、上海九院整形外科对该患者进行多学科讨论及全面术前评估，因肿瘤主要位于头颈部，病灶体积巨大，想要手术切除，还需充分评估病灶的血供情况。头颈部血管科责任重大，稍有不慎破裂出血都会危及生命。考虑到肿瘤的部位特征，放射科为患者安排了头颈部 CTA 检查。虽然放射科技师对患者的病情已经有了心理准备，但当揭

开患者围巾的时候还是吃了一惊，患者枕颈部露出个硕大的肿瘤，肿瘤表面已经腐烂渗血，并发出阵阵恶臭。考虑到病灶体积硕大，采用常规的仰卧位会对肿瘤产生压迫，且可能导致肿瘤破裂出血，技师指导患者采取了侧卧位。检查完成后，当班医生考虑到普通的二维图像无法直观地显示出肿瘤血管的走行、与肿瘤及周围组织的关系，立刻对图像进行了三维重建，仔细辨认里面的血管，力求最大程度地还原病灶。CTA 检查不仅可以展示整个病灶的大小、位置及强化情况，更关键的是可以提供三维重建图像，让临床医生一目了然地了解肿瘤的血供情况。不出所料，患者的 CTA 三维重建图像清晰地显示出肿瘤从枕颈部一直生长到背部，并且深达颈椎和颅骨，紧靠深部大血管，它的供血动脉主要为双侧颈外动脉及双侧椎动脉肌支（见图 1）。

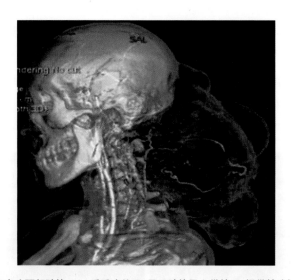

图 1　患者头颈部肿块 CTA 后重建处理：显示肿块及血供情况，提供精确解剖信息

这一重要影像结果提醒神经外科：需要先进行血管栓塞治疗，再考虑肿瘤切除。最终手术医生历经整整 24 小时的艰辛拼搏，成功完成了肿瘤切除手术。患者术后伤口恢复良好，等待进一步治疗。术后患者激动地说："上海的专家给了我尊严，给了我再次做正常人的机会！"

这次手术的成功，离不开临床医生高超精湛的医术及全院多学科的出谋划策。由此可以看出，现代医疗对临床疾病尤其是肿瘤的诊疗模式是向多学科协作诊疗发展的,这样可以整合各学科专业的优势,为患者提供专业化、精准化、个体化及规范化的"一站式"诊疗服务。同时可以整合医疗资源,实现资源共享,有利于专科人才培养和学科团队建设。值得一提的是,在以上分享的肿瘤病例的多学科诊疗中,我们可以看到放射科医学影像重建技术所具有的不可替代的作用。

随着医疗技术的发展,计算机断层扫描(CT)及磁共振成像(MRI)已广泛用于疾病的诊断,但是这些医疗仪器只能提供人体内部的二维图像,医生只能凭经验由多幅二维图像去估计病灶的大小及形状,"构思"病灶与其周围组织的三维几何关系。这给治疗带来了困难。医学图像的三维重建就是对CT、MRI等图像序列进行处理,构造出三维几何模型,将看不见的人体器官以三维形式"真实"地显示出来,使得临床医生对"感兴趣"的部位的大小、形状和空间位置不仅有定性认识,也可获得定量认识(见图2),从而帮助医生多层次、多方位地对"感兴趣"区进行详细观察。这些影像技术正不断弥补传统诊断手段的不足,大大提高医生诊断的效率和准确性,也充分体现了放射科医师和现代医学影像技术的重要临床价值。

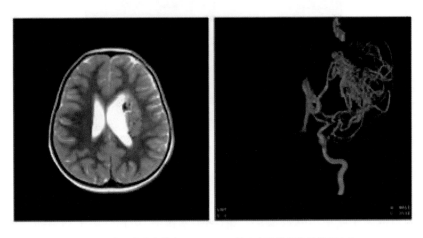

图2　医学三维融合技术(3D Fusion)是未来医学影像的发展方向

参考文献:

[1] RANKIN N M,LAI M,MILLER D,et al. Cancer multidisciplinary team meetings in

practice：Results from a multi-institutional quantitative survey and implications for policy change[J]. Asia Pac J Clin Oncol，2018，14(1)：74 - 83.

[2] JOHNSON T F，BRINJIKJI W，DOOLITTLE D A，et al. Structured head and neck CT angiography reporting reduces resident revision rates[J]. Curr Probl Diagn Radiol，2019，48(2)：114 - 116.

（周滟，附属仁济医院，放射科，主任医师）

抢救大脑的"007"

思政映射点：爱岗敬业，无私奉献，沟通协作

学科：医学影像学

相关知识点：神经系统影像，脑卒中的影像诊断

素材简介：本文旨在通过一例真实的卒中患者的急诊救治实例，使医学生体会作为一名放射科医师的职业使命感，以及临床急诊救治工作的重要性，树立职业责任感，了解放射影像技术在卒中的诊治过程中发挥的重大作用，并掌握基本的卒中影像诊断技术。

007 系列是风靡全球的谍战电影，007 不仅是影片的名称，更是主人公特工詹姆斯·邦德的代号。仁济医院卒中中心放射科团队有一批不一样的"007"，工作性质的特殊性，要求他们必须争分夺秒，从 0 点到 0 点，一周 7 天，随时待命。

这是一个周六的夜晚，忙碌了一天的急诊放射科 CT 检查室门口，患者等候用的座椅已经空空荡荡，值班医师抬头看了眼挂钟，已接近 22:00。夜已深，忙碌了一天的张医师喝了口水正准备享受一下这片刻的安宁，突然从急诊室方向传来平板推床咯吱咯吱的不和谐声，打破了这片宁静。张医师知道，他又该忙起来了。

陪护工人推着刚刚从救护车上下来躺在推床上的老伯来到了急诊 CT 室门口，一边陪同着的是焦急不堪的老伴以及手持卒中中心绿色通道卡片的急诊医生。张医师立马同 CT 技师一起把患者扶上了 CT 检查床。回到操作室，急诊医师告诉张医师：这个老伯 1 小时前突发左侧肢体无力、言语不清，高度怀疑是突发脑血管意外。谈话的片刻间，老伯的头颅 CT 扫描图像已经出现在检查台上，从图像上看患者脑内无明显的出血或者梗死灶，张医师明白这看似正常的检查结果其实应高度怀疑是超急性期的缺血性脑卒中，而且患者正处在黄金治疗时间内，放射科义不容辞需要承担起明确诊断，并为临床后续治疗提供指导

的责任。张医师知道,现在这位患者只有进行 MR 检查才能明确诊断,并且需要通过头颅 CT 灌注检查明确责任血管,评估缺血范围及预后。然而仅凭当前急诊放射科的值班人员并不具备完成这些检查的能力,放射科急诊卒中团队正是为了应对这种情况而组建的。张医师迅速拨打了当日卒中团队值班技师的电话,过去的数年里,电话那一头的值班技师可能是在半夜的睡眠中,可能是在陪伴家人中,但每每接到急诊间的电话后总以最快的速度赶赴医院,当然这一次亦无例外。半小时后 MR 及头颅灌注检查技师已经就位(见图 1),通过完善影像学检查,对影像数据仔细评估,这位老伯被确诊为左侧大脑半球大面积的急性期脑梗死,左侧的大脑中动脉完全闭塞。

图 1　放射科备班技师深夜第一时间奔赴医院机房为患者加急完成头颅 MR 检查

图片来源:摄于仁济医院放射科 MR 机房

　　此时距老伯起病仅仅过去两个小时,因此还处于脑梗治疗的黄金时间内,分秒必争就能挽救更多的脑组织,卒中中心立即根据放射科团队提供的完善的影像学资料,制订患者下一步的诊疗计划。目前摆在临床医生面前的选择要么是溶栓要么是介入取栓,但无论何种治疗皆须建立在明确的影像学诊断基础之上。而此时此刻,放射科的数字减影血管造影(DSA)技师也已经在待命中,随时应对急诊的召唤。最终老伯在 DSA 手术室顺利地完成了取栓手术,此时已经是凌晨 2 点(见图 2)。

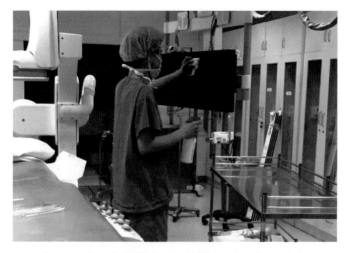

图 2　凌晨,刚完成急诊介入手术的放射科技师在清理机房

图片来源:摄于仁济医院放射科 DSA 机房

随着我国国民经济的快速发展,人们生活条件和生活方式的明显改变,加之迅速到来的人口老龄化,目前脑血管疾病已成为危害我国中老年人身体健康和生命的主要疾病。统计资料显示,无论是城市还是农村,脑血管病近年在全死因顺位中都呈现明显前移的趋势。为了应对脑卒中的挑战,及时救治更多的患者,目前大型医院均组建了完善的急诊卒中团队,其集合了神经内科、内科、放射科和神经外科团队的多学科密切合作以及经过特殊培训的护理队伍,显著降低了卒中患者的病死率和致残率。脑梗的治疗存在"黄金时间窗",整个诊治流程总结为一个字:急。无论是急诊 CT 检查的绿色通道畅行,还是备班放射科技师与医师一呼即应的及时到岗,都皆在分秒必争地为患者利益与时间赛跑。

20 世纪,放射科曾被认为是"辅助科室",但随着影像技术的不断发展,放射科的临床地位愈发重要,其在疾病的诊断、后续临床治疗指导中发挥着越来越重要的作用。正因为卒中中心放射科团队的日夜坚守,急诊医生才能在第一时间完成对疑似患者的确诊。影像上明确了"犯罪血管",临床上才能针对性地采取后续的治疗手段。我们每一位放射科医师,都应对自己的这一岗位充满荣誉感、使命感。

参考文献:

[1] O'NEILL D, GRIFFIN E, DOYLE K M, et al. A standardized aspiration-first approach for thrombectomy to increase speed and improve recanalization rates[J]. AJNR Am J Neuroradiol,2019,40(8):1335 - 1341.

[2] 中华医学会神经病学分会,中华医学会神经病学分会脑血管病学组.中国脑血管病影像应用指南 2019[J].中华神经科杂志,2020,53(4):250 - 268.

[3] 中华医学会神经病学分会,中华医学会神经病学分会脑血管病学组.中国急性缺血性脑卒中诊治指南 2018[J].中华神经科杂志,2018,51(9):666 - 682.

(周滟,附属仁济医院,放射科,主任医师)

潘多拉魔盒之诱惑，医学影像遇上人工智能

思政映射点：医学伦理与法治，前沿引领，科学精神

学科：医学影像学

相关知识点：医学影像新技术，计算机辅助影像诊断，人工智能

素材简介：本文旨在以目前社会的热点技术"人工智能"为话题切入点，结合生动的实例教学，使学生充分了解人工智能在医学影像中面临的机遇与挑战，在此过程中认识医学影像在医学领域中的重要作用。同时，对医学本质、医学伦理进行深入的探讨，提高学生全面、辩证地看待问题的能力，增进对医学和人性的感知，提升职业认同感和责任感。

如果大家看过电视网（Home Box Office，HBO）根据老版电影改编的美剧《西部世界》，必然会对里面的剧情设计留下十分深刻的印象。《西部世界》讲述了在一个以美国西部为主题的大型主题公园里，园方使用搭载超高人工智能的仿生人作为服务人员，让游客进入完全沉浸式的角色扮演体验的科幻故事。当剧情不断展开，人工智能仿生人逐渐拥有真实人类的思维和情感，开始觉醒、逃离、反抗，最终朝着不可控的方向进展……

"人工智能"这个带有神秘光环的词语近年来频频出现在各种主流媒体和自媒体的报道之中。不仅如此，人工智能也正在逐步深入我们工作、学习和生活的多个方面，悄无声息地改变着我们认识和接触世界的方式甚至是习惯。汽车有了自动驾驶可以解放我们的双手，手机带有语音识别功能可以解放我们的双眼，连 App 后台都有智能算法给我们推荐感兴趣的新闻或者商品……如今，人工智能技术在医学领域也大放异彩。其中，医学影像与人工智能的结合被认为是最有发展前景的领域之一。医学影像智能诊断、语音电子病历、癌症智能诊断等均已逐渐成为热门方向，其中"人工智能＋医学影像"是其中最热门的概念之一。

上海交通大学人工智能研究院联合上海市卫生和健康发展研究中心、上海

交通大学医学院发布了《人工智能医疗白皮书》，通过对人工智能在医疗领域应用情况的分析，提出包括医学影像、辅助诊断、药物研发、健康管理、疾病预测在内的五大应用领域。国外人工智能以药物研发为主，而中国则借助医疗影像大数据及图像识别技术的发展优势，以医学影像为主。人工智能在医学影像领域最新的研究与应用进展包括：智能医学成像设备，包括快速医学影像成像方法、医学图像质量增强方法及医学成像智能化工作流；智能医学图像处理与分析方法，主要包括现阶段研究和应用最为广泛的影像组学和深度学习算法；智能医学影像＆自然语言文本处理结合分析，主要解决医疗影像领域缺乏已标注数据库的难题。

　　当医学影像遇上人工智能，到底会产生什么样的化学反应？未来的发展到底是放射科医师驾驭人工智能，还是被人工智能所取代？潘多拉魔盒被打开了吗？人工智能来了，种种深入灵魂的问题随之而来。对此，深入理解人工智能的概念以及目前人工智能的发展阶段至关重要。人工智能是研究、开发用于模拟、延伸和扩展人的智能的理论、方法、技术及应用系统的一门新的技术科学。简而言之，人工智能就是让机器像人一样智能、会思考。人的大脑十分复杂，脑科学发展至今仅仅揭示了冰山一角，如何设计机器达到人的水平呢？科学家目前设计了一系列称为机器学习的算法来构建模型，模拟这样一个过程。但是目前的算法也仅仅发展到针对一个特定的任务，例如 AlphaGo 下围棋的能力。所以说，如果把人工智能分为三个阶段——弱人工智能、强人工智能和超人工智能的话，现在能做到的只是弱人工智能，就是具备学习能力的机器人。像《西部世界》里面刻画的情境是人工智能发展到超人工智能阶段才能出现的，目前的人工智能水平还远远达不到这样的程度。

　　理解了这一点，回到我们针对"医学影像＋人工智能"提出的问题，答案也就呼之欲出，人工智能想取代放射科医师，目前还差得很远。从技术角度来看，目前医学影像人工智能的应用局限于某个非常具体的任务，因而局限于某个特定的场景，例如人工智能辅助肺结节的筛查，只能实现肺部结节的探测，因而适用于健康体检人群的肺结节筛查。但是肺部疾病多种多样，而且胸部 CT 扫描不只包括双肺，还有纵隔、肋骨等其他组织需要诊断，针对肺结节的人工智能软件对此也无能为力。不仅如此，除了胸部，还有腹部、骨肌、神经等其他几大系统,除了 CT,还有 X 线、磁共振等其他模态,存在更加复杂、更加困难的病症,并且人的正常和异常的界限是模糊的,影像诊断是一门"可能性"的艺术,有时单靠既定的规则和目标是不能解决问题的。影像诊断,需要临床知识资料和经验,综合分析才可能作出正确的诊断。这就要求放射科医师必须是临床医学的深造者,是医师中的医师。但如今,放射诊断医师的性质常常被曲解,价值被低估,才会有"AI 替代放射科医师"的论断。实际上放射科医师的工作远不止发现病变定位、定性病变,诊断、制订治疗方案,治疗和多学科会诊(MDT)也是其职责的一部分。从人文角度来看,医学从来不是冷冰冰的机器所能胜任的,人工智能充其量在"医术"上能有所作为,但是"医道"呢?"医道"也是医学一个非常重要的组成部分,长眠在纽约东北部的萨拉纳克湖畔的特鲁多医生的墓志铭上写着医生的职责所在,"有时去治愈,常常去帮助,总是去安慰",交互、倾听、安慰、照护,都是人文问题,在这方面医生是不可或缺的,有情有义、有挑战、有温度,才是临床医学,缺少了人文的医学是不完整的。

一方面我们看到,在希波克拉底誓言奠定医学伦理基础的 2000 多年后的今天,人工智能的出现可能给医学伦理带来史上最大的挑战。通常情况下,我们并不了解人工智能系统是如何计算出结果的,即所谓的黑匣子问题。先进的机器学习技术可以在没有明确指示的情况下吸收大量数据并识别统计模式,整个过程人类尤其难以验证。盲目遵循这种系统的医生可能会在无意中伤害患者。根据美国医学会的医学伦理基本原则,医生必须完全对患者负责。但是,当人工智能介入诊治过程,一旦出错,有缺陷的算法可能对患者造成重大伤害,从而导致医疗事故,责任又该如何划分?另外,人工智能必须保护患者信息的隐私和安全,但为了作出准确的预测,必须收集大量的患者数据进行训练和建立模型。如果没有海量的患者数据做基础,人工智能将无法提供准确的诊断或有用的治疗方法。患者的数据如何合法合理地去利用,也是摆在我们面前的一个关键问题。但是另一方面我们也看到,医学科技与道德伦理的冲突一直没有停过,从人体解剖的人权问题,到克隆技术的身份争议;从人工流产的人道质疑,到如今人工智能的人伦思辨,因为科技的进步,才会出现对现有伦理标准的挑战,人工智能在医学中的应用和一般的伦理道德观念本不矛盾,关键在于在权衡取舍中找到更合理的打开方式。但是,医学的本质是救死扶伤、造福人类,人工智能加入医学必须也要以此为目标,不能逾矩,更不能以人工智能为幌子做违背人性、作奸犯科的勾当,必须防止《西部世界》中的失控在医学中出现。

现代医学早已转化为生物—社会—心理模式,特别强调人的情感情绪等引起的疾病变化,不可能完全依靠没有情感的机器来治疗疾病。机器只能是医生的辅助,不可能完全代替放射科医生。人工智能在医学上的应用和一般的伦理道德观念本不矛盾,关键在于在权衡取舍中找到更合理的打开方式。医学是充满人文内涵的学科,要讲人文修养和关怀,领悟生命的本质、全面照护患者、维护和促进人类健康是医学的终极目的,也是医生的价值所在。这些值得我们每位医学生去细细思考。

参考文献:

[1] 周俊林,萧毅,张雪君,等.中国医学影像人工智能应用现状调研报告[J].中华放射学杂志,2022,56(11):1248 - 1253.

[2] 金晨望,郭佑民.人工智能辅助诊断技术在低剂量 CT 肺结节筛查中的应用及质控[J].中华放射学杂志,2019,53(1):6 - 8.

（周滟,附属仁济医院,放射科,主任医师）

妇产科

妇科急腹症之医患沟通

思政映射点：专业扎实，沟通协作，人文关怀

学科：妇产科学

相关知识点：医患沟通，妇产科医生的人文职责、团队协作处理和风险评估

素材简介：本文通过一个异位妊娠成功抢救的案例强调，坚持"以人为本"的教育理念极为重要。"以人为本"即在肯定人、尊重人、亲和人的前提下，以人为中心，针对人的需要，开展工作。由此引导学生爱岗敬业、扎实专业、增加沟通协作能力，重视人文关怀。

著名医学史学家西格里斯曾说，"每一个医学行动始终涉及两类人群，医师和患者，或者更广泛地说，医学团体和社会，医学无非是这两群人之间多方面的关系"。我们要充分认识到传统、经济、政治和文化上的差异会影响医疗活动及医患关系。人的本质并不是单个人所固有的抽象物，而是一切社会关系的总和。这一观点告诉我们，人的本质不是单一、抽象的社会关系，而是复杂、具体的一切社会关系的总和。从职业道德及素质教育的角度，这一观点给我们带来以下两点启示：一是在医护职业道德及素质教育中，不能脱离这个职业活动领域的医护人员所存在的时代背景、历史条件、经济环境；二是在教育中要区分不同的层面，在医务工作者的群体中既要注意广泛性的教育，又要在此基础上，呈动态性地向先进性教育层面上递进。否则忘记远大理想而只顾眼前，就会失去前进方向。

在妇科临床实践中，每一次接诊，均包括采集病史、体格检查、分析综合、诊断、制订处理计划、落实实施方案、观察与随访诊疗结果，其中每项内容都与诊治的整体效果密切相关。通过这一过程的周而复始，医学基础知识就能够不断转化，临床经验就能够不断积累。这一过程的每一步也都包含着医患间的理解、医患关系的相融。医患的相互尊重、相互配合不但有利于患者战胜病魔，也可以提高医者的医术。

妇科医患沟通至关重要。妇科临床医疗常常会涉及患者的"隐私"。尽管

社会文明的发展使人们的理念有了很大改观,但不少女性即使身患妇科病痛,也羞于启齿,更不愿接受妇科检查,因而疾病得不到及时诊治的病例屡见不鲜。

2018 年 5 月的一个晚上,一位 20 岁的年轻女性因左下腹剧烈疼痛、腹泻和全身出冷汗于急诊室就医。患者母亲陪同前来,患者在急诊室门口晕倒,医护人员迅速进行急救处理,成功使患者恢复意识。患者的母亲向医生介绍了患者的病情,包括近期频繁的左下腹疼痛、一次晕厥经历以及当天晚饭后剧烈疼痛导致的就医。接诊医生首先考虑到可能的异位妊娠,因此要求患者的母亲在门外等待,然后单独询问患者病史。患者透露,她是一名在读技校生,月经规律,曾有两名男友,且有性生活经历。在过去的 3 天里,她感到左下腹隐痛,曾在家因疼痛晕倒一次,伴有腹泻。当天晚饭后,左下腹疼痛加剧,全身出冷汗,急于解大便,因此才前来急诊。患者的既往史显示有吸烟和偶尔饮酒的习惯,曾在无证私人诊所做过一次药物流产。在性行为后的 3 天,她曾服用紧急避孕药"毓婷"。

从这个病例中我们可以观察到,遇到病情危重患者时,应在初步了解病情后立即进行抢救,以免贻误治疗。另外,女性在其青春期、性成熟期、绝经过渡期和绝经后期的心理和行为差异显著,作为一名妇科医师一定要在临床医疗实践中,做到关注和尊重患者的隐私。如果该患者的母亲在场,患者很有可能隐瞒自己有性生活的病史,因此作为妇科医师通过让其母亲回避的方式,询问到了真实的病史。

进行查体时,患者体温 37.8℃,心率 120 次/分,呼吸频率 25 次/分,血压 80/50 mmHg。腹部触诊发现左下腹明显压痛,无肌卫,但腹部无明显包块。妇科检查显示左附件区域触及一不规则包块,伴有压痛。尿 HCG 妊娠试验呈阳性。阴超检查显示左侧附件区有混合型包块,大小 55×56×59 mm,盆腔内积液 106×126 mm,回声不均匀。遂为患者进行了经阴道后穹窿穿刺术,抽出 5 mL 不凝血。根据症状、体征和辅助检查结果,初步诊断为左侧输卵管妊娠破裂,存在失血性休克早期可能。

按照治疗原则,建议在纠正休克的同时,经绿色通道直接进手术室剖腹探查,明确出血原因。医师向患者及患者的母亲交代病情,患者母亲在陪同患者接受一步步检查的过程中,先是坚决否认,坚信自己女儿没有性生活,不可能怀孕,后来看见辅助检查结果后对医生及医院持怀疑态度。由于妇科患者非常希望医师能够认真听取她的主诉、重视她讲述的病痛、了解她所患疾病对生活质量的影响,尤其是对生育能力或性功能的影响,在交流时,她会非常注意医师的衣着、神情、姿势变化以及语言措辞。当患者感到医师朴实、认真,能倾听她的叙述,并耐心地回答她所提出的问题时,就会主动地提供尽可能多的、更加细致的病情。若患者对医师提供的诊疗计划充分了解,那么患者就会非常信任医师,积极配合医师的诊治方案的贯彻实施。在接诊患者、采集病史时,医师一定要做到真诚、耐心和具有同情心,认真听取患者的陈述,以静听或点头表达赞同,鼓励患者提供详细病情。同时要注意患者的情绪变化及所阐述的语言等。必要时给予适当启发或采用询问的方式调整或集中患者的诉说内容,切忌在采集病史时表现出心不在焉,避免以指责或粗鲁的态度打断患者讲话,一定要避免暗示和主观臆测。医师要学会用通俗的语言和患者交谈,尽量少用医学术语。对病情严重的患者要尽可能多地表示理解和同情,不要给予不适当的提醒或应用不恰当的措辞。

因此在医师与患者及患者母亲良好的沟通下,患者收入病房,经术前准备后送至手术室在全麻下行腹部正中直切口,进腹后见腹腔内游离血 1300 mL,凝血块 300 mL,左侧输卵管破裂,破口见活动性出血,周围凝血块 $6 \times 6 \times 5$ cm。切除左侧输卵管,管腔内见绒毛样组织 $2.0 \times 1.8 \times 0.8$ cm。术中输红细胞悬液 1200 mL,血浆 400 mL。患者手术后生命体征平稳,术后 5 天出院。

这个案例不仅可以引导学生思考输卵管妊娠的诊断和治疗原则,判断在不同的情况下采取何种治疗方法最为合理,还可以引导学生考虑输卵管妊娠治疗后的随访及对今后生育功能的影响,并帮助学生开展批判性思维,找出此病案中诊疗的可改善之处。此处还可以引导学生思考不健康的性生活对女性健康有何影响,讨论当代社会女性初次性生活年龄提前、少女早孕事件增多的原因,讨论社会该如何开展青春期性教育及针对少女早孕事件建立社会援助体系,并思考未婚先孕少女的救助体制,以及宣传教育引导。

这个案例告诉我们,医护事业应坚持"以人为本",要在肯定人、尊重人、亲和人的前提下,以人为中心,针对人的需要开展工作。

(杨烨,附属第一人民医院,妇产科,副主任医师/副教授)

林巧稚大夫书写病历的手稿

思政映射点：爱岗敬业，专业扎实，科学精神

学科：妇产科学

相关知识点：妇科病史及检查

素材简介：先在课堂上让医学生们讲述自己就诊时遇到的五花八门的病历的故事，并展示一些宛如天书的病历图片，再向大家分享林巧稚大夫的几张珍贵的手写病历书稿图片，由此向医学生传递临床工作中所必需的"严谨、敬业"的精神，而这种精神往往体现在临床的每一个细节之中。

"同学们，你们去医院看过病吗？你们有仔细看过医生写的病历吗？"

谈到现如今医生的病历书写质量，遑论百姓，即使医生群体自己也颇有微词，不仅字迹潦草，有些医生询问病史也很马虎，三言两语草草了事。近年来，电子化病历系统逐渐普及，医生手写病历或者处方的机会越来越少，如此一来，我们有机会看到字迹潦草的医生"真迹"的机会也少了。但是，带来越来越多的是"模板化"病历，我们不止一次看到，在一次次"复制粘贴"中，一份病历便迅速大功告成，这里面不再有对患者的嘘寒问暖，也看不出任何发病过程的细节，感觉写了很多，但又像什么都没写。

但是当我们看到这份 70 年前林巧稚大夫手写的病历时，对病历的印象完全颠覆了，这份病历与如今医生的"天书 style"大相径庭，中英文对照，字迹端正整洁，内容紧凑凝练（见图 1）。整份病历看下来，简明扼要，句句都是重点。不像现在的病历，虽然都很全面，但反倒没有重点。全篇病历书写得一丝不苟，这种"细节处见真章"的风范真的让人由衷敬仰。

如何与患者沟通询问、如何规范撰写病历，其实是我们每一名医生"爱岗敬业"的落脚点之一，也是保证医疗质量的基础。每一名医学生都不应忽视病历书写这一看似简单实则做好不易的重要环节，很多时候它能直接左右一名患者的诊治结果乃至预后。

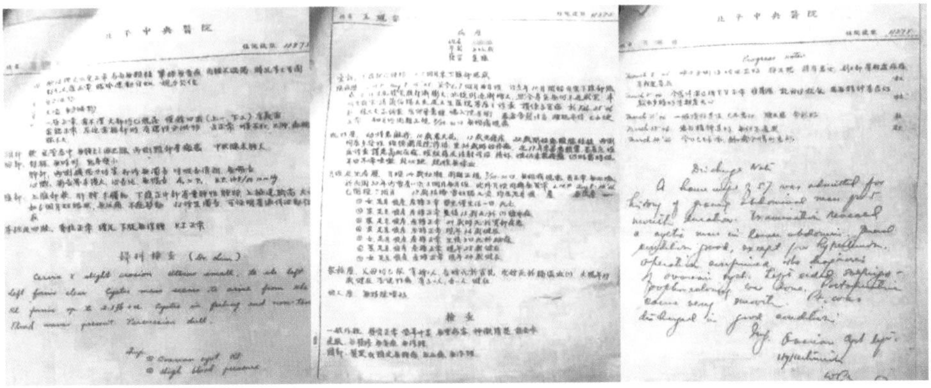

图 1　林巧稚大夫手写的病历照片

　　当然,林巧稚大夫对于临床工作的严谨态度和高度责任感远不止于此。她做带教老师时,要求妇产科的实习医生必须先为 100 个产妇接生后,再谈学习其他技术,因为她认为"仅有对患者负责的态度还不行,还得掌握过硬的医术"。遇到一些诊断结果不甚明确的病例,她会反复查阅相关文献,而不会急着下结论,她通过核对检查结果,并对患者仔细检查,尽量减少误诊的可能性。在她眼中,医生的天职就是要对患者负责,只能治好病,而不能给患者造成不幸。她还具有"省身自悟"的精神,在每例产妇完成分娩后,总要进行仔细琢磨、反复思考和推敲,以找出哪些处理还有不够妥当之处,以便引以为戒,在今后修正改进。她将办公室设在产房对面,产妇一声不寻常的呻吟,她都会敏感发觉。下班后,往往还要巡查一遍危重患者。就算在家中,她也要求值班医生和护士,只要患者出现问题,即使是半夜里也要马上通知她。她说:"我的唯一伴侣就是床头那部电话,我是一辈子的值班医生。"这种高度负责的精神正是来自她对工作的高度责任感以及对于医学的敬畏之心,值得我辈学习。

参考文献:

[1] 陈燕萍,肖慧欣.林巧稚的医德观及其时代价值[J].中国医学伦理学,2021,34(9):1238-1243.

[2] 刘欣.为医而生:林巧稚[J].中国医学人文,2017,3(3):19-21.

(顾卓伟,附属仁济医院,妇产科,副主任医师)

林巧稚大夫对现代妇产科学的巨大贡献

思政映射点：爱岗敬业，人文关怀，科学精神，无私奉献

学科：妇产科学

相关知识点：子宫颈肿瘤

素材简介：本文通过回顾林巧稚大夫为妇产科学事业奉献一生的事迹，让学生体会"敬业和奉献"的真正含义，更加坚定大家在行医道路上勇往直前的决心。林巧稚大夫在宫颈癌预防及规范诊治等方面做了大量工作，使得该疾病的发病率和病死率明显下降。她一生所做的工作大大提升了我国女性生殖健康水平，且她个人不计名利，全心全意为患者着想，所以被誉为"卓越的人民医学家""万婴之母"。

宫颈癌是如今最常见的妇科恶性肿瘤之一。在 20 世纪 50 年代之前，这一疾病的病死率并不低。在林巧稚等一大批医疗工作者的推动下，宫颈癌筛查工作大大普及，使该疾病逐渐能够做到早发现早治疗，发病率和病死率明显下降，预后也大大改善。而林巧稚大夫对女性健康所作的贡献远不止这些。

林巧稚是中国现代妇产科学的奠基者和开拓者。

20 世纪 30 年代初，林巧稚对胎儿宫内呼吸、女性生殖道结核进行研究；40 年代末，开始对滋养细胞肿瘤和其他妇科肿瘤进行研究；50 年代，提出和组织了北京地区大规模的子宫颈癌普查普治，并成功诊治新生儿溶血症；60 年代为患者成功切除重达 56 斤的巨瘤；80 年代主持编纂《妇科肿瘤》……她为新中国妇产科学的创建和发展倾注了大量心血。20 世纪 50 年代由她筹建的北京妇产医院，为我国妇产科学界培养了一批又一批优秀接班人。

她带头主编科普读物，造福亿万妇女儿童。林巧稚在 1965 年到湖南湘阴做农村巡回医疗，回来后根据乡村需要编写了《农村妇幼卫生常识问答》。一位妇产科的学术专家亲自撰写通俗的科普读物，用心何其良苦！20 世纪 80 年代，林巧稚即便自己生病住院，仍满腔热情、认真负责地领导科室完成了全面、实用

且广受欢迎的科普畅销书《家庭医生顾问》。

她不仅医术高明，医德医风与奉献精神更是有口皆碑。自她走上工作岗位到临终前夕心中装着的只有妇女儿童的健康。在半个多世纪里，她把毕生精力无私奉献给了人民，她是"卓越的人民医学家"，也是我们每一名医务工作者的楷模和典范。

林巧稚大夫还留下了很多温暖人心的话语。

她说自己"生平最爱听的声音，就是婴儿出生后的第一声啼哭"。虽然她自己一生未婚，但亲手接生了5万多名婴儿，被尊称为"万婴之母"。

她说，"关爱，是医生给患者的第一张处方"。林巧稚对待患者亲切周到，直接用耳朵贴在患者的肚子上，为患者擦汗水、掖被角。每当产妇因为阵痛而乱抓的时候，林巧稚总是让她们抓自己的手，她怕产妇抓冰凉的铁床栏会留下病根。

她说，"人不是机器，患者不等于出了毛病的机器，人有思想、有感情、有家庭、有亲人"。有一位患者怀孕三个月，发生子宫出血，后来诊断为宫颈癌。按一般的处理办法，不仅孩子不能保存，还要立即切除子宫。患者后来转到林大夫这里，她审慎地诊视了病情，决意在严密观察下将这次妊娠继续下去。经过六个月的悉心诊治，孕妇平安，胎儿成熟，林大夫为患者做了剖腹手术。"大人好，孩子好，一切都好。"林大夫舒心地笑了，患者、家属也笑了。"有时你开了刀，救了她的命，但她并不快活，她得到了生命，却失掉了幸福。"这是林大夫常说给学生的话。

她说："我们必须回归医学本源，医学本源是人的纯洁善良。"协和医院因被日军占领停办期间，林巧稚曾在东堂子胡同开办私人诊所。为了减轻患者负担，她主动降低挂号费，减免贫穷患者医疗费。

她说："只要我一息尚存，我存在的场所便是病房，存在的价值就是医治患者。"这也是林巧稚的墓志铭。

为了纪念这位妇产科的奠基人，2012年中国医师协会妇产科医师分会（COGA）设立了"妇产科好医生·林巧稚杯"奖，以表彰在妇女健康事业中作出突出贡献的优秀妇产科医生，弘扬当代妇产科医师救死扶伤、乐于奉献、大爱无疆的人文情操和爱岗敬业、文明行医的精神风貌。该奖项每年从全国20余万妇产科医生中推选产生,是我国妇产科医师最高荣誉之一,也由此将林巧稚大夫的精神永远延续了下去。

参考文献:

[1] 刘欣.为医而生:林巧稚[J].中国医学人文,2017,3(3):19-21.

[2] 陈燕萍,肖慧欣.林巧稚的医德观及其时代价值[J].中国医学伦理学.2021,34(9):1238-1243.

(顾卓伟,附属仁济医院,妇产科,副主任医师)

医生给患者的第一张处方是关爱

思政映射点：爱岗敬业，人文关怀

学科：妇产科学

相关知识点：妇产科学绪论

素材简介：本文通过赏析郎景和院士的名言和书法作品，结合门诊常见的一些案例情景，在"绪论"中向医学生传递"人文关爱"理念。很多疾病看似很容易处理，按照教科书按部就班即可，但当我们面对活生生的患者时，还应该考虑到她的社会背景、文化程度、经济状况、生育意愿甚至心理、性格等，才能制订出最适合患者的治疗方案。

这是我在门诊遇到的几个再普通不过的情景：

20 岁的姑娘，月经不调，脸色惨白如纸。大冬天，我用力搓了搓双手，仔细查体，聊天似地问她平时吃什么、营养如何、功课怎样。姑娘紧张的脸庞顿时舒展了——因为我们必须懂得，处方里除了激素，还要有关爱。

40 岁的少妇，子宫肌腺症，痛经生不如死。我推开病历，询问其家庭情况、丈夫的工作、孩子的成绩、夫妻生活是否和谐，患者泪如泉涌，多年的痛经、不孕、性交痛了然于纸——因为我们早就明白，处方里除了 GnRHa（促性腺激素释放激素类似物），还应有关爱。

60 岁的村妇，重度子宫脱垂，几十里路蹒跚而来。老人艰难进门的刹那，我赶紧起身搀扶，当年的"光荣妈妈"和我聊着养育 10 个孩子的艰辛和不易——因为我们应该理解，处方里除了子宫切除，还存有关爱。

"医生给病人开出的第一张处方是关爱。"郎景和院士一语洞悉所有医患相处的关键所在（见图 1）。

即便是在危急情况下，郎景和仍保持对患者的关爱。

1976 年 7 月 28 日的凌晨，郎景和大夫刚处理完一个患者的分娩，又遇到另一张产床上的产妇产程进展不顺利。此时，唐山 7.8 级大地震的余波，让建筑和

图 1　郎景和院士的书法作品

灯都开始摇晃,架子上的玻璃瓶、消毒液摔碎在地上。在这样的情况下,郎大夫处变不惊,首先指挥护士去安抚患者,安慰病房里手足无措的待产妇,再根据临床经验判断患者宫口条件不好,产力强而无效,当机立断行宫颈切开术。最后,在地震的晃动中,他凭借熟练的技术配合吸引器顺利帮助胎儿娩出。

如今医学飞速发展,先进的检查手段、治疗药物、手术方式层出不穷,但无论医学如何发展,对患者的"关爱"是医生首先要做的,因为我们面对的并非只是一个个孤立的疾病,而是一个个活生生的人,这也是"和谐"医患关系的根基。

"医学的本源应是人们彼此表达善意与关爱,医学与哲学和人文是不能背离的。医生与患者,应该是面对面交谈,而不是沉默的技术。医生和患者之间应是人与人的故事,而不是人与机器的故事。作为医生,知道患者、记得患者、关爱患者是最重要的。"

这一理念与特鲁多的墓志铭有异曲同工之处——"有时去治愈,常常去帮助,总是去安慰"。

（顾卓伟,附属仁济医院,妇产科,副主任医师）

油画《医生》

思政映射点：爱岗敬业，人文关怀，专业扎实

学科：妇产科学

相关知识点：异常分娩

素材简介：本文简单介绍著名油画《医生》的创作背景，并分享国内外多位医学大家对这幅油画的评价。在《异常分娩》章节中，旨在通过这幅名作告诫我们产科医生应紧守产床，也提醒所有医学生走近病床、走近患者、敬畏生命。

这是挂在外科学泰斗黄家驷教授办公室的一幅画，名叫《医生》(见图 1)，是英国著名肖像画画家塞缪尔·卢克·菲尔德斯(Samuel Luke Fildes)爵士于 1891 年创作的作品，收藏于英国伦敦的泰特英国(Tate Britain)美术馆。该作品描绘了一位医生在一间极其简陋的茅舍里救治病孩的感人场景：夜很深了，这位医生还在患者床边守候。患者的母亲已经支撑不住了，父亲在一旁焦急等待。画中的医生将生的希望重新带给了这个并不富裕的家庭，使得这幅画有一种鼓舞人心的力量，感染力跃然纸上。画家坦承创作这幅画的初衷，是要"记录下我们这个时代的医生所具有的奉献精神"，因为他的第一个儿子一岁时就因肺结核而夭折。在医治过程中，医生的优秀品格和职业精神给他留下了深刻印象。

这幅画除了表达画家所处年代的医生形象，还表达了一个很强烈的愿景：希望每一位普通人都有机会享受到良好的医疗救助，重获健康。这一愿景即使在一百多年后的今天，依然有着现实意义。

这节课我们讲的是"异常分娩"，其实在产妇分娩过程中，产程变化和母胎情况瞬息万变，同样需要医务人员在产床边密切监护，对突发状况随时处理，而不是都交给机器(胎心监护仪)。毕竟，胎心监护仪无法告诉你，这位产妇可能已经一天都没有吃过东西了，也无法告诉你，那位产妇出血湿透了床单。如今，遇到危重患者我们就送到 ICU，让机器监护着，很少再有医生这样守在患者床

图 1　油画《医生》

边。但是,我们需要这样的医生,这样真正的医生。

再高级的仪器也无法测量疼痛,这是一种感觉,因人而异的感觉,当然更重要的还有患者的心理变化,这对产程的进展是否顺利至关重要。医生只有守在患者床边,看着患者的表情,观察患者的呼吸,在交谈中才可能得知疼痛的程度和心理状态的变化。虽然胎心监护仪可以监测产妇的子宫收缩情况,但可能因为探头固定的松紧,患者体位的改变而监测不准。医生只有在床边,摸着患者的肚子,感受子宫收缩的强度,记录两次宫缩间隔的时间,才能更加准确地评估宫缩,才可能提早发现异常分娩的紧急情况。

林巧稚大夫说过,“医生、医学本身的人文性需要一个医生‘永远走到患者床前去,做面对面的工作’。单纯地或仅仅依赖于检验报告做医生是危险的”。我们要“敬畏生命、敬畏患者、敬畏医学、敬畏自然”。

郎景和大夫也曾说过,“如果医生只注重检查结果,可能只见病,不见人;如果患者也只相信仪器,可能只见药,不见医。这样,仪器、实验室就将医生与患者隔离开来,这将有悖于医学的宗旨,也是当代医学的新危机”。

做一名好医生要有很多美德:克己、利人、同情、正直。医生的价值应视为“人类价值”。如果医生的价值不高,那么人类的价值就不高。一个社会的价值体现有两个底线,一个是医生,一个是教师。如果突破了这两个底线,社会发展就要出问题了。

参考文献：

王德.医生的职业精神[J].中国医学人文,2016(4):1.

（顾卓伟,附属仁济医院,妇产科,副主任医师）

有时，我也会对患者说"不"

思政映射点：沟通协作，专业扎实，科学精神

学科：妇产科学

相关知识点：子宫肌瘤

素材简介：本文通过一则病例分享，主诊医生与一位子宫肌瘤患者就治疗方案产生分歧，坚决不接受患者提出的不合理的手术要求，从而让医学生明白，有时候医生也要说"不"。任何医疗决策都应遵守两个原则：一是科学原则，二是人文原则。尊重科学原则，以确保其有效性；尊重人文原则，以确保其安全性。

门诊曾经碰到过一位患者，比较年轻，子宫肌瘤不算太大，也没什么症状。最合理的治疗方案就是"期待治疗"，定期复查即可，充其量做个肌瘤剔除术。但是，她坚决要求我切除她的子宫。严格来说，这也非绝对不可。但如此年轻的患者、如此大小的肌瘤就行全子宫切除，着实获益不大。我只能反复解释手术的获益和风险，也一再坚定地表明作为医生的态度：这子宫完全没有必要切除。但患者还是始终坚持切除手术，理由可能是"肌瘤属于肿瘤，万一癌变怎么办？""有个同事得了肌瘤，后来导致了大出血"……反复沟通未果，我们只能婉转地建议她多问几位专家的意见，以此希望她能够回心转意。言下之意，我们只能对她的要求说"不"。

类似情况在临床并不鲜见，患者因为获得医学信息的途径越来越便捷，有时就会过多地参与到疾病的诊断与治疗方案中，这样反而会影响最终的治疗效果。医学大家郎景和院士曾说过，合适治疗方案的制定原则是医生选择的治疗方法完全符合患者所罹患的疾病。两个人：医生和患者；两个物：疾病和治法。四个因素完全契合，才是最佳选择。其中有一个不适，都应调整和改变。对于医疗决策，医患要有充分的沟通，相互理解、达成共识。虽说医患的目标是一致的，但看问题的角度和价值观并不完全契合。医生是按照医学规律看待问

题、处理问题的,患者是按照自身感受和意愿提出问题、解决问题的。两者可能有差距或沟壑。我们要缩短这个距离,填平这个沟壑。这当中,其实也很考量医生的沟通技巧和涵养,以及能否站在患者的心理和角度考虑问题,很多患者对于疾病的恐惧和担忧,以及提出的治疗诉求,其实都来自对疾病的不了解,或者是网络的某些错误观念,而医生需要做的就是消除患者认识上的误区,以及通过沟通让患者感受到,医生确实是在为她的健康制订最恰当的治疗方案,如此医患才能最大程度达成一致。

其实,这也涉及一个患者知情同意后的决策能力问题,覆盖了医学、法学、伦理、社会学等诸多范畴。患者决策能力如何,不仅取决于个体的能力,也取决于决策本身,如决策的复杂性与风险,以及患者的诊疗条件。能力的界定应当紧紧围绕临床决策范畴而展开。有些时候,医生对患者说"不",也是一种负责与爱护。

参考文献:

陈化.知情同意的风险决策能力评估探究[J].医学与哲学,2020,41(9):13 - 16.

(顾卓伟,附属仁济医院,妇产科,副主任医师)

医生也需要哲学、文学和艺术

思政映射点：知识宽广，人文关怀，科学精神，终身学习

学科：妇产科学

相关知识点：妇女保健

素材简介：在"妇女保健"这一章节中，先向学生介绍妇女保健、医学科普知识，再拓展到妇女保健与文学、哲学和艺术的相关性，让学生明白作为一名合格的医生，不仅要有知识和技术，还要有医学本身的人文性，要有很好的人文修养。同时向学生推荐既能提升文学修养又富有哲学内涵的书籍，让他们从医学本质上修炼，真正提升我们的职业洞察力、职业智慧和职业精神。

其实我们每一名临床大夫，都肩负着妇女保健的重任，对患者的每一次宣教、写的每一篇科普文章，都维系着他人的健康。在预防上多投 1 元钱就能够在治疗上节约 8.5 元，更能够节约抢救费 100 元。"医学科普"如今也日益受到医患双方乃至整个社会的关注和重视。医生要做好科普，仅仅有专业知识远远不够，文学、哲学乃至美学的修养，都至关重要。

曾任北京大学校长的王恩哥对学生说，"请大家去读一些'没有用的书'"。我非常欣赏这句话。为什么要读这些书呢？因为作为一名医生，不仅要有知识和技术，还要有医学本身的人文性，要有很好的人文修养。

毫无疑问，专业技能的学习和提高固然是必要的，但不要把自己限定在一个狭窄的领地内，人文修养和哲学理念是根本的、终身的。医生要提高人文及人格修养，可以学点文学、学点艺术、学点哲学。

北京协和医院的郎景和院士是我国著名的妇产科专家，也是一名颇有造诣的作家和书法家。他认为科学求真、艺术求美、医疗求善，真善美是做人的追求，更是一个医生的义务。文学的情感、音乐的梦幻、诗歌的意境、书画的神韵常常会给医生疲惫的头脑及枯燥的生活带来清醒和灵性。也许我们不缺乏相应的知识和技术，而是太看重知识和技术。我们都应该做有觉悟、慈悲、冷静、

有智慧的人。

医学与哲学相互影响,希波克拉底曾说,"医学没有哲学的普遍真理不行,哲学没有提供给它的医学事实也不行"。医生应将哲学理念融于诊治工作中。

科学兴盛,医学发展。科学技术是否可以解决医学所有的问题?生老病死是否均可掌握?医学将向何处去?回答恐怕不能仅仅依靠科学技术,还有更重要的哲学内涵。

医学也与文学同源,都是人学。新兴的叙事医学便是自然地将医学与文学相结合。"平行病历"便是用非学术的语句描述患者的体验,探讨医患双方的理解沟通和诊疗活动,其已成为新型的临床教学和医患互动的文书,它的完成也需要医者有扎实的文学功底。延伸到如今每天都能接触到的"医学科普",其实也是如此,将晦涩难懂的医学专业知识用老百姓能够理解的方式撰写或讲述,最好还能不失文学的美感,这绝非一件易事。

在此,向大家推荐几本书:威廉·奥斯勒《生活之道》,赵启正、路易·帕罗《江边的对话》,休斯顿·史密斯《人的宗教》,郎景和《医道》《一个医生的人文》《一个医生的悟语》和阿图·葛文德《医生的精进》。

参考文献:

[1] 郎景和.医学与哲学、文学和美学[J].中华妇产科学,2021,56(4):233-235.
[2] 郎景和.提高医学人文素养强化医学人文理念[J].中国医学人文,2022(1):8-10.

(顾卓伟,附属仁济医院,妇产科,副主任医师)

真诚与倾听是构建和谐医患关系的基础

思政映射点：守正创新，踔厉奋发

学科：妇产科学

相关知识点：医患沟通，妊娠合并特发性血小板减少性紫癜

素材简介：党的二十大报告指出，人民健康是民族昌盛和国家强盛的重要标志。近年来，自然科学的飞速发展让医疗技术也出现了日新月异的变化，但是医学技术水平的进步却未能使得医患关系得到相应改善。紧张的医患关系、医患矛盾不仅是社会关注的热点，也是摆在医疗机构、医疗管理部门面前亟待解决的问题。医学的本质是医生用所掌握的知识去为人服务，因此医学必须是人性的，有温度的。本文梳理了作者行医过程中遇到的医患故事和感悟，旨在引发学生对于医学人文关怀的思考。尽管医学还有很多尚待解决的疑惑和困难，医学也无法突破生死的界限，但是，"有时是治愈，常常去帮助，总是在安慰"这句座右铭始终鼓舞着众多医务工作者不忘初心，砥砺前行在为解决人类疾苦而奋斗终生的路上。

中国共产党第二十次全国代表大会报告指出：本次大会是在全党全国各族人民迈上全面建设社会主义现代化国家新征程、向第二个百年奋斗目标进军的关键时刻召开的一次十分重要的大会。本次大会的主题是：高举中国特色社会主义伟大旗帜，全面贯彻新时代中国特色社会主义思想，弘扬伟大建党精神，自信自强、守正创新、踔厉奋发、勇毅前行，为全面建设社会主义现代化国家、全面推进中华民族伟大复兴而团结奋斗。

中国共产党已走过百年奋斗历程。对于医务工作者来说，作为人民健康的守门人，应该始终恪守大医精诚的精神，站在医学潮流的最前端。传承与创新，这是时代赋予我们的使命。我们每个人皆是医学发展长河中不可或缺的一环，我们在历史中寻找经验，我们也在不断创造着历史。

什么是传承？百年来的百折不挠就是传承；什么是传承？百年来的锲而不

舍就是传承;什么是传承?百年来的风雨兼程就是传承。我们应该是继往开来,敢于担当的一代;我们应该是心存感激,勇于突破的一代;我们应该是知行合一,止于至善的一代。"为天地立心,为生民立命,为往圣继绝学,为万世开太平",正体现了中国传统知识分子的精神。我也一直认为,医生应熟稔传统知识分子之道,兼济天下,有"吾曹不出如苍生何"的态度,也有"修身齐家治国平天下"的情怀。

医学包括认知和实践两个方面,医学模式也存在医学认知模型和医学行为模型。随着社会的进步与发展,医学模式也从古代朴素的整体医学模式、近代生物医学模式进化成如今的生物—心理—社会医学模式。1977年,美国纽约罗切斯特大学精神科恩格尔教授提出,生物—心理—社会医学模式将疾病看作生物学因素(生物化学、遗传等)、心理因素(人格、情绪、行为等)和社会因素(家庭、经济、文化等)综合作用的结果。要理解疾病的决定因素并达成理性的治疗和护理模式,必须考虑患者所处的社会环境,以及医生角色和医疗系统。医生对于患者的诊疗,不仅仅在于对患者的心理、人性的关注,也在于对患者临床诊疗全面性的把握。

著名的医患关系研究者巴林特曾经说道,"处于医学核心地位的是医生与患者之间的关系""临床医疗中使用最频繁的药物是医生本身"。医生和患者之间值得信任的关系构成了所有医学治疗的基础。

医学始终在进步,而医生也始终需要成长。学会医学知识的同时,多考虑自己的不足,多体会患者的不易,对于改善医患关系有着深远的意义。

人一辈子会长大三次。第一次,是发现自己不是世界中心的时候。很多人会用这个标准,判断一个孩子是否早熟。我第一次面对生死,是在舅舅的病床旁。当他因为重症乙型肝炎去世时,母亲告诉我,"你以后一定要做医生,这样,你就可以救很多像舅舅一样的人"。我很感谢我的母亲,因为她让我知道,医生可以救很多自己爱的人,让爱的人留在自己身边。

第二次,是发现自己无论怎么努力,很多事情还是无能为力的时候。舅舅去世两年后,外公因为M3型白血病去世了,从发病到离世只有3个月的时间。送走外公后,父亲带我去了医生办公室,感谢他们在外公治疗期间所做的努力。从办公室出来,父亲告诉我,"如果你以后做医生,你除了能救自己的亲人,还能像这些医生一样，去守护那些需要你帮助的人。他们为你外公努力过，虽然没能延长外公生命的长度，却能影响你人生的宽度。"之后，听到王振义院士将全反式维甲酸运用于急性早幼粒细胞白血病，从而使得很多像我外公一样的患者康复痊愈的故事，更加坚定了我今后从医的决心。

第三次，也就在此时。那就是尽管知道有些事情，诸如生死，我们虽然无能为力，但还是会尽力争取的时候。高考填志愿前，舅妈问我："你真的愿意做医生吗？"我很努力地点了点头，她拍拍我的肩膀，说："小伙子，加油！你还记得舅舅吗，我也很想他。"舅妈用自己的实际行动告诉我，情到深处，便生死无差。回头看，我走上医生这条路，是对生死的理解，也是爱的升华。

初入妇产科时，床位上有一位孕妇被诊断为妊娠合并特发性血小板减少性紫癜。正常人血小板的数量是 10 万～30 万，但是她的只有几千，这是非常危险的，因为血小板在人体凝血功能中起着举足轻重的作用。如果血小板减少，怀孕过程中一旦磕着碰着出血了就很难止住。而且在分娩过程中，可能会因凝血困难，造成大出血，影响母婴安全。

这个孕妇怀孕 8 个月的时候，血小板数量就已经低于 1 万了。为了母亲和腹中胎儿的安全，我们把她收到产房里来治疗并观察，每天为她注射大剂量的丙种球蛋白来提高她的血小板数量。但当她知道每天都要独自接受这样的治疗而且要一直持续到生产的时候，她开始焦虑，每晚都辗转难眠，总是为腹中的小生命能否顺利出生，孩子出生后能否健康成长而感到担忧和自责。有一天，她哭着告诉我："我觉得自己的心态很不健康，是不是得了忧郁症？会不会影响胎儿？"我告诉她："你这种担心不但不是疾病，反而是默默支持你的无穷力量。"她不解地看着我，没有说话。我微笑着对她说："你的这种担心，正是你对于美好生活的憧憬和向往，孕育腹中的小生命，对你来说如此重要，也许这是你的宿命，也是你最值得骄傲的使命。"她勉强挤出一个笑容，但我感觉她并没有真正地放松。因此从那时候开始，我每天只要一有时间便会和她聊天，帮助她放松紧张的心情。

她的情况比较特殊，所以等不到胎儿足月就要进行剖宫产。那天，她独自一人在空荡荡的产房里等待第二天的手术，当听到隔壁产房里产妇分娩时痛苦的呻吟时，又开始焦虑。那天，我在产房里陪了她很久，看着她痛苦的神情，我什么也没说,只是握着她的手微笑,她看着我,眼里含着泪说:"许医生,你的手真暖和……"终于,第二天的剖宫产手术顺利完成,宝宝非常健康地出生了,母子平安。当她怀里抱着这个来之不易的小生命时,哭着对我说:"女人只有做了母亲才会感觉生命的完整,生产的结束对我而言是一个结束,也是另一个开始,谢谢你,许医生!"这一刻,与其说是我安慰了她,倒不如说是她的坚强和勇敢结结实实地给我上了一课。与生俱来的使命感和宿命论藏匿在一个弱小却强大的身体里,是一种多么神奇的力量。如今他们母子共享天伦,我想这就是对生命史诗最大的赞美。

产科是一个综合性的科室,对医生而言,我们的工作不仅仅是对孕妇产前临门一脚的关怀,更涵盖了从怀孕那一刻直到最后生产的整个过程,而这一份关怀也恰恰成为医生不断进步的原动力。

医生面对的患者,是一群对于患病恐惧、无助,且希望自己所有关于治疗的要求都被满足的人。所有患者,都希望在身体的病痛得到医治的同时,也能够遇上一个共情能力强、善于理解别人、举止亲和的医生。

我真实地记录着医院的生活,试图在生死之外,情理之间,找到一个平衡点。终于我发现,生活赋予我们爱与被爱的能力,期待在此刻集中喷涌和爆发,却让我们用很长的时间去学会,不再用习惯来代替幸福。

习近平总书记在纪念抗战胜利七十周年的讲话中说道:靡不有初,鲜克有终。作为一名交医人,我始终牢记交医前辈留下的大医精诚的医训,在博极医源的过程中脚踏实地,在精勤不倦的途中志存高远,不忘初心,牢记使命,用自己的青春,去实践一个新时代青年的责任与担当。善于创造、甘于奉献,为建设创新型国家、为上海建设具有全球影响力的科技创新中心作出更大贡献,为交医下一个百年的腾飞与辉煌努力,在服务祖国、服务人民的过程中彰显自己的人生价值。时间是经,境界是纬,经纬交织之间,谱写着交医人心中始终魂牵梦绕的家与国。

参考文献:

[1] 新华网.习近平:高举中国特色社会主义伟大旗帜 为全面建设社会主义现代化国家而团结奋斗:在中国共产党第二十次全国代表大会上的报告[EB/OL]. (2022 - 10 - 25)[2023

－10－20].https：//baijiahao.baidu.com/s？id＝1747666968337407608&wfr＝spider&for＝pc.

[2] 中共中央党史和文献研究院,中央"不忘初心、牢记使命"主题教育领导小组办公室.习近平关于"不忘初心、牢记使命"论述摘编(小字本)[M].北京:中央文献出版社,党建读物出版社,2019.

[3] 新华社.习近平在纪念中国人民抗日战争暨世界反法西斯战争胜利70周年大会上的讲话[EB/OL].(2015－09－03)[2022－10－10].https：//www.gov.cn/xinwen/2015－09/03/content_292456 1.htm.

(许啸声,附属瑞金医院,妇产科,副主任医师)

爱是温暖医患心扉的钥匙

思政映射点：大医精诚，守望相助

学科：妇产科学

相关知识点：医患沟通，妊娠合并胰腺肿瘤

素材简介：近日，新闻综合频道一档《人间世》的节目引发热议，瑞金人竞相转发，幸福感油然而生。亲历过采访的我知道这是一次真实的记录，没有彩排，没有剧本，直面生死，直面人生。但是，在自然规律面前，我们没有束手无策。医者，面对的不仅仅是空洞的躯体，更多的是彼此滚烫的灵魂。医患双方确实都在承受彼此无法理解的种种压力，大家都在面对自己内心的疑虑和困惑。但是，在苦难面前如有理解的目光，你会感到一种生命的暖意，我想大概这是除了生死之外，唯一的大事。发现爱，懂得爱，分享爱，是每一个医学生需要花一生去学习，并付诸实践的任务，也是大医精诚最好的体现。

病房里，总有些患者，见着见着，就再也见不到了。病房的走廊不长，打个弯，能见到底，家属探视时间之外，病友常相约在这里来回踱步。从这头望到那头，来回方寸之间，仿佛容得下天地。那些放不下的，走着走着就放下了；那些放下的，走着走着就微笑了。这里，能听到最缠绵的情话，最真心的祷告，最甜蜜的陪伴和最长情的告白。而我，在这个写不完的故事里，期待自己是个导演，这样就可以给所有人一个完美的结局。但回头看，自己精心设计的台词和对白，比不上生活的万分之一。

前段时间热播的《人间世》，感动了无数人。而其中，身怀六甲却又不幸罹患癌症的张丽君，让所有观众扼腕痛惜的同时，也对爱有了新的定义。就像导演秦博给这集取名为《爱》的纪录片配的画外音一样：人生就像打扑克，如果不足够幸运，总会抽到几张烂牌，有些烂牌，刚拿到手，就知道输了。张丽君首次来瑞金医院就诊，是在怀孕 6 个月发现腹部皮下有多发性的肿块时。当时沈柏用副院长在第一时间就高度怀疑这不是单纯的良性肿块，最终的磁共振报告也

证实了他的猜测：她得的是胰腺体尾部的肿瘤，很可能是恶性的，而且有了全身多发性的转移。现实是残酷的，这个结果对于张丽君全家人来说，无疑是一个晴天霹雳。然而，当张丽君毅然决然地要生下这个孩子时，沈副院长握着张丽君的手，说，"你放心，我们一定让宝宝安全出世，也让你得到最及时的治疗。"

张丽君在孕 28 周时，入住了医院。从入院开始，瑞金医院就成立了一个由产科牵头的治疗小组，其中包括普外科、新生儿科、肿瘤科、放射科、麻醉科、病理科等的多个科室医生。大家对她的病情进行了多次的讨论和评估。不管是手术时机的选择、围手术期的准备，还是新生儿的抢救复苏和转运、产妇术后的治疗和康复，我们都必须兼顾到妈妈和宝宝两个人。病情进展得很快，留给医生、患者、家属考虑的时间并不多。但是，选择其实很艰难。当张丽君出现黄疸，不得不用 PTCD（经皮肝穿刺）的方法去解除梗阻的时候，产科刘延主任作出了剖宫产的决定。张丽君给"小笼包"取的名字叫鹤鸣，就像这名字的来由"鹤鸣九皋，声闻于天"一样，"小笼包"顺利地出生并坚强地活了下来。

《人间世》里，我把这场手术比喻成一场战斗。这场战斗不仅是医生与病魔的战斗，更是张丽君自己和自己的战斗。但毋庸置疑的是，医生和患者永远是一个战壕里的战友。希波克拉底曾经说过，医生有三个武器：语言、药物和手术刀。我们能用，也应该用好这三件工具去帮助我们所钟爱的事业，所爱的人。

正如张丽君自己说的那样，她的世界很小，她的世界里都是她爱的人。其实，在她的故事里，我感受到的爱是无私的、纯洁的、感人肺腑的。其中包括夫妻之间的爱、母子之间的爱，当然，也包括我们医患之间的爱。爱，是人最后的软肋，也是人最坚韧的铠甲。人生在世，到底是给自己留足够的时间，还是把所有的爱都留给你爱的人，这是两难。但彼此共度的时间越多，这个两难存在的时间就越少。所以我们愿意尽自己的努力，去爱，去分享这世间的美好。

最近听闻张丽君不幸离世的消息，虽然爱没有创造奇迹，但我却坚持认为她的坚强和勇敢给我们每一个人上了一堂让人无法忘怀的课。女子本弱，为母则刚。这种与生俱来的使命感，藏匿在一个弱小却强大的身体里，是一种多么神奇的力量。

站在产房里，看瑞金二路的梧桐，黄了，铺了一地，然后过了一季，又绿了回去，你知道这是再自然不过的现象，但当人离去，你知道，他和你说的是永别，而不是再见。生命，如一树花开，所以，每次相遇，都是重逢，每次离开，也都是为了再次相见。凡事都有偶然的凑巧，结果却又如宿命般地必然，生活总不遗余力地将每个人的日常打乱，重排。她教会我们接受，也教会我们为之努力奋斗。

她最终没有逃脱命运的安排，其实爱并不能超脱生死，但是，爱让我们思考，人生如果起点和终点都已既定，那我们就更需要去体会过程，去寻找存在的意义，生死之间，爱是永恒存在的东西。发现爱，感受爱，让一切变得有温度，那是爱存在的意义。回忆总是向后，生活总是向前，在这前后的拉扯之间，是我们读过的书，走过的路，爱过的人。

每每和同事聊到行医环境，常常听到大家在抱怨，悬壶济世这条路如履薄冰，却还要时时耳提面命。如今留下坚守自己当初梦想的人们，是否还抱着当年大医精诚、博极医源、精勤不倦的初心？若是他们用经典的那句"痛并快乐着"来作答，或许你会感到欣喜，然后扪心自问，这个快乐从何而来。大多数人会沿用佛家最简单的说法，就是如何去灭苦，让你进入另一个世界，听上去没有苦，自然会快乐，好像很对味。一念天堂，一念地狱，快乐本由心来决定，就如空气的存在，只有你用力呼吸的时候，才会感觉到它的存在。但如果太用力，导致喘息，便会产生失去后的失落，过于执着于快乐，也就变得不快乐了。梁伟文在书中谈道："快乐不可能从外在追求，因为现实挫败难免，只能往自己内在的心修炼，造就强大的内心，才能无敌无惧于外在的遭遇。不用找，不用追。"梁漱溟评价自己"只有志业，没有职业"，从不把饭碗当成第一考量，而是去从事自己想做的事儿，此处也应景了王振义院士的那幅《清贫的牡丹》。大多数人渴望宠辱不惊、随遇而安的生活，但是知世故而不世故，知天命而仍不断进取，是三十岁的你我应有的态度。

北宋张载有一句名言："为天地立心，为生民立命，为往圣继绝学，为万世开太平。"这句名言历代流行不衰，体现了中国传统知识分子的精神，那就是："为社会重建精神价值，为民众确立生命意义，为前圣继承已绝之学统，为万世开拓太平之基业。"我一直认为，医生应熟谙传统知识分子之道，兼济天下，有吾曹不出如苍生何的态度，也有修身齐家治国平天下的情怀。

医生执业不易，作为医生，温柔要有，但不是妥协，要在不慌不忙中安静地坚强。医学，是一门源于人类痛苦，也旨在解决这种痛苦而存在的学问。也正是源于痛苦，才有那么多需要去帮助和关爱的魂灵，因此，任何的温暖都显得弥足珍贵。其实世间万物皆可为你提供温度，但真正温暖你的是自己的体温。做一个有温度的医生，学着去理解每一件小事，向每个人微笑，让每件事美好。

（许啸声，附属瑞金医院，妇产科，副主任医师）

共情是走进患者内心的钥匙

思政映射点：医患同心，医路前行

学科：妇产科学

相关知识点：医患沟通，妇科肿瘤

素材简介：医学是一个客观的结论推导，然而生病的是人，人的体验是极其主观的行为推断。共情因为可以设身处地地站在对方的角度考虑问题，从而可以作出一个皆大欢喜的决定。但是，每个问题产生的原因不同，面对问题的个体有差异，导致共情的行为偏差，以至于在处理问题时夹杂太多主观臆断。共情能力强的人，容易发现问题，简化问题，也容易造成对待偏差，也就是所谓的不公平；万事讲原则的人，不容易犯低级错误，但容易被认为不讲人情。我们平时工作时，容易发生的偏移，是把知识当作智慧，把观念当作现实，把偏见当作真理。而忘记了，真正的智慧、现实和真理，是辩证的，是历史的，唯有怀着一颗仁慈、感恩的心，去看待和改造这个世界，世界才会是你心里的样子。

医患关系具体地说，包含两个层次的关系，一层是人与人的关系，另一层是行医职业中的求助者与施助者、照料者与被照料者、专业人员与非专业人员之间的职业关系。这两层关系在医患互动中都非常重要。好的医患关系建立在医生较高的专业能力和较好的服务态度基础之上，更考验一个医生建立良好人际关系的能力。

患者是病史的实践者和讲述者。病史信息来源于患者的工作、学习与生活，通常显得琐碎且纷杂。而医生医疗工作繁忙，特别希望高效地完成病史采集，因此常常自以为是地不断提高自己专业方面的感知能力，快速甄别筛选出患者病史中自己认为有用的信息，并依据自己多年的经验来提出针对性的问题，完成自己诊断和鉴别诊断的思辨过程。但是由于医患双方沟通能力，以及交谈背景的不同，常常会出现理解和诊断上的偏差。

而造成这一类偏差的原因，是医生没有充分地倾听，主观臆断太多，而没有真正去走进患者真实的世界。患者的真实世界包括他/她的情绪、观点、对疾病的认知和对于诊疗方案的期望，以及疾病预后对他/她们生活、家庭、社会的影响。如果医生不尝试着去了解真实世界的内容，则不但不能构建和谐的医患关系，甚至有可能没有发现重要的线索而导致诊断和治疗的失误。

患者的真实世界不容易讲述清楚，主要包括以下两方面原因：一是患者的体验或者症状可能难以描述或者不典型，患者自己也不知道该提供哪些信息给医生；另一方面，患者在患病过程和医患交流过程中体验到的羞耻感使得其不能、不愿也不敢向对方敞开心扉。此时，选择合适的交流方式比询问病史的内容来得更加重要。

研究显示，在医疗对话中，医患之间平均对话时间是 92 秒。78% 的患者会在 2 分钟内停止自发对话，而医生第一次打断患者的发言一般出现在对话开始的 15～20 秒。因此，大多数医生不是一个好的倾听者。医生通常会在自认为患者已经完成开场白之后粗鲁地打断患者的陈述。然而，在患者结束陈述之前，医生等待的时间越长，所引出的主诉或者现病史就越多，可供挑选的有效信息量也就越多。在与患者交流的过程中，患者会对认真听他们陈述的医生心存感激，并对医生的提问给予正面的回应。倾听是沟通过程中重要的组成部分。但是，主动且有效的倾听也是较难掌握的技能之一。

一、洛阳亲友如相问

自从我开始看妇科化疗专病的门诊，生活里便多了不少定期要见的人。她们大多有着一样的打扮，散发着独特化疗药水的味道。生活总是不断地从我们的身边带走些什么，于是所有人都像是不再拿到免费糖果的孩子，只能用不停的努力去换取命运的馈赠与垂青。但每当她们推门进来，微笑着叫我许医生的时候，我却没有在她们脸上看到丝毫的怨念和疑惑。一天，一位来自洛阳的患者在她爱人的陪伴下来预约下一次的入院时间，她爱人看上去是个忠厚的中年人，我与他也已不是第一次见面。每次值班夜里巡视病房，总能看到他在太太的病床边搭一个地铺，手术前的那十天，他也未曾住过一天宾馆。他说，治病花了太多的钱，自己能将就就将就一些吧。我想，如果这是生命的终点，那在此守候的，是多么厚重的情感。多少次难过与失望，他们想起的不是孤单与路长，而是波澜壮阔的海，和夜空中熠熠的星光。

二、他比我更适合在这个世界活下去

一个普通到不能再普通的名字出现在我电脑的候诊区，一抬头，见到一张普通到不能再普通的脸。她说："我从来没有做过妇科检查，但是我出血持续了一个多月，实在撑不下去了。"简单地宽慰她后，我进行了妇科检查。宫颈上溃疡性的病变提示她可能得了比较晚期的宫颈癌。对于大多数妇产科医生来说，知道这意味着什么。我继续宽慰着她说："你接下来需要做个筛查。"她警觉地问我，要多少钱。我说道，几百元吧，早点发现问题的话，总比亡羊补牢要好。她低着头，不说话，半晌，她抬起头说，"我不做了"。我心里不悦，想着不爱惜自己身体的人，怎么能更好地爱其他人，但话到嘴边，我又苦口婆心地劝她把该做的检查给做了。她眼睛红了，说："医生，我孩子生尿毒症了，他要用钱，这钱，不该花在我身上，他还年轻，比我更有希望。"这次，换我沉默了，我愧疚地以为，自己洞悉人心，却不知，是如何的缘分和感情，能在生与死之间，作出如此抉择，将爱延续。

三、许医生，再见了

前些日子，病房里收了一个非常复杂的患者。她很善良，总觉得在医院住了太久，给我们添了不少麻烦，所以很少给我们提要求。那天，她突然叫住了我，说："许医生，你知道怎么办理遗体捐献吗？我这病，大概没法治了吧。如果身体还有用，就留给需要它的人吧。"我一愣，心里忍不住涌起一阵酸楚，"办法总会有的，你看，我们不都和你一起在努力吗？"我竭尽全力地掩饰内心的不安，一遍遍说着医生专属的真实谎言。很多时候，真相往往比现实更可怕，我一遍遍评估着她的承受能力，却发现那双求生欲望极强的眼神背后，有着无法形容的淡泊和宁静。她有个女儿，比我稍小几岁，常常偷偷地问我母亲的病情，也常常偷偷地在走廊里抹眼泪。最后一次的大会诊，得出的最终结论让人很无奈。终于，她决定回家，不再继续积极地治疗。我送她到电梯口，她极其疲惫，轻轻地依偎在女儿的肩上，临别，用力握了握我的手，说："许医生，再见了。"这次握手，似乎花光了她所有的力气。电梯门慢慢关上，我看到她脸上如释重负的表情。人在旅途，也许，就是在盼着回家吧。

也许经历过生死的人，更有资格去谈论生死观。听过最撕心裂肺的恸哭，才知道来日方长，其实并没有那么长。人们总会明白，向死而生，是人生最大的归宿。生死面前，我们总是成长得太慢，而时间，总不管这些长不大的孩子，它把太多对不起，变成还不起，又把太多对不起，变成来不及，而这种道是无情的经历，却教会我们真实存在的珍惜。

想起曾经看过的《逆光飞翔》里的一句话："谢谢有你，让我明白，如果对喜欢的事情没法放弃，那就要更加努力地让别人看到自己的存在。"钟爱一份事业，是会体会到那种尽管低到尘土，却又开出花来的感动的。很多时候我们要做的不过是静下心来，慢一点，再慢一点，听听你心里的声音，然后去做你要做的事，这才对得起夹在期盼与回忆里的最初的梦想。

人应该敏感地洞察世界，且有能力去成就一些自己钟情的事业。独木舟曾说过，她曾经很喜欢文艺青年。随着时间的推移，喜欢渐渐变成了悲悯，年轻时的愤怒和忧愁沉淀下来后，成了一种很温柔的东西。每个人都试图输出自己的价值观，所以不要放弃了跟这个世界讲道理。但是首先你得先了解自己，说服自己，用这样一种温柔的方式，和这个世界一起勇敢地走下去。

（许啸声，附属瑞金医院，妇产科，副主任医师）

产妇分娩后大出血的医患沟通

思政映射点：专业扎实，沟通协作，人文关怀

学科：妇产科学

相关知识点：产后出血，产科急救人文关怀

素材简介：本文摘自2020年上海市住院医师规范化培训论坛工作坊，产妇分娩后大出血的医患沟通模拟情景教学，由上海市第一人民医院妇产科邬素芳主任医师主持，可用于引导学生爱岗敬业、扎实专业、增强沟通协作能力以及体会人文关怀。

临床中产后出血往往病情危重，抢救争分夺秒，同时还涉及家属沟通，院内多学科协作会诊救治等多方面。

以下案例选自上海市第一人民医院妇产科邬素芳主任医师主持，杨烨副主任医师、吴昊副主任医师作为培训导师，带领年轻医师采用的模型教学。这一抢救案例形象生动地模拟了临床情景（见图1），帮助学生掌握产后出血的救治，同时培养团队协作精神。

图1　2020年上海市住院医师规范化培训论坛工作坊

在产床上,32 岁的孕妇张某刚刚经历了一次顺利的分娩,产下了一个健康的婴儿。分娩后,护士在护理新生儿时发现新生儿状况良好,体重为 4100 克。尽管孕妇感到疲惫,但她看着自己的宝宝感到非常欣慰。

接下来,助产士在产妇臀部置入聚血器,准备接收胎盘。胎盘在 5 分钟后自然剥离,但此时阴道内出现了异常的出血,约为 300 毫升,明显多于正常情况。医疗团队迅速作出反应,建立了静脉通路,给予吸氧,并通过静脉滴注 5% 葡萄糖液 500 毫升中加入缩宫素 20 个单位来控制出血。然而,阴道内的出血并未得到明显缓解,聚血器内的血液继续增加,产妇总共失血约 700 毫升(见图 2)。

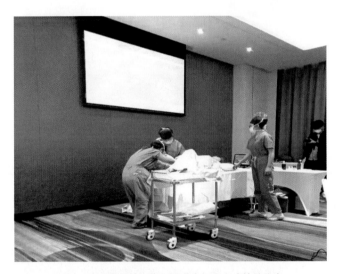

图 2　住院医师检查产妇阴道内仍有血液持续流出

主治医师杨医生到达现场,检查发现可能是产后子宫收缩乏力导致出血。医生要求建立家属沟通,并开始使用催产素和前列腺素制剂来促进子宫收缩。在继续观察的同时,医疗团队着手准备进一步的抢救措施,包括宫腔扩张球囊压迫止血、子宫动脉栓塞,甚至可能需要考虑子宫切除,以确保产妇生命的安全。吴昊副主任也被叫到产房,强调了及时干预的紧迫性。整个团队齐心协力,为应对可能的严重后果做好了准备(见图 3)。

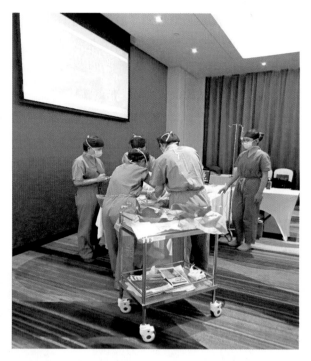

图3   吴医生上台带领住院医师检查产后出血情况

在产房外,杨医生与患者家属进行了沟通。家属表达了对整个孕期正规产检的信任,并对目前危险情况感到困惑。杨医生耐心解释后,家属表示理解,并强调希望医生积极抢救,以保住子宫,因为还有二胎生育的计划。在沟通后,杨医生提醒大家不要受情绪和判断的影响,强调需要结合个体情况制订最合适的治疗方案。

在产房内,吴医生正在为患者放置球囊,并检查宫底位置。吴医生嘱咐继续静脉滴注缩宫素,观察阴道出血情况和球囊引流管引流量,同时缝合产道切口,确保产妇的保暖。半小时后,球囊引流管引流出300毫升血性液体,估计阴道内的纱条已被血液浸透,产后总出血量已达1100毫升。此时产妇的生命体征出现异常,吴医生指示采取紧急措施,包括检查血常规、凝血功能、生化电解质、血气分析等,并进行肌肉注射麦角新碱、静脉输注胶体、申请输血。

杨医生进行了第二次家属谈话,家属迅速追问病情。杨医生详细介绍了病情并表示正在进行紧急处理。家属表达对医生的信任,并希望医生尽最大努力拯救患者。吴医生与产妇沟通,说明当前情况并提出行子宫动脉栓塞手术的可能性,产妇表达了不愿意开刀的意见,更倾向于介入治疗。随后,输血过程开始,血液检查显示正常,患者被转运至 DSA 室进行子宫动脉栓塞术。手术成功控制了出血,术后在特护病房进行观察,实施心电监护和静脉抗生素预防感染。

　　这个真实的病例强调了在临床中面对复杂情况时的紧急决策和多学科协作,在遇到突发状况的情况下,医生首先要做好与患者家属的沟通,取得对方对救治工作的支持,然后竭尽全力,运用扎实的专业素养积极抢救患者。这个过程中,医生和患者可能都处于高度紧张的状态,可能会有思虑不周的地方,医生作为专业人士,要注意沟通的方式方法,做好人文关怀,体谅患者和家属的心情。

（杨烨,附属第一人民医院,妇产科,副主任医师/副教授）

胎盘早剥

思政映射点：爱岗敬业，专业扎实，沟通协作，人文关怀

学科：妇产科学

相关知识点：产科急诊时医患沟通

素材简介：一位30岁经产妇因停经36^{+1}周，头痛、头晕3天，腹痛伴阴道少量流血3小时，自认为临产，来院就诊；经过医生体格检查和专科检查，诊断为胎盘早剥，并进行了急诊处理，拟终止妊娠。由于患者及家属均系务工人员，文化程度和经济收入不高，不知道如何面对这突如其来的变故以及剖宫产手术，需要耐心解释重度子痫前期伴胎盘早剥对母婴的危害，在积极治疗疾病的同时做好沟通，得到患者的配合。此案例可用于引导学生爱岗敬业、扎实专业、增强沟通协作能力以及体会人文关怀。

2021年9月21日，一位30岁的经产妇因停经36^{+1}周出现头痛、头晕，同时伴随腹痛和阴道少量流血3小时，自感即将临产，急诊就诊。杨医生询问症状后得知患者头痛、肚子痛，并出现阴道出血。患者描述头痛3天，今天中午开始突发腹痛并发现阴道见红，担心是否即将分娩，尽管未到预产期（见图1）。

有点头痛然后肚子有点痛

图1　主诊杨医生病史询问

　　杨医生进一步了解患者的产前检查情况,得知患者是打工族,上个月在老家做过超声检查并被告知一切正常。患者已有一名 4 岁的孩子,为顺产。这次为二胎,预产期在 2021 年 10 月 18 日。随后,医生对她进行了全身体格检查和产科专科检查。患者的生命体征正常,但血压偏高 165/92 毫米汞柱,腹痛持续,伴有腹肌紧张和中度双下肢水肿。产科专科检查显示宫高 30 厘米,胎位不清,胎心 120 次/分,宫体质硬,有压痛。血尿分析结果显示尿蛋白(＋＋),血常规显示贫血(HGB 78 g/L),以及凝血功能异常。产科超声检查显示胎盘后可见一 8×7×5 厘米液性暗区,胎儿存在胎盘后血肿(见图 2),胎心监护检查胎心基线 105 次/分,基线变异狭窄型(6～10 次/分),见散在胎心减速。为避免患者和胎儿的危险,杨医生紧急启动绿色通道,当班产科各级急诊医生以及护士迅速到位行术前准备,进行急诊剖宫产手术。患者对手术表示担忧,但杨医生明确指出患者属于重度子痫前期伴胎盘早剥,必须终止妊娠,否则母亲和胎儿都会有危险。患者同意手术,并表示拜托医生(见图 3)。

图 2　杨医生查看超声结果

　　手术中发现子宫前壁有一 5×6 厘米的血肿,娩出一男婴,体重 2530 克,Apgar 评分为 1 分钟 7 分,5 分钟 10 分。检查胎盘见母体面呈蜂窝状,有散在暗红色凝血块,胎盘 1/3 面积剥离,子宫收缩不良,出血较多,累计约 1400 毫升。医生迅速采取措施,按摩子宫、注射催产素、输血等,最终成功控制了出血。

图 3　杨医生就胎盘早剥诊断与患者进行沟通

本案例提出,在分娩时机出现"抉择"如母亲疾病进展需要终止妊娠,但胎儿孕周很小的情况下,医师应清楚地交代病情及目前现存风险矛盾,把选择方案利弊告诉患方,在充分尊重患者及家属意见的同时给出最好的治疗方案。

本文体现了医生作为专业人士需要具备的素养,首先要有扎实的专业知识,能够科学地做好疾病诊断;其次,做好医患沟通、耐心细致地帮助患者分析多种治疗方案的利弊;最后,要尊重患者,理解患者,给予人文关怀。由此引导学生"学习、思考、感悟"——学思践悟,进而培养"有灵魂的卓越医学创新人才"。

（杨烨,附属第一人民医院,妇产科,副主任医师/副教授）

儿科

小儿腹泻病诊治实践中的医学人文思考

思政映射点：专业扎实，爱岗敬业，人文关怀，沟通协作，医学伦理与法治

学科：儿科学

相关知识点：消化系统腹泻病，液体疗法等

素材简介：本文讲述了一例小儿急性腹泻病的诊治过程：王小花（化名），3周岁，因呕吐、黏液血丝便就诊，治疗过程中，出现脱水、酸中毒、低钾、惊厥等并发症。本文将临床实践过程中可能面临的医患关系、价值观等问题一一呈现，融合相关的人文场景和沟通实例，激励学生谨记职业初心，引发他们的求知欲以及对医患沟通协作、职业使命、自我价值、医学伦理的思考和感悟，促进学生夯实专业知识、强化专业技能、锻炼沟通协作能力，培养他们爱岗敬业的精神和人文关怀的意识。

　　儿科急诊室内，王奶奶着急忙慌地拿出一块尿不湿放在工作台上，非常焦虑地说，"医生，不得了了，我孙女小花拉血了，快救救她！快给她用药！"

　　接诊的李医生并不嫌脏，仔细看了看尿不湿上的粪便，有明显的黏液血丝，但出血量并不多；又闻了闻粪便的气味，发现有腥臭味；再看小花面色红润、精神尚可，准备先问清楚病史，但王奶奶十分慌乱，一直说："医生，你快点先用药呀！"李医生理解王奶奶焦急的心情，于是先安慰她："奶奶，小花目前没有生命危险，您先不要着急，让我先了解清楚她的病情好不好？这样才能对症下药。"王奶奶听了李医生的话，放心了很多，不再慌乱。经过耐心地问诊，李医生知晓：3 岁的小花，在两天前生日聚餐后，半夜喊肚子疼，腹泻、发热，耳温最高是 39.3℃，吃了两天益生菌也不见好转，今天已经腹泻 10 余次了，还伴有血丝，尿量也偏少。

　　李医生对小花进行体格检查时，小花因害怕而哭闹不止，王奶奶怎么哄也哄不好。后面候诊的家长见此状况，建议王奶奶先带小花离开诊室，等哄好了再回来，不要影响后面的患者。李医生这时示意后面的家长稍安勿躁，并从抽

屉里拿出一个"美羊羊"玩偶给小花玩,小花终于不哭了。为了减轻小花的不适感,李医生还将听诊器放在手心捂热了再听诊。诊室中的家长感受到李医生对小花的关爱和尊重,纷纷表示肯定和赞许,也更加信任李医生的医术。查体结果:"眼窝稍凹陷,口唇黏膜干燥,四肢末梢温。呼吸平稳,双肺未闻及干湿啰音,心率 120 次/分,律齐,心音有力。腹平软,无压痛,无肌紧张及反跳痛,未及包块,肝脾肋下未及,肠鸣音 6 次/分。"李医生初步判断小花吃了不洁的食物而导致急性细菌性肠炎,但还需要抽血化验和检查评估。

当王奶奶得知需要抽血化验时,立刻表示拒绝。这是儿科医生常常遇见的问题,此时是不是可以马上让家长签字表示拒绝抽血呢? 在诊疗过程中,"事不关己"的作风万万不可取! 将心比心,李医生和奶奶进行了耐心的沟通,解释了抽血的必要性、安全性以及延误可能带来的后果,从而解除了奶奶的疑虑。技术高超、和蔼可亲的护士姐姐给小花很快地抽了血。结果如下。"血常规:WBC 12.49×10^9/L,中性粒细胞 4.37×10^9/L,RBC 4.36×10^{12}/L,PLT 201×10^9/L,CRP 25 mg/L。血气分析:PH 7.27,BE -10.8 mmol/L;血电解质:钠132.0 mmol/L,钾 3.20 mmol/L,氯 101.0 mmol/L。肝肾功能正常。"粪便常规:"白细胞 10—15 个/HP,红细胞 5—6 个/HP,潜血弱阳性。"李医生看了报告以后,诊断仍考虑急性细菌性肠炎,但同时合并酸中毒和电解质紊乱,需要住院输液治疗。

在住院输液过程中,小花突然发生了惊厥表现(见图 1)。王奶奶非常激动,责问医生是不是用错了药,导致了小花病情加重。住院医生手足无措,只好请来了林主任。林主任了解病情和查看小花后,非常镇定地下了"补充葡萄糖酸钙"的医嘱,并跟奶奶做了耐心的病情沟通与解释。小花在用药以后马上停止了惊厥,奶奶也冷静了下来,并对林主任投来了钦佩和赞许的目光。住院医生也很纳闷,为何在还没有抽血的情况下林主任就给小花用了一剂葡萄糖酸钙呢? 林主任翻开《儿科学》教科书,指出腹泻病液体疗法的补钙原则,住院医生恍然大悟。林主任还指导住院医认真学习最新的研究进展和临床指南。经过这一次实践学习,住院医生获益匪浅,意识到自己还需要夯实专业知识、强化专业技能,也感受到了精湛的医术和温暖的人文关怀是良好医患关系的基石。

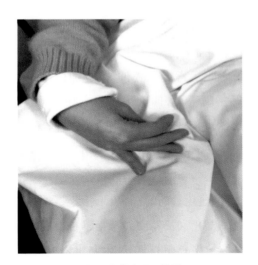

图 1　小花出现了惊厥

经过 3 天治疗,小花的病情得以痊愈。《黄帝内经》有载"上医治未病","健康中国 2030"国家战略也明确了预防为主的原则。为了预防小花再次发生急性细菌性肠炎,出院时,医生对王奶奶进行了详细的科普宣教:注意饮食卫生、合理膳食搭配,勤洗手,注意定期开窗通风,减少密闭场合人群聚集。王奶奶表达了对林主任团队精湛医术和高尚医德的认可和感谢。

参考文献:

[1] 桂永浩,薛辛东.儿科学(第三版)[M].北京:人民卫生出版社,2015.

[2] 中华医学会儿科学分会消化学组,《中华儿科杂志》编辑委员会.中国儿童急性感染性腹泻病临床实践指南[J].中华儿科杂志,2016,54(7):483-488.

(颜伟慧,附属新华医院,儿消化营养科,副主任医师)

叙事医学在儿科临床中的应用

——ICU 中的"童言无忌"

思政映射点：敬佑生命，爱岗敬业，人文情怀，沟通协作，科学精神

学科：儿科学

相关知识点：叙事医学，儿科重症医学

素材简介：本文根据习近平总书记在全国政协会议上对广大医务工作者提出的"修医德、行仁术，怀救苦之心，做苍生大医"的重要讲话，通过两个儿科的真实临床案例，根据儿科临床医学的专业特色，结合叙事医学的医学人文方法，挖掘、提炼专业知识中所蕴含的医学人文思想价值和精神内涵，着力培养学生敬佑生命、爱岗敬业等医者职业精神。

案例 1：孩子，你为什么不睡觉？

在重症监护病房（ICU）的环境中，灯光、噪声、各种机器的报警音不分昼夜，突如其来的抢救、隔壁病床患儿的死亡事件等，各种应激因素常暴露在患儿眼前。而 ICU 患儿的睡眠问题往往被我们忽略。在 ICU 中，医生和护士往往更多关注的是危重症患儿的急救和生命支持治疗救护过程，而且各种医疗仪器上的数字好像更能够代替患儿的语言，我们仿佛不用询问患儿也能作出正确的医疗护理决策。然而，患儿作为一个全人，不仅仅只有器官生理功能，也有心理的需求，心理状态的评估和干预也是 ICU 治疗护理过程中不可缺失的重要一环。

案例介绍：小军，男，11 岁，因"纵隔肿瘤、呼吸衰竭"收治入儿科重症监护病房（PICU）。患儿入室时存在明显的上气道梗阻，呼吸困难，呈半坐位（强迫体位），无法平躺。予气管插管、机械通气、镇静镇痛治疗，同时开始化疗，1 周后肿瘤缩小，气道梗阻缓解，但发生撤机失败，遂重新气管插管、机械通气治疗数天。经过治疗，患儿病情逐渐好转，气道压迫解除，自主呼吸活跃，主治医生查房下调镇静镇痛药物剂量。但同时，床位护士反馈患儿已经连续超过 48 小时镇静

评分波动在 -1~1 分,意味着患儿连续超过 48 小时没有入睡过。因此,医生立即与患儿进行了沟通,询问其无法睡眠的情况和原因。患儿告知医生,无法睡眠是因为对 ICU 环境的恐惧,以及对自身疾病产生的焦虑。患儿表示非常担心自己睡着以后再也没有呼吸了,再也拔不掉插管,担心与父母的分离。床位医生在了解情况以后,用通俗易懂的语言向患儿解释了他的病情,告诉患儿他即将可以离开 ICU,并嘱咐护士为患儿尽量提供一个安静和舒适的环境,提升患儿的安全感和舒适感,也与患儿的家长进行了沟通,通过书信的形式让家长给予患儿心理支持和安慰,同时也立即联系了社工部老师来 ICU 为患儿进行心理疏导。经过积极的心理干预,患儿成功撤机,并恢复了正常的睡眠节律,2 天后患儿顺利转出 PICU。

总结:医疗行为基于患者的需要,而非医生的需要。

一直以来,我们大力推崇的是循证医学,一直在试图把医学科学化,以单纯的自然科学方法作为指导,基于统计学数据与实验室检查,为诊断与治疗提供证据和依据,希望每个患者都能得到"标准化"的治疗。随着现代生物—心理—社会医学模式的建立,我们也越来越意识到,过于强调标准化容易忽视对患者身体、心理、灵性和社会适应等方面的考量。而每位患者都是不同的个体,即使相同的疾病,发生在不同的人身上,疾病也有不同的表现与转归。所以了解患者、尊重患者,直接影响临床决策和医疗行为。

通过叙事医学的推行,人们越来越意识到医学在关注医术的同时,更应重视对患者的照护;它是一门实际应用于临床沟通的技艺,而非单纯的科学。疾病世界如同孤绝伫立在大海里的一座荒岛,患者因疾病中断了原有的生活情节。因此,必须通过述说来重建已经改变的生活故事。不仅是关于疾病的故事,更是通过创伤后的身体重新发声。

案例 2:医生,我还可以回去做班长吗?

医学教科书上写的都是疾病的标准诊断、治疗以及疾病的预后和所造成的不良反应等。然而,每个患者在出现教科书中描述的临床表现、并发症等以外,还会对此有其特有的感受和应对方式,这些也会对患者的疾病康复和预后产生一定的影响。对于医疗人员来说,患者的临床表现只是教科书中"正常"的表现,而对于患者来说可能是其人生中的至暗时刻。《病患的意义》一书中引用了一位病患的倾诉:"大夫,你们只是在观察,而只有我是在体验。"因此,作为医疗人员,我们不能仅仅跟着教科书在"观察",更要关注患者真实的体验和感受,给予他们最大的人文关怀。

患儿,小夏,14岁,确诊系统性红斑狼疮(SLE)2年。儿童期SLE发病率不高,但并发症多,病程变化个体差异大,需要长期随访和精心的慢病管理。小夏是一名青春期的儿童,初中二年级,长期随访治疗,但控制不佳。此次入院因"血小板减少明显,意识障碍进行性加重"收入PICU。通过一系列检查,诊断小夏发生了SLE严重的并发症:血栓性血小板减少性紫癜(TTP)。这在临床中并不多见,需要进行血浆置换治疗,如治疗不及时会对患儿的神经系统造成严重损害。因此,我们立即为患儿展开多学科会诊,制订治疗方案。通过积极的治疗,小夏逐渐从昏迷中苏醒,但仍然出现了严重的神经系统损害的表现:无法说话和写字等认知功能障碍。小夏家长陷入了深深的焦虑之中,家长表示小夏平时品学兼优,在学校是班长,深受老师和同学的喜爱。而小夏目前的状态让家长一时无法接受,更担心从前优秀的小夏自己也无法接受现在的状态。医疗团队在得知这一情况后,立即对家长进行了安抚,告知他们通过积极的康复治疗,患儿的认知和学习能力有很大可能恢复到之前的正常水平。考虑到小夏特殊的年龄和学习发展需求,医疗团队再次组织了多学科的病例讨论,这一次邀请了神经科、康复科和社工团队的加入,为小夏专门制订了认知功能康复治疗方案,同时邀请资深的社工为小夏和家长进行心理疏导,缓解他们对疾病的担忧和对自己无法正常生活学习的焦虑。渐渐地,在多学科团队的共同努力下,小夏的情况明显地好转,心情也逐渐开朗起来,在病房里读书、画画,期待着自己能早日返回学校。终于,小夏的病情得到了很好的控制,顺利地出院回家,重返校园。出院后,小夏特地给医生们亲手写了一封感谢信(见图1)。

总结:只有了解患者、尊重患者,才能成为更好的医生。

医生面对的是"人",而不仅仅是"病"。医生不能仅仅专注于收集有助于诊断的"症状",套入各种疾病的"模型",然后安排适当的"治疗",而要鼓励患者讲述关于自己疾病的故事,将其扩大为生命的故事,共同丰富对疾病的理解和关怀。

每位患者都有独一无二的故事,医生要适时淡化自己的专家身份,站在与

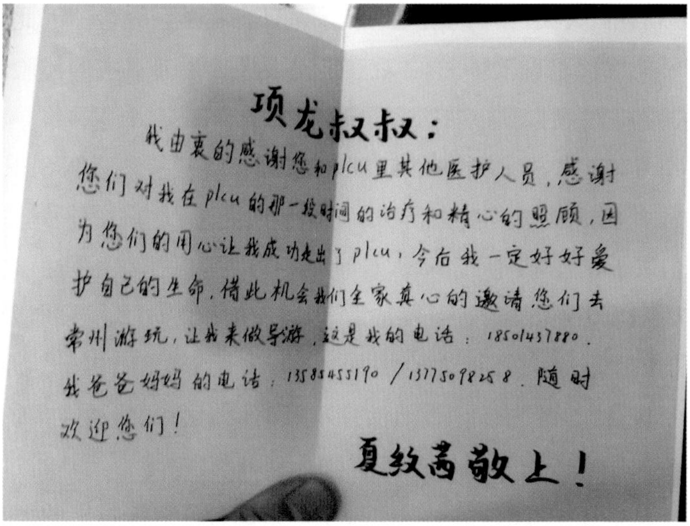

图1　患儿手写的感谢信

患者平等的立场,去建立相互之间的信任关系。同时,医生也要打破固化思维,主动走近患者,去倾听患者的讲述,去了解、理解,甚至是洞察患者的内心。只有全方位地了解患者及其经历,才能理解和尊重他们的痛苦。同时医生在此过程中对患者及其疾病产生共鸣,就会在随后的诊断分析中有同样切肤的感受,也会在反思中实现了自我提升。

参考文献:

[1] CHARON R. The patient-physician relationship. Narrative medicine:a model for empathy,reflection,profession,and trust[J].JAMA,2001,286(15):1897 - 1902.

[2] STANLEY P,HURST M. Narrative palliative care:a method for building empathy[J].J Soc Work End Life Palliat Care,2011,7(1):39 - 55.

[3] 郭莉萍.什么是叙事医学[J].浙江大学学报(医学版),2019,48(5):467 - 473.

[4] 郭莉萍.以叙事医学实践促教学医院医学人文教育[J].医学与哲学,2022,43(6):36 - 39,51.

[5] 郭莉萍.生物医学与叙事医学的哲学基础[J].叙事医学,2021,4(1):27 - 32.

(李璧如,附属上海儿童医学中心,重症医学科,主任医师)

从零开始与时代共奋进，创建我国小儿"心"历程

思政映射点：不畏艰难，勇于开拓，前沿引领

学科：儿科学

相关知识点：儿童心血管疾病

素材简介：无论是先天性心脏病还是近年来屡见报道的暴发性心肌炎等都是危害儿童健康的"大敌"。为了更好地激发医学生了解、熟悉、掌握相关疾病的诊疗知识，同时提高对儿科学的学习热情，培养有理想的儿科医学人才，本文结合学科专业特点，以我国儿童心血管学科创始人丁文祥、周爱卿等人从零开始，在艰苦的条件下不断摸索、自主创新，开启我国儿童先天性心脏病诊断、治疗的新篇章的事迹，鼓励医学生不畏艰难，勇于攻克科研难关。

先天性心脏病是儿童常见的出生缺陷。20世纪70年代之前，因缺乏儿童专用的手术器械，没有体外循环机，更缺乏从事儿童先天性心脏病救治的专业医生，儿童先天性心脏病在我国几乎是不治之症。丁文祥、周爱卿等老一辈儿童心血管人几乎是从零开始，艰苦奋斗、不断摸索、自主创新，开启了我国儿童先天性心脏病诊断、治疗的新篇章，挽救了无数先心病患儿，更拯救了无数家庭。

如图1、图2所示，老一辈心血管专业医生下工厂，与工人共同研究医疗器械。

1974年，上海新华医院（新中国成立以来上海首家自主设计建造的综合性医院），丁文祥教授、周爱卿等中国第一代儿科心血管专科医生筚路蓝缕、克难攻坚，携手上海电表厂、上海电器成套厂的工人师傅，共同研发儿童先心病诊疗器械，开启了中国自主诊疗先天性心脏病的漫漫长征路。

也正因为有了小儿心肺机，丁文祥主刀为一位18个月的先天性心脏病幼儿成功进行了深低温体外循环下室间隔缺损直视修补手术，开创了我国婴幼儿深低温心内直视手术的先河，使长久以来一直威胁我国儿童生命的重大疾

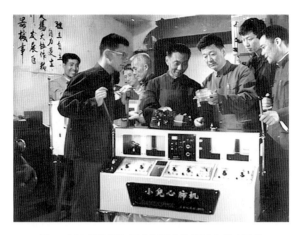

图 1　丁文祥教授与工人师傅合作设计小儿心肺机

图 2　丁文祥教授团队成功研发国产小儿心肺机

病——先天性心脏病有了有效的外科治疗手段,使无数先心病患儿获得了重生的机会。

20 世纪 70 年代后,心血管专业逐步发展起来。有了小儿心肺机奠定开展先心病治疗的基础,可是仅仅有心肺机还是不够的,国内没有专门用于小儿心血管外科手术的手术器械。20 世纪 70 年代末到 80 年代初,随着手术的数量和先心病复杂程度的不断增加,丁文祥率领团队,艰苦创业,设计制造了小儿心脏手术专用器械、人工膜式氧合器、心脏修补材料及各类先心病术后监护仪和设备等(见图3),填补了国内空白,为我国小儿先心病手术的开展打下了良好的基础,更是将 5 岁以下四联症的病死率降到 4%～5%。

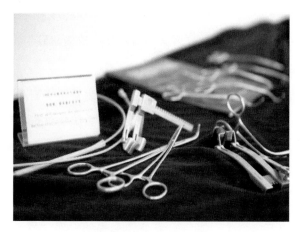

图3　丁文祥教授研制出成套的国产儿童心脏手术器械

人社部最新人口统计学数据表明,目前我国仍面临较大的先心病儿童人群,需要更多的产前预防、早期诊断、正确诊疗来挽救这些儿童乃至背后无数家庭的苦难命运。但当下儿科面临的临床诊疗困难、医患矛盾突出、与兄弟科室收入差距等问题,导致儿科临床队伍陷入后继乏人的困顿境地。

百余年前,周恩来总理发出"为中华之崛起而读书"的宣言,肩负中华民族伟大复兴重任的当代大学生,理应心怀远大的理想,肩负时代赋予的使命。当下儿科专业因各种原因"不受待见",医学上对儿科学习兴趣不高,从上述案例中可以发现,医者如果只是受困于现实的情况,没有钻研精神,无法突破,那医学是无法发展的。丁文祥教授等老一辈儿科医生在特定时代背景下,不计荣辱、不计得失,以"一切为了孩子"为己任,结合实际,与工人密切合作,研发儿童心血管专用设备。他们的精神、意志、信念理应成为激发医学生爱国之情、强国之志、报国之心的源泉。作为医学生,要学习老一辈医者不畏艰险,勇于探索的精神,做到"博极医源,精勤不倦"。

(陈轶维,附属上海儿童医学中心,心血管内科,副主任医师)

狼疮患儿的梦想曙光

思政映射点：换位思考，医患沟通，医疗本质，人文关怀

学科：儿科学

相关知识点：系统性红斑狼疮，肾脏病理，糖皮质激素副作用

素材简介：本文介绍了一名发生肾脏受累的系统性红斑狼疮患儿的诊治和随访经过，旨在让儿童风湿免疫专科规培医生充分认识到儿童系统性红斑狼疮的规范诊疗不仅包括对疾病本身的治疗，还包括对患儿长期身心健康的管理。在这一过程中需要换位思考，帮助家长作出最有利于孩子的诊疗决定。作为医务人员，可应用既往实例帮助患儿和家长建立治疗疾病的信心；通过建立患儿家长微信群，相互鼓励，让家长完成从被鼓励者到鼓励者的良性循环，提高患儿整体的治疗效果，最终让孩子们健康地回归社会。

儿童期起病的系统性红斑狼疮累及肾脏的发生率高，往往病情比较严重，对儿童的身体健康造成极大的危害，而且长期的药物治疗特别是激素的应用会影响儿童的生长发育，引发肥胖、骨质疏松、严重感染等不良反应，从而影响到儿童的学业和心理健康。

一名15岁女孩因"双下肢浮肿一周余"就诊，入院后经血液、尿液检查，临床诊断为"系统性红斑狼疮、狼疮性肾炎"，需要做肾穿刺活检明确肾脏病理，以便于进一步制订治疗方案。既往活泼健康的孩子突然被诊断为听上去很可怕的疾病，家长还没有完全搞清楚具体情况时，医生又建议做肾穿刺活检的创伤性检查，一时之间家长既茫然又无助，不知道应该怎么回应医生的建议，既怕孩子做创伤性检查吃苦头，又怕不做肾穿刺活检耽误孩子的治疗。这时候医生通过换位思考的方式跟家长解释复杂难懂的医学问题，帮助家长作出了接受肾脏病理检查的合理决定。在这种需要家长做困难抉择的情况下，医生告诉家长，如果是我的孩子，我会做怎样的决定，这样的解释很容易被家长理解并得到家长的认可，因为家长觉得家长和医生的双重身份，一定会让医生给出最有利于

孩子的诊疗建议。

经过血液、尿液和肾脏病理等检查,孩子被明确诊断为系统性红斑狼疮、狼疮性肾炎Ⅳ型。家长知道这个诊断结果后几乎崩溃,对孩子的将来担心不已。这时候医生告诉患儿和家长该疾病的治愈率,应用可靠的数据让孩子和家长建立战胜疾病的信心。更重要的是医生结合自己成功诊治过的真实病例(既往病例1和2)情况,告诉他们只要坚持规范用药和规律随访,即使起病时病情严重的孩子,疾病也可以得到缓解,孩子也可以得到很好的康复,不会耽误学业,孩子的未来还是值得期待的。对于初发红斑狼疮患者,通过既往病例的良好长期预后让患儿和家长树立医治疾病的信心,建立良好的医患信任关系,有利于临床诊治工作的顺利进行,同时也可以让家长认识到对于慢性疾病,长期随访和规范用药的重要性,从而保证良好的治疗依从性,提升疾病的预后效果。

病例1:重症狼疮患儿,发生危及生命的血栓性微血管病变,曾经连续输血浆47天,经过积极治疗,孩子病情已经完全缓解,目前在门诊随访治疗,回学校上学后继续保持优异学业(见图1)。

图1 病例1来门诊随访的照片

病例2:Ⅳ型狼疮性肾炎患儿,经过规范治疗,定期随访,目前已经完全康复,并且以优异成绩完成了大学本科的学习(见图2)。

图 2　病例 2 的学习荣誉证书

经过 6 个月的积极治疗,患儿的病情得到完全缓解,在之后的门诊随访过程中,经过定期复诊,药物规范减量,按医嘱控制饮食,孩子的病情一直保持稳定,无肥胖体型出现,出院 2 个月后重新回到学校上课。2019 年孩子考上了医学院,家长在第一时间把这个好消息告诉了经治医生(见图 3)。

图 3　患儿到上海交通大学医学院报到时的照片

每当收到这样的消息,作为医生的成就感和荣誉感就会油然而生,这是医生最幸福的时刻。在平时的病房查房和门诊就诊过程中,这样的情景比比皆是,家长真心实意的感谢,可以让医学生们有充分的直观感受。在这过程中,我们建立了狼疮家长微信群,请这些家长鼓励新的狼疮患儿家长,从而完成从被鼓励者到鼓励者的角色转换,做到良性循环。通过狼疮患儿家长的就诊经历和孩子的长期良好预后给狼疮患儿家长带去积极正面的情绪,增加医患信任度,带动新患者和家长积极配合医生的治疗,提高治疗的依从性,改善狼疮患儿的整体预后。这些内容是要告诉专科规培医生,在慢性疾病医患关系的相处过程中,患者与患者之间以及家长和家长之间的相互交流在整个疾病的医治过程中是非常重要且必要的,有时候其说服力可能要远远优于医生单方面的解释工作。我们可以利用现在发达的信息技术帮助他们搭建互相沟通和了解的平台,最终目的是提高整体患儿群的疗效,做好患儿长期身心健康的管理,让孩子们健康地回归社会。

对于系统性红斑狼疮等严重慢性病患儿,我们在很多诊治环节面临跟家长沟通交流的问题。有时候我们按照诊疗规范去做不一定得到家长的理解和依从,最大的原因是我们可能只关注到了疾病本身,而忽视了医疗的本质在于回归人性关怀的本真,有时是治愈,常常是帮助,总是去安慰。在实施医学人文关怀的时候,我们要有换位思考的意识,然后就会发现医患双方的目标从来都是一致的,从而帮助家长作出最有利于孩子的诊疗决定。同时可以应用既往成功救治的实例帮助患儿和家长建立治疗疾病的信心,提高病患的治疗依从性,改善疾病的预后。尽可能地帮助病患家长们建立可以互相沟通交流的平台,互相鼓励,可以起到协助医生做好解释工作的作用。大家要充分认识到对于系统性红斑狼疮等严重慢性病患儿,治疗的最终目的是要做好对患儿长期身心健康的管理,让孩子们健康地回归社会。

参考文献:

[1] 李娜,何津,王陆飞,等.医患沟通中的换位思考[J].中国医学伦理学,2011,24(1):104,122.

[2] 孙克民,王平,史临平.带教老师在临床毕业实习教学中的换位思考[J].中国医药指南,

2012,10(14):374 - 376.

[3] 王廷婷,阎英,闫硕,等.对增强医患沟通有效性的伦理思考[J].中国医学伦理学,2013,26(6):715 - 716.

[4] 沈明明.换位思考:建立良好医患关系的基础[J].实用临床医药杂志,2005,9(2):25 - 27.

[5] 游苏宁.病患意义的截然不同 换位思考的经典案例[J].中华医学信息导报,2020,35(15):22.

(殷蕾,附属上海儿童医学中心,肾脏科,主任医师)

"生死救援"：重症医学托起生命的光与希望

思政映射点：敬畏生命，团队合作

学科：儿科学

相关知识点：暴发性心肌炎，心肺衰竭挽救性治疗

素材简介：从两例儿童暴发性心肌炎病例中，展现重症医学日常工作中对于生命的不抛弃、不放弃。

暴发性心肌炎是一种严重的致死性疾病，病死率达到 50%～80%，是导致儿童死亡的重要疾病之一，发病时常常发生恶性心律失常或心脏骤停，诊断与治疗稍有延迟，患儿即会失去救治机会，或出现严重的器官功能损伤，尤其是大脑的严重损害。快速、高质量的现场心肺复苏技术(心肺复苏术 CPR、除颤)，进行体外膜肺氧合(ECMO)、紧急安装起搏器是有效的救治方法。

案例1：白衣执甲，使命在肩——创造一切条件，拯救生命

2020 年 4 月 24 日，这普通的一天，却上演着不普通的"生死救援"！这天上午，小朋友"小鸡蛋"不停嚷嚷着肚子痛，同时家长也发现孩子精神不好，于是便带她来到上海市儿童医院北京西路院区就诊。接诊医师发现"小鸡蛋"脸色苍白、精神萎靡、肢体冰冷、心跳微弱，立即感到情况不对，于是紧急带着孩子去做了一系列检查。检查结果印证了医生的想法，初步判断"小鸡蛋"出现了暴发性心肌炎。

没有丝毫犹豫，一条绿色通道随即开启，"小鸡蛋"被转入儿童医院北京西路院区儿童重症监护病房(PICU)。转运途中，孩子病情即发生了急剧恶化，陷入心源性休克，"小鸡蛋"已经到了生死悬崖边。心肺衰竭挽救性治疗方式 ECMO 是为"小鸡蛋"带来生的希望的最后"终极武器"。然而疫情期间，全市协调 ECMO 设备困难。"不能机器等人，要人带着机器走，与死神赛跑！"儿童医院重症医学科主任张育才当机立断。泸定路院区 ECMO 团队紧急集合，连人带机器立刻赶往北京西路院区就地抢救。一路上，交警为急救团队开道，尽最

大可能保证急救团队和设备第一时间到达！这场生死时速的生命救援，让人十分动容！

从拆下设备、打包装箱，到抵达病房、重新组装、开机运行，在两院区医护人员的共同努力下，快速完成了 ECMO "异地组装"。高速运行的 ECMO 团队仅用 11 分钟就穿刺建立了 ECMO 动静脉通路。从决定 ECMO 支持团队集合，到 ECMO 呵护"小鸡蛋"，仅耗时一个多小时。医护人员 24 小时守护着"小鸡蛋"，迎接重生的希望。在全院上下多个医护团队的全力配合、支持以及悉心照料下，孩子的情况眼看着一点点好转。最终经过 121 个小时的生命支持，"小鸡蛋"于 4 月 29 日中午顺利撤机，次日又撤下了呼吸机。危重症病情瞬息万变、生死攸关，容不得半点延迟或失误！这场惊心动魄的大抢救，在各方共同努力下，成功将"小鸡蛋"从鬼门关带了回来。

案例 2：奋力坚守，生命至上——不放弃拯救生命的一丝希望，托起生命的曙光

小朋友"小夏"在与其他小朋友玩耍的过程中突然倒下了，被紧急送到上海市儿童医院，接诊医生进行了初步的检查和诊断，判断小夏是发生了暴发性心肌炎；立刻决定通过绿色通道将小夏转入 PICU。小夏到达 PICU 时已没有心跳、没有脉压差。此时，ECMO 团队早已做好了各种准备，当机立断要给孩子接入 ECMO 治疗。疫情期间，ECMO 仪器紧缺，需要院外紧急调配。PICU 张育才教授指导团队："小夏的暴发性心肌炎起病急，心脏及其他脏器没有发生器质性病变，即使希望渺茫，但面对一个鲜活的生命还是要抛开习惯思维，必须'一搏'。"于是，他一边协调 ECMO 的紧急调配，一边指挥医护人员持续为小夏进行胸外按压。面对突发的危重病情，家长虽然很慌乱，但是他们百分百信任医生，请求尽一切努力来保住孩子的性命。在重症监护室的战场上，向来如此，只要有一线生机，就要付出百分之百的努力。持续的人工心肺复苏为 ECMO 调配治疗争取到了宝贵的时间。45 分钟后，ECMO 调配到达医院，小夏成功接受了 ECMO 治疗，血压和氧合逐步接近正常。大家视线不敢离开小夏和监护仪，24 小时守护，认真观察孩子的每一个监护指标。

皇天不负有心人。ECMO 治疗 7 天后，小夏心功能逐渐好转，脑功能逐步稳定并好转，一切迹象都给了大家希望，专家组的坚持不放弃帮助小夏度过了心肌炎急性期并成功撤机。随后,经过超声心动图、普通心电图以及 24 小时动态心电图评估,小夏的心脏功能已完全恢复、心律失常已痊愈。出院后的小夏已回归到正常生活、学习中。

危重症抢救生死时速,需要重症医护团队紧密合作,果敢决断,有条不紊;也需要全体医务人员的通力调配支持,为拯救生命打开绿色通道。一个个生命奇迹,续写重症人的使命与担当;"生死救援"——重症医学托起生命的光与希望!

(王春霞,附属儿童医院,儿科学,副研究员)

超越局限的唐氏儿

思政映射点：勤奋进取，开拓创新

学科：儿科学

相关知识点：遗传性疾病——唐氏综合征

素材简介：本文介绍了在身体、智力发育上异于常人的 3 例唐氏综合征患儿，通过医学干预、家长的不懈培养及自身的持续努力，最终取得优异成绩，成为对社会有贡献的成功人士！

唐氏综合征（Down's syndrome，DS）即 21-三体综合征，又称先天愚型。是染色体异常（多了一条 21 号染色体）而导致的疾病。60% 的患儿在胎内早期即流产，存活者有明显的智能落后、特殊面容、生长发育障碍和多发畸形。

新生儿出生缺陷中染色体异常最为常见，而唐氏综合征是最常见的染色体异常，其发病率约为 1/800。我国大约每 20 分钟就有一位唐氏儿出生，规范化的产前筛查对预防唐氏患儿的出生具有极其重要的意义，但产前筛查检出率也不过 60%～70%。唐氏综合征是目前最严重的出生缺陷之一，主要是由于母体卵子的第 21 号染色体发生不分离而造成的。2011 年联合国大会正式将 3 月 21 日命名为"世界唐氏综合征日"，提示唐氏患者所具有的独特性——21 号染色体三体。目前仍无有效的治疗方法，产前筛查及产前诊断是降低唐氏综合征发病率最有效的方法。

然而对于已经出生的唐氏患儿，虽然患儿社会功能差异很大，但可以通过干预与培养来提高其各项技能。医学管理、早期干预、教育训练、职业训练等能显著影响唐氏患儿并促进他们勤奋进取，取得优异成绩。

一、唐氏儿获得硕士学位

巴勃罗·皮内达（Pablo Pineda）患有唐氏综合征，但他的家人并没有阻止他上大学，皮内达克服了患有这种疾病的人面临的挑战。皮内达是第一个获得大学学位的患有唐氏综合征的欧洲人。1974 年，妈妈生下这个患有唐氏综合征的宝宝,医生告诉她,这个宝宝智力发育有问题。然而妈妈并没有放弃宝宝,而是尽可能给他最好的照护。尽管一路上遇到很多困难,皮内达还是成功地完成了学业。除他本身的努力外,家人给予他的支持和帮助是他成功的最重要因素。在皮内达看来,父母们应该让孩子在糟糕的经历中获得成长,并始终激励他们。

巴勃罗·皮内达已成为西班牙人人熟悉的一张脸。这不仅是因为他是第一个获得大学学历的唐氏综合征患者,而且一次有趣的命运转折,还让他在电影《我也是》(2009)中担任了主角。由于这个角色,他获得了著名的圣塞巴斯蒂安国际电影节最佳男主角奖。皮内达认为,没有"残疾人",只有拥有不同能力的人。社会需要发展,需要更加开放和多样化,他鼓励人们停止像对待儿童一样对待唐氏综合征患者。相反,我们应该从小培养他们的技能和独立性。

巴勃罗·皮内达最终成为一位著名的演员和教育家,他打破陈规,证明在身体和智力发育上异于常人的那些遗传综合征患者,通过自己的不断努力,也能在学识、个人生活以及事业上取得优异成绩。

二、"天才指挥家"舟舟

1978年4月1日,胡一舟出生。40岁的父亲胡厚培终于有了自己第一个孩子。然而,没过多久,他却渐渐发现胡一舟与其他孩子的不同之处。一般的孩子一两岁就学会了站立、说话,而胡一舟却一直没办法发声、站立。最终医生诊断他患上了唐氏综合征。为了照顾儿子,胡厚培将年幼的胡一舟带到了自己工作的地方——武汉交响乐团。当乐团练习时,胡一舟就坐在一旁静静地看着。然而,没有人注意到,这个"痴呆"的小家伙有一天也挥起了小手,和乐团的指挥家一样,有力地挥动着手臂。日子一久,乐团里的人赫然发现,这个小朋友正在挥动的,不就是最近乐团练习的曲子吗?自那以后,胡厚培便有意培养胡一舟往音乐方向发展,甚至在乐团内为他打造了一个小小指挥台,还煞有其事地制作了一根指挥棒送给他。没想到,胡一舟将指挥家的动作学习得惟妙惟肖,分毫不差,就连推眼镜的动作都模仿得很到位。胡厚培趁热打铁,更加用心地培养胡一舟往指挥家的方向发展。1997年,湖北电视台对胡一舟跟踪拍摄了10个月之久,将舟舟的经历浓缩融合成为一部50分钟的纪录片,并取名为《舟舟的世界》。一经播出就荣获了很多奖项,也获得了很多观众的好评和认可。

胡一舟,一名唐氏患儿,智力低下,面容异常,但他却超越局限的身体,成了当之无愧的天才,他不屈服于命运的打击,乐于接受命运的馈赠,最终成为一名登上世界级音乐殿堂的指挥家。

三、唐氏患儿首次完成"大铁"

对于一名普通的成年人而言,完成一次铁人三项的比赛都是遥不可及的事情,如果说要一名唐氏综合征患者去挑战并最终成功越过终点线,你可能会觉得是天方夜谭。21 岁的美国小伙克里斯·尼基奇(Chris Nikic)是一名唐氏综合征患者,也是一名特奥运动员。2020 年 11 月,尼基奇创造了历史,成为第一个完成铁人三项的唐氏综合征患者。在长达 16 个小时 46 分的时间里,他完成了 2.2 英里(约 3.54 公里)的露天水域游泳项目、112 英里(约 180.24 公里)的自行车骑行项目和 26.2 英里(42.164 公里)的跑步项目。在铁人三项的 42 年历史中,克里斯·尼基奇是第一个身患唐氏综合征的参赛者,他每周平均锻炼 30 多个小时,同时还忙着上学、做作业。有时,为了挤出课外时间,他凌晨 5 点就起床去训练,然后,会在傍晚完成功课后继续训练。2022 年,克里斯·尼基奇在夏威夷科纳再次实现突破,完成了他的第二场铁人三项比赛,并以 16 小时 31 分的成绩打破了自己之前的纪录。作为史上迄今唯一一个唐氏综合征患者完成两场铁人三项比赛的人,并更新了纪录,令人惊叹。

克里斯·尼基奇的口头禅是"每天进步 1%",他说参加铁人三项并不是为博关注或是赞誉,而是要激励世界各地数百万像他这样的人,以发挥他们的全部潜力,并在此过程中让他们的家人放心。克里斯·尼基奇希望将这种信息传播给其他唐氏儿的父母——"看,你的孩子会很好的,但是需要您在他们年幼的时候关爱他们并帮助他们做到最好。"

参考文献:

[1] 桂永浩,薛辛东.儿科学[M].北京:人民卫生出版社,2015:446-448.

[2] 中华人民共和国卫生行业标准.胎儿常见染色体异常与开放性神经管缺陷的产前筛查与诊断技术标准.第 1 部分:中孕期母血清学产前筛查[M].北京:中国标准出版社,2010:1-9.

[3] 唐氏综合征,你知道多少[J].科学大观园,2021(16):24-25.

［4］苏林雁.儿童精神医学［M］.长沙:湖南科学技术出版社,2014:182－183.

［5］United Nations,Resolution adopted by the General Assembly on 19 December 2011,（A/66/462/Add.1）,World Down Syndrome Day［EB/OL］.(2011－12－19)［2023－03－20］. https://documents-dds-ny. un. org/doc/UNDOC/GEN/N11/467/76/PDF/N1146776.pdf?

［6］湖南省出生缺陷早期治疗技术研究课题组.唐氏综合征儿童健康管理指南［J］.实用预防医学,2022,29(8):1011－1014.

［7］Pablo Pineda,the First College Graduate with Down's Syndrome in Europe［EB/OL］.(2020－11－03)［2023－03－10］. https://exploringyourmind.com/pablo-pineda-the-first-college-graduate-with-downs-syndrome-in-europe/.

［8］李昭如.人物类纪录片人文诉求之分析:以张以庆《舟舟的世界》为例［J］.青年与社会,2020(23):187－188.

［9］黄兵,裴伟.舟舟:走向世界的弱智音乐指挥奇才［J］.世行,2001(9):25－26.

［10］Christopher Brito,CBS NEWS. The first Ironman athlete with Down syndrome sets new goals: the Boston and New York City Marathons［EB/OL］.(2021－10－11)［2023－03－20］. https://www.cbsnews.com/news/chris-nikic-ironman-down-syndrome- boston-new-york-city-marathon/.

［11］Scooby Axson,USA Today［EB/OL］.(2022－10－08)［2023－03－10］. https://www. usatoday. com/story/sports/2022/10/08/athlete-down-syndrome-first-complete-ironman-world-championship/8220375001/.

（邹琳,上海市儿童医院,儿科学,研究员）

老年医学

致我们终将到来的老龄

思政映射点：政治认同，爱国情怀

学科：老年医学

相关知识点：健康老化，医养结合

素材简介：本文旨在通过学习党中央关于老龄化问题和养老服务体系构建的相关政策，讲述习近平总书记尊老养老的故事，使学生们充分认识加快老龄事业发展，实施积极应对人口老龄化国家战略的重大意义，从而更好地理解中国特色社会主义制度的优越性。

人口老龄化已成为全球普遍现象，但我国人口老龄化规模大、程度深、速度快。第七次全国人口普查结果显示，2020 年我国 60 岁及以上和 65 岁及以上人口分别为 2.64 亿和 1.91 亿，占总人口的 18.7% 和 13.5%，全球每 4 个老年人中就有一个中国人。预计 2057 年中国 65 岁以上人口达 4.25 亿的峰值，占总人口比重 32.9%～37.6%。2020 年中国 80 岁及以上人口 3580 万，占老年人口的 13.6%。预计 2050 年将增至 1.15 亿，占老年人口数量的 31.4%。高龄老人可能面临更为严峻的健康问题，空巢老人和独居老人的增长将弱化家庭养老的功能。中国人均 GDP 接近发达经济体下限，但 13.5% 的老龄化程度已经超过中高收入经济体 10.8% 的平均水平，将面临经济增长和养老负担双重压力。

党中央、国务院高度重视老龄事业发展和养老体系建设，就养老服务业发展、城乡居民基本养老保险制度、老年人口的健康支持体系、老年照顾服务等出台了一系列的政策和规范，并组织修订了《老年人权益保障法》，制定了《中国老龄事业发展"十二五"规划》和《"十三五"国家老龄事业发展和养老体系建设规划》。2019 年 10 月，国家卫健委、民政部等 12 部门进一步联合印发《关于深入推进医养结合发展的若干意见》，分别从强化医疗卫生与养老服务、推动医养结合机构"放管服"改革、加大政府支持力度、优化保障政策和加强队伍建设五个方面，提出 15 条具体措施推动全国医养结合工作深入健康发展。"十四五"期间人口老龄化进一步加深，2020年10月中国共产党第十九届中央委员会第五次全体会议审议通过了《中华人民共和国国民经济和社会发展第十四个五年规划和2035年远景目标纲要》，第一次明确提出实施积极应对人口老龄化的国家战略。这是以习近平同志为核心的党中央，纵观国内国际两个大局，结合当下实际作出的重大战略部署，是我们党性质和宗旨的重要体现，关系着我国经济的长远发展和百姓民生福祉，未来将会全方位地、深远地对我国人口老龄化相关制度建设产生影响，是具有划时代、里程碑意义的战略部署。

"古人讲，'夫孝，德之本也'。自古以来，中国人就提倡孝老爱亲，倡导老吾老以及人之老、幼吾幼以及人之幼。……让老年人老有所养、老有所依、老有所乐、老有所安，关系社会和谐稳定"。2019年春节团拜会上，习近平总书记这样讲述他心中的"孝"与尊老敬老传统美德。敬老尊贤，习近平总书记一直身体力行。小孝孝于家，大孝忠于国。习近平总书记的书架上摆放着两张照片：一张是他推着轮椅上的父亲习仲勋，和家人走在一起；另一张是他牵着母亲齐心的手，陪她散步。尽管公务繁忙，每当有时间和母亲一起吃饭，饭后习近平都会拉着母亲的手散步，陪她聊天。

2001年10月15日，家人为习仲勋举办88岁寿宴，唯独缺席的是时任福建省省长的习近平。在给父亲的拜寿信里，习近平深情写道："从父亲这里继承和吸取的高尚品质很多。"习仲勋非常理解儿子，回复说："为人民服务，就是对父母最大的孝！"从孝顺父母，到关爱老干部，到对贫困老人嘘寒问暖，习近平总书记推己及人，敬老尊贤，努力让天下老年人安度晚年。

要积极看待老龄社会，积极看待老年人和老年生活。在习近平总书记心中，老年是人的生命的重要阶段，是仍然可以有作为、有进步、有快乐的重要人生阶段。国家卫生健康委等15部门联合印发的《"十四五"健康老龄化规划》（以下简称《规划》）提出，到2025年，老年健康服务资源配置更加合理，综合连续、覆盖城乡的老年健康服务体系基本建立，老年健康保障制度更加健全，老年人健康生活的社会环境更加友善，老年人健康需求得到更好满足，老年人健康水平不断提升，健康预期寿命不断延长。《规划》还提出，坚持健康至上，以老年人健康为中心，提供包括健康教育、预防保健、疾病诊治、康复护理、长期照护、安宁疗护等在内的老年健康服务。以老年人健康需求为导向，优化供给侧改革,推动老年健康服务高质量发展,增量与提质并重。构建优质高效的整合型医疗卫生服务体系,加大医养结合服务供给,促进医疗卫生与养老服务深度结合。党的二十大报告将"健康中国"作为我国 2035 年发展总体目标的一个重要方面,提出"把保障人民健康放在优先发展的战略位置,完善人民健康促进政策",并对"推进健康中国建设"作出全面部署。从优化人口发展战略到实施积极应对人口老龄化国家战略,从深化医药卫生体制改革到重视心理健康和精神卫生,都充分体现了党和国家对人民健康的高度重视,充分彰显了以人民为中心的发展思想。

"健康老龄化"是人类永恒的主题,更是助力《"健康中国 2030"规划纲要》实施的必要前提。致终将到来的老龄,从每个人做起,弘扬尊老、敬老、爱老传统,树立积极的老龄观,激发医学生们的社会使命感与责任意识,善待老人就是善待我们的明天。通过学习国家相关老龄化政策,贯彻大卫生大健康理念,积极推进健康老龄化。

参考文献:

[1] 施小明.新形势下我国老年人口面临的主要公共卫生挑战[J].中华医学杂志,2021,101(44):3613-3619.

[2] 任泽平.中国老龄化报告[J].发展研究,2023,40(2):22-30.

[3] 陆惠华,方宁远.老年医学新概念[M].上海:上海交通大学出版社,2021.

[4] 中华人民共和国国民经济和社会发展第十四个五年规划和 2035 年远景目标纲要释义[M].北京:中国计划出版社,2021.

[5] 郭金来,陈泰昌,翟德华.积极应对人口老龄化国家战略的科学内涵、时代价值与实践路径[J].前沿,2022(3):79-89.

[6] 习近平总书记的尊老敬老情怀[J].瞭望,2021(40):10-17.

(孟超,附属仁济医院,全科医学科,主任医师)

"衰弱就是衰老吗？"

思政映射点：人文关怀，医患沟通，健康科普

学科：老年医学

相关知识点：衰弱，衰老，老年综合征

素材简介：本文旨在通过案例分享使学生识别衰老、衰弱及疾病三者之间的关系。衰弱对于老年人群的生理、心理、身体机能等各方面都有着重大的冲击。若遭遇体重减轻、日常生活功能与调适能力变差，老年人群应考量衰弱的可能性，同时求助老年综合评估来加以处理。

随着年纪增长，你是否感到手脚无力、走路变慢或时常觉得倦怠呢？不少人以为这些可能是衰老所致，但事实上这些恐怕是衰弱的症状。衰弱其实不是病，而是身体功能逐步衰退的综合征，也是失能的风险因子，若能及早认识，就有机会逆转衰弱，并预防、延缓失能发生。衰弱其实是涵盖各个面向的，包含体力、认知、肌力、营养和人际社交部分，但很多人没有这样的意识和观念，容易忽略前期的症状。

张大爷退休前是公务员，没有慢性病，血糖、血压、血脂都控制得很好，颈动脉超声看见血管壁也很光滑，没有一点斑块。他自己觉得退休后这 10 年间，身体是一年不如一年，体力一点点往下走。上班时，工作是他最大的乐趣；退休后，他的生活就没了重心。最近这一年，张大爷的体重莫名其妙减轻了近 5 千克，睡眠也不好，还总觉得浑身没劲，一点家务活都不想干，而且莫名会出现跌倒。张大爷很重视这种"反常"状况，于是，专门去医院做了一系列检查。从化验和影像学检查结果来看，张大爷没有查出明显器质性的疾病。张大爷很苦恼，为什么隔壁的王大爷患冠心病和高血压多年，还做了心脏搭桥手术，照样吃饭好、睡觉香，还每天早起去黄兴公园遛鸟呢？问题到底出在哪儿呢？张大爷来到了签约的家庭医生门诊，家庭医生和张大爷说他的表现符合衰弱综合征的特点。

到底什么样的老年人可以归结为衰弱综合征呢？FRAIL 衰弱筛查量表可作为社区老年人初步筛查衰弱的有效工具。根据国际老年营养学会的 FRAIL 量表，当符合以下 5 项中的 3 项或以上时，即可判定为衰弱症。可以通过"五连问"来进行衰弱的自我筛查：您大部分时间都感到疲劳吗？您爬一层楼梯时感觉困难，下肢沉重吗？您独自走完 100 米的距离感到费力吗？您是否患有 5 种以上的慢性疾病？您最近 1 年或更短时间内出现体重下降超过 5% 吗？这里需要注意的是，当符合 1 条或 2 条时，也很可能是衰弱症前期表现。

"衰弱"被视为老年人功能退化的前兆，处于年龄相关疾病和不良预后（残疾、死亡）的中间阶段。相同情况下，衰弱老人的致残率和死亡率均高于非衰弱老人；住院的衰弱老人发生不良事件（跌倒、院内感染、住院日延长、死亡）的风险高。更通俗一点讲，衰弱的老人好比"纸糊的船"，外面看起来似乎没有什么问题，但经受各种应激（如肺部感染、手术、跌倒、急性病）的能力很差，一个小的风吹草动即可能推倒第一张多米诺骨牌，产生一系列不良事件。它是一个早期可逆的过程，预防可逆性因素、早期识别衰弱和积极干预可以延缓衰弱前期老年人走向衰弱和失能状态。衰弱与衰老的概念有别，衰老是生物体生理储备进行性和总体下降，但此时还是能应对生物体或器官适应外部应激反应，如对健康状况的突然改变的能力；衰弱老人则表现为更为明显的脆弱性，即使轻度的应激，也不能返回到身体功能的基线平衡状态。衰老容易发展为衰弱，但并非衰老一定出现衰弱。衰弱的变化过程是动态的，基于临床、功能、行为和生物标志物，生理衰弱前阶段明显不同于正常老化，是病理性老化过程的一部分。

多种因素可影响老年人衰弱的发生与发展，除遗传、增龄、性别等不可控因素外，可控的因素包括社会经济状况、生活方式、疾病、老年综合征、营养、药物、心理和全生命周期健康管理等。像焦虑、抑郁、睡眠障碍等心理问题都是老年人中常见的心理疾病状态，严重影响老年人的生活质量，在一定程度上可增加衰弱的发生率。张大爷感到乏力、体重下降，千万不能简单地认为就是年纪大的原因，应该再针对睡眠及跌倒进一步进行量表评估，并对其精神、心理进行认知、焦虑及抑郁量表评估。以前的医学模式，是以疾病为中心诊断和治疗疾病，而现代老年医学，则更强调关注老年人的功能，包括躯体和认知功能，而非仅仅关注疾病。如果论病，老年人一般都会有不同程度的疾病。随着年龄的增长，有可能会出现动脉粥样硬化,出现糖代谢脂代谢异常,出现膝关节退行性改变……因此,对老年人健康状况的评估,更要看重老年人的身体功能是否受影响。因此,应该给患者开展系统的健康教育,提高社会支持水平,加强老年人健康管理,加强医患沟通,提醒他们的子女多关注老年人,多注意老年人的安全,永远将安全放在第一位。平时仔细观察老年人日常生活中的异常,早期发现、早期干预。多理解老年人,尤其是对于有一些痴呆倾向的老年人,他们的性格可能会发生改变,变得固执、自私、啰唆等。一味地指责他的异常行为只能使他们更缺乏安全感和接纳感,这样只会使病情进展更快,多和老年人沟通:要和老年人适当开玩笑,多夸奖赞美;积极主动沟通、耐心细致、接纳老人、感情真挚,尊重老年人的生活习惯;定期到医院进行老年综合评估,保持健康的生活方式,进行个性化的营养干预,加强运动锻炼和认知训练,预防跌倒,关注心理健康,进行多病共存和多重用药的管理。了解衰弱的流行病学特点、临床特征、诊断和治疗等,及时发现老年人衰弱状态,尽早干预,减少跌倒、失能、入院以及入住护理机构的风险,提高老年人的生活质量。

衰弱不等同于衰老,它比衰老更可怕,是潜伏在老年人身边的隐形杀手。我们不仅要教会学生有效地识别和管理衰弱,认识到衰弱是一种与增龄相关的老年综合征,进而开展系统的健康教育以提高社会支持水平,还要掌握老年医学的核心技术,利用老年综合评估有效地筛查老年综合征。随着人口老龄化的推进,防治衰弱是一项重要的任务,它有助于提升老年人的生活质量,减少不良健康结局的发生,促进健康老龄化。

参考文献:

[1] 俞卓伟,阮清伟.衰弱、衰老和共患病[J].老年医学与保健,2015,21(6):325-327.

[2] 马丽娜,陈彪.认知衰弱:一个新的概念[J].中华老年医学杂志,2018,37(2):227-231.

[3] 中华医学会老年医学分会《中华老年医学杂志》编辑委员会.老年人衰弱预防中国专家共识(2022)[J].中华老年医学杂志,2022,41(5):503-511.

(孟超,附属仁济医院,全科医学科,主任医师)

记住爱，记住时光

思政映射点：人文关怀，职业道德

学科：老年医学

相关知识点：痴呆，老年综合评估

素材简介：本文通过案例及纪录片引出老年痴呆的临床表现和诊治经过。从心理和人文角度教会学生如何与痴呆患者以及家属进行医患沟通交流，培养学生的爱心、同理心，引导他们关心爱护失智患者，提高公众对老年人认知障碍的关注度。

"笃……笃……笃"，熟悉的声音又一次在病房走廊里响起，沈医生知道14号床顾老先生又来找她了。顾老自从养老院被救护车送入院后，就没有再回去，不是疾病没有康复，而是他觉得几次进出养老院，他再也不敢回去了。他觉得那里所有的人都想迫害他，说他坏话。他爱人已经去世，唯一的女儿在国外，已经没有地方可以收留他了。他告诉沈医生，他也是内科主任，曾经是那么的辉煌。沈医生一遍遍地安抚他。他有轻微的脑梗，没有肢体和言语障碍，让他在病房安心康复，可他还是天天穿过走廊，执着地一遍遍告诉沈医生：护工小刘偷了他的钱，他去洗澡护工监视他，他做任何事情护工都在监视他……他口中的护工成了刘贼，护士长成了帮凶，谁替护工说好话就是同伙，他觉得要反映到院长办公室，要反映到党办，于是，他写了一封又一封信……沈医生明白，不是养老院"迫害"他，不是护工"监视"他，而是顾老的性格变得孤僻，变得疑神疑鬼，他的认知下降，出现了器质性的精神障碍。

2010年上映的我国台湾纪录片《被遗忘的时光》，豆瓣评分9.3，镜头带领我们走进一家位于台北的疗养院，走进6位患阿尔茨海默病（AD）老人的日常生活和精神世界。他们生活在养老院里，或者有记忆障碍，或者有被害妄想症，或者有定向感障碍……他们被困在时间的长河里，对于他们来说，生活只有现在，没有过去和未来。医学上，失智是因为脑部损伤或疾病，患者大脑认知功能出现退化,是个不可逆的过程。智力退化到一定程度,连最简单的事情都不会做了,记不住号码,也不知道要拨号,以为拿起电话就能打给对方……因为失智症,这些老人和他们的亲人生活在两个世界:一个是我们所谓的正常人的世界,另一个是被遗忘的疾病的世界。导演说:"这是我们的故事。"是的,这不是别人的故事,也不是遥远得与我们的生命无关。我们都会变老,也都会生病,生老病死都是公平的,它不会因为学历、经济能力而选择来与不来。影片让大家看到了生命本质的喜悦及感动。虽会轻轻拭泪却也会因老人家的可爱而大笑不已,而生命不就是一场笑泪交织的故事吗!

随着人口老龄化的加剧,痴呆已成为老年人的常见病,其中阿尔茨海默病占 60%~80%,是老年人失能和死亡的主要原因。阿尔茨海默病防治是一个世界性难题,首要原因在于难以早期诊断。近期在《柳叶刀·公共卫生》杂志发表的关于中国 60 岁及以上人群中,痴呆(阿尔茨海默病、血管性痴呆和其他痴呆症)患者超过 1500 万,轻度认知障碍(MCI)患病率估计为 15.5%,即中国有 3877 万人患有轻度认知障碍。而我国对此应对措施不足,导致出现严重的健康危机。目前人们对于痴呆症的认识较浅,医疗保障和社会福利较为短缺,专业护理机构和护理人员也很缺乏,使得患病老人和家属的生活质量受到了很大的影响。痴呆不但增加了患者以及家庭的负担,对于国民经济以及医疗资源也具有极大的影响。2020 年 8 月国家卫生健康委办公厅发文,为贯彻落实《健康中国行动(2019—2030 年)》有关要求,预防和减缓老年痴呆的发生,降低家庭与社会负担,提高家庭幸福感,促进社会和谐稳定,鼓励社会心理服务体系建设试点地区探索开展老年痴呆防治特色服务,特制定措施,到 2022 年在试点地区初步形成全民关注老年痴呆、支持和参与防治工作的社会氛围,公众对老年痴呆防治知识的知晓率提高到 80%。2023 年国家卫生健康委办公厅又进一步发布《关于开展老年痴呆防治促进行动(2023—2025 年)的通知》,要求重点加强科普宣教、开展患者评估筛查、预防干预服务、建立协作服务团队、进行专项培训辅导、建立老年痴呆防治服务网络。每年 9 月是世界阿尔茨海默病月,9 月 21 日被设立为世界阿尔茨海默病日。2023 年阿尔茨海默病防治协会发布的主题词为"永远不会太早,也不会太晚"(Never too early,Never too late),更是倡导各级医疗机构和社会公益力量,积极参与阿尔茨海默病防治行动。

本文通过真实的痴呆患者的故事，让学生们更感性地了解该疾病，并培养爱心、同理心，关心爱护痴呆患者。他们也曾经年轻过、曾经辉煌过，善待老人就是善待我们的明天，记住爱、记住时光，将我的真心交给你的手心。医患沟通是一门艺术，也是一门人文科学，以患者为中心，采用生物—心理—社会现代医学模式，去更多地了解老人的生活方式，心理社会因素，了解他及其背后的家庭背景，我们的处理和应对方法也会更加全面，或者说更贴近患者和家属的需求。当我们学会站在他人的角度去考虑问题时，就会更容易形成有效沟通。理解呵护这些老人，要有足够的耐心，及时发现危险因素，实施科学、合理的健康干预。通过案例我们也进一步复习了老年综合评估，掌握了认知功能测定。早期阶段，社区或门诊可采用"画钟试验"、快速认知筛查量表如 AD-8（记忆障碍自评量表）、Mini-cog（简易认知评估量表）等手段；进一步可采用整体认知功能评估，包括 MoCA（蒙特利尔认知评估量表）、MMSE（简易智力状态检查量表）。阿尔茨海默病的病程是一个不可逆的过程，迄今为止没有有效的治疗药物和手段，主要以控制症状、延缓疾病进展、改善患者生活质量、认知促进、康复功能锻炼以及减轻照料者负担为主。面对生命的医学，需要温度和情怀。关爱患者，关爱患者的家庭，构建强大的社会保障体系才能提升患者及家庭的获得感、幸福感和安全感，才能真正用实际行动诠释"有时是治愈，常常是帮助，总是去安慰"的真谛。

参考文献：

[1] 田金洲，解恒革，王鲁宁，等.中国阿尔茨海默病痴呆诊疗指南（2020 年版）[J].中华老年医学杂志，2021，40（3）：269-283.

[2] JIA L F，DU Y F，CHU L，et al. Prevalence，risk factors，and management of dementia and mild cognitive impairment in adults aged 60 years or older in China：a cross-sectional study[J]. Lancet Public Health，2020，5（12）：e661-e671.

[3] 卫生健康委办公厅.国家卫生健康委办公厅关于探索开展抑郁症、老年痴呆防治特色服务工作的通知[R].国卫办疾控函〔2020〕726 号.

[4] 国家卫生健康委办公厅.国家卫生健康委办公厅关于开展老年痴呆防治促进行动（2023—2025 年）的通知[R].国卫办老龄函〔2023〕190 号.

（孟超，附属仁济医院，全科医学科，主任医师）

"让生命带着尊严谢幕"

思政映射点：人文关怀，职业道德，医学伦理

学科：老年医学

相关知识点：伦理框架及复杂的临床决策，安宁疗护

素材简介：本文通过案例探讨医学伦理原则在临床决策中的应用，深刻地诠释"以患者为中心"的理念，引出医务工作者在医疗工作中必须自觉地践行伦理价值，时刻以医学伦理为指导，遵循医学伦理学规律，才能构建和谐的医患关系的道理。通过角色扮演，让接受临终安宁治疗的患者和家属，以及志愿者多角度地了解安宁疗护的意义，从而使学生树立医者仁心，更好地理解国家关于安宁疗护的政策。

2017年3月12日，79岁的知名作家琼瑶女士在个人社交网站上发表了一封《写给儿子和儿媳的一封公开信》，信中表达了自己对生命的感悟，并向亲人叮咛"最后的急救措施全部不需要""生时愿如火花，燃烧到生命最后一刻。死时愿如雪花，飘然落地，化为尘土！"一时在网络上引起轩然大波。

信中透露，她因为不久前看了一篇《预约自己的美好告别》的文章，有感而发想到了自己的身后事。"这是我人生中最重要的一封信。我已经79岁，明年就80岁了！这漫长的人生，我没有因为战乱、贫穷、意外、天灾人祸、病痛……种种原因而先走一步。活到这个年纪，已经是上苍给我的恩宠。所以，从此以后，我会笑看死亡。我的叮嘱如下：一、不论我生了什么重病，不动大手术，让我死得快最重要！在我能做主时让我做主，万一我不能做主时，照我的叮嘱去做！二、不把我送进'加护病房'。三、不论什么情况下，绝对不能插'鼻胃管'！因为如果我失去吞咽的能力，等于也失去吃的快乐，我不要那样活着！四、同上一条，不论什么情况，不能在我身上插入各种维生的管子。尿管、呼吸管、各种我不知道名字的管子都不行！五、我已经注记过，最后的'急救措施'，气切、电击、叶克膜……这些，全部不要！帮助我没有痛苦地死去，比千方百计让我痛苦地

活着,意义重大! 千万不要被'生死'的迷思给困惑住!"案例中涉及了两个概念:生前预嘱与尊严死。什么是生前预嘱? 是指人们事先,也就是在健康或意识清楚时签署的,说明在不可治愈的伤病末期或临终时要或不要哪种医疗护理的指示文件。什么是尊严死? 就是在不可治愈的伤病末期,放弃抢救和不使用生命支持系统,让死亡既不提前,也不拖后,而是自然来临。在这个过程中,应最大限度尊重、符合并实现本人意愿,让其尽量有尊严地告别人生。

这封信引发的各界议论从来没有休止过,有很多老年人表达了对琼瑶的支持,但也有许多超层面的问题无法回答,那么有谁愿意写这样一封信? 或者有谁与子女讨论过这个话题? 随着医疗技术的不断进步,无法挽救的生命可以通过生命支持治疗得以维持。生命末期的过度医疗只是延长了患者的死亡时间,不但增加了患者的痛苦,使患者失去了应有的尊严,而且由于患者无法表达自己的生命意愿,所接受的治疗是否符合其本人的意愿也无从得知。然而,开展生前预嘱可以了解患者将来的治疗意愿,保障患者的自主权,这在中国台湾和香港地区已得到了广泛开展。中国台湾、香港与大陆(内地)的文化同根同源,受到传统文化的影响,家属往往选择向患者隐瞒病情,特别是癌症患者。但很多体弱多病或终末期的老人希望有机会表达自己终末期的医疗需求。由于东西方文化差异,一方面,我国患者本身的权利意识比较薄弱,认为医生就是权威,害怕做错选择而不敢抉择,或者由于家属对终末期医疗缺乏考虑,让医生成为代理人。另一方面,受传统的孝亲观念的影响,家属为了保护患者会选择隐瞒病情,这不但剥夺了患者自主决策的权利而且阻碍了生前预嘱的开展。此外,医务人员并未认识到患者自主权的重要性,选择帮助家属隐瞒病情,往往让家属代替患者作出医疗决策;或者在患者病情出现植物人状态和不可逆转的昏迷状态时,医务人员担心医患纠纷,而忽视患者之前的愿望,依从家属意愿采取积极救治。

目前,生前预嘱在我国还处于概念推广阶段,在实施生前预嘱的过程中要尊重中国文化,采用家庭一起决策的方式,让家属参与,而不是一味地强调患者的自主决策和自主权,让患者和家属在心理上接受生前预嘱。受传统文化影响很多家庭忌讳谈论死亡,因此,可以借鉴访谈模式,从患病体验到患者的价值观,最终到生命意愿的讨论,循序渐进,逐渐引导患者思考身后事的安排。通过患者与家属的配对交流使家属理解患者的选择,支持患者的决策。由于涉及法律制度、医疗环境、人们的意识等各方面,生前预嘱的发展还需要经历一个漫长的过程。但是,它代表患者的临终治疗护理意愿,是人类文明进步的标志,必将在未来中国的安宁疗护领域发挥重要作用。

在新的生物—心理—社会医学模式下,医务工作者在医疗工作中只有自觉地践行伦理价值,时刻以医学伦理为指导,遵循医学伦理学规律,才能构建和谐的医患关系。医学伦理学的规则,是医德基本原则和具体原则在医学实践中的应用,主要有自主原则、知情同意原则、医疗保密原则和医疗最优化原则。通过案例分享及角色扮演,探讨这些原则在临床决策的应用,可以更深刻地诠释"以患者为中心"的理念,同时对医患双方也提出了更高的要求。

临床决策是指医师依据患者病情和伦理因素,在诊断、治疗等过程中作出决定的行为。医师在临床上进行诊疗决策时,要同时面对患者在病理和心理上的复杂临床表现。加之技术诊疗决策方法途径错综复杂,其间还有可能遇见药物不良反应等状况、患者家属心理变化等因素,此时要迅速、全面而合理地作出诊疗决策,这对工作和伦理压力极大的临床医师来说十分棘手。

在临床决策中,医师会根据确定的诊疗目标,拟订多个诊疗方案,从中选出能达到最佳诊疗效果的方案,并且在此过程中,应首先考虑技术决策,之后进行伦理决策。在进行伦理决策时,医师应该明确临床决策中的伦理决策因素,善于发现诊疗决策中产生的医学伦理难题,并通过伦理决策予以解决。在运用综合决策树模型进行临床决策时一般要达到以下几点要求:一是熟悉医学伦理知识。具备基本的医学伦理意识是进行医学伦理决策的前提。医师应在临床诊疗中依据伦理学伦理原则、规则和本专业的伦理价值观来运用诊疗决策中的伦理决策方法。二是熟练掌握医疗专业技能。具有高超的医学专业技术是决策的必备基础,可使医师在多个诊疗决策方案中,筛选出技术性最佳的决策。三是了解患者及其家属的治疗意向。医师在进行医学伦理决策时,应该充分考虑患者及其家属的治疗意向。四是熟悉医疗卫生法规制度。医师必须熟悉有关的法律法规和政策,在相关法律法规框架内进行正确的医学伦理决策。五是遵守规章制度。医师也必须熟悉所在医疗领域和医疗机构的相关制度和规范,在此基础上进行正确的医学伦理决策。

医患沟通包括医者仁爱精神、医学知识和技能、交流技巧和沟通能力等。实践锻炼是提升医学沟通素养的根本途径。

情景演示

(1)活动体验:假如我是一位患者,不能听、不能说、只有眼睛可以看,只能用写字板来交流……我需要怎样的关怀和陪伴?

(2)角色扮演:

情景一:入院接待与病情告知

①地点:病房

②人物:患者、家属、医生

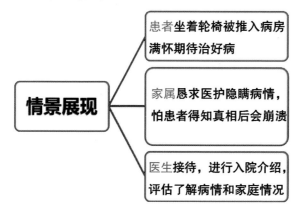

情景二:病情评估与心理疏导

①时间:患者入院一周后

②地点:病房

③人物:患者、家属、医生

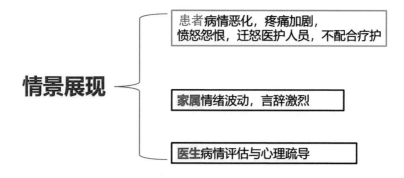

情景三:哀伤辅导

①时间:患者入院两周后

②地点:病房

③人物:患者、家属、医生

情景再现

患者**出现幻觉,胡言乱语**

家属**悲伤不已,不知所措**

医生**给予关怀辅导**

对临终患者和家属,我们应该怎样帮助和关怀?

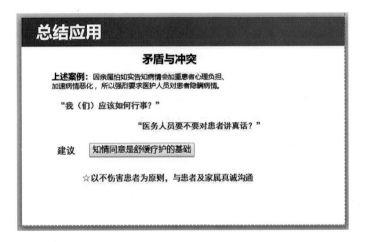

本文通过角色扮演,让接受临终安宁治疗的患者和家属以及志愿者多角度地了解安宁疗护的意义,从而使学生掌握临终治疗的原则,树立医者仁心,更好地为这类特殊患者服务。安宁疗护是老年医学中的一个重要的组成部分,目前在国内还处于发展阶段。由于中国国情以及传统观念的影响,国人对于死亡是极其避讳甚至是有所抵触的。我们每个人都会面对死亡,但"死亡教育"的缺失使目前国内的临终治疗存在很多问题,甚至可能出现医患纠纷。故合法循证的

临终治疗或安宁疗护变得越来越重要。我们以此开展临终关怀教育,给医学生介绍什么是安宁疗护,如何进行评估和给予帮助。无论以后学生是否从事老年医学,都会碰到病患死亡,如何评估病患是否需要接受安宁治疗,鉴别哪些患者需要启动安宁治疗,给予患者正确合法的安宁治疗是非常重要的。

参考文献:

[1] GUIDRY-GRIMES L,WARREN M,LIPMAN H,et al. Clarifying a clinical ethics service's value,the visible and the hidden[J]. J Clin Ethics,2019(30):251-261.

[2] 陈尚,李红文.医学伦理学教学的四种理念分析[J].中国医学伦理学杂志,2020,33(9):1150-1154.

[3] 赵羚谷,许卫卫,王颖,等.我国临床实践中的医患共同决策流程设计和挑战[J].医学与哲学,2019,40(18):1-6,22.

[4] 民政部.加强安宁疗护服务让生命尊严谢幕[N].中国社会报,2022-03-08.

(孟超,附属仁济医院,全科医学科,主任医师)

我是医学科普小能手

思政映射点：爱岗敬业，科学精神，终身学习，人文关怀

学科：全科医学

相关知识点：全科医学概念、特点，全科医生职责

素材简介：本文通过科普作家李治中在网络知识平台上的科普演讲以及伪专家张悟本热销科普书籍误导大众导致一系列社会问题的正反两个案例，让学生了解目前国内科普的现状，以及科普对于"健康中国"建设的重要性。科普需要科学精神，需要扎实的专业基础和宽广的知识面。全科医生作为"健康守门人"应该承担起科普宣传的重任，让学生认知全科医生的职责，增强使命感和责任感，爱岗敬业，终身学习，对患者进行多维度的人文关怀。推动学生积极参与医学科普，并立志成为一名优秀的健康推动者。

　　科普作家李治中，网名菠萝，在国内一知识分享平台上发表了《癌症的真相》的科普演讲。他分享了一个儿童癌症患者的案例：患有视网膜母细胞瘤的 2 岁儿童，因为父母对相关病症了解不足，发现时已到晚期，当地医院直接建议家长放弃治疗。但不愿放弃的家属通过互联网得知国际上有晚期视网膜母细胞瘤的治疗手段，最终采用这种治疗手段挽救了患者生命。这个案例引起了大家对视网膜母细胞瘤治愈率的关注，实际上在欧美等发达国家患有该肿瘤的儿童 95%～98% 可以康复。但在中国，据统计，其死亡率为 30%～40%。之所以产生这样大的差距，不是因为没有新药，也不是因为医院医疗水平不够，而是因为"中国没有一个专业的儿童癌症科普网站"。由于缺乏基本的医疗知识基础，很多家属容易忽视早期症状，而延误了患者的最佳治疗时机，部分家长甚至不知道自己的孩子已经患病。李治中在演讲中说："为什么我们这些辟谣的人总是辟不过那些传播谣言的人呢？因为我们是兼职在辟谣，别人是全职在传播伪科学。"他阐述了目前中国国内的科普现状，专业人员很少参与。而披着科普外衣，做伪科普实推销的人却很多，并逐步占据上风。

《把吃出来的病吃回去》这本书大家应该都知晓，是由"著名"的养生"专家"张悟本所著，在很长的一段时间内占据了各大书籍销售榜榜首，但书中宣扬的"绿豆治百病大法"除了引发市场绿豆涨价之外，其食疗理念也遭到众多专家质疑，并没有什么用处。

打开自己的微信，也可以发现很多推送医学科普文的公众号，我们的父母长辈都是这些科普软文的忠实"粉丝"。不知道大家有没有仔细阅读过这些文章，它们真的"科学、真实"吗？

"养老、教育、健康"是目前老百姓极为关注的民生问题，同时也逐渐成为拉动中国经济的新"三驾马车"。2010 年第八次中国公民科学素养调查结果显示，我国公民最感兴趣的科技信息为"医学与健康"（82.7%），紧随其后的是"经济学与社会发展"（40.9%）、"环境科学与污染治理"（37.1%）。

那到底应该由谁来充当医学科普推广者，肯定不是由"张悟本"之流。作为"健康守门人"的全科医生在其中又应充当何种角色呢？

加拿大家庭医生能力框架（CanMEDS-FM）指出，家庭医生是临床医生的同时，也要具备其他用于提供连续性医疗服务的相关技能。CanMEDS-FM 扮演了医学专家、沟通者、管理者、学者、专业人员、合作者以及健康推动者的多重角色（树上的七片树叶）。接下来我们来了解一下"健康推动者"这一角色的作用以及如何"变身"为医学科普大咖。

分享给大家一篇由全科医生写的科普小文——《老年性便秘全科照护》。这篇文章通篇都是围绕着民众对于便秘这一疾病所关心的问题展开，包括引起便秘的相关因素（主要涉及生活习惯、精神因素等更贴近生活实际的方面），老年人便秘的危害以及合并出现哪些症状需及时就诊，如何通过改善生活饮食习惯等来缓解便秘等，而不是深入地去讲便秘的病理生理、药物治疗等。这种科普小文既简单易懂，又贴近生活。简单的小科普可以缓解民众对于疾病的焦虑以及避免"病急乱投医"，从而节省了医疗资源。这也是全科医学价值和意义所在。

全科医生的能力要求包括：基层保健管理能力、以患者为中心的照顾能力、解决具体临床问题的技能、综合性服务能力、以社区为导向的服务能力、整体服务能力等。加拿大家庭医学协会（AFMC）制定的对家庭医生形成性评估中的第十二条内容为：对患者进行有关疾病、健康、预防的宣教。由此说明全科医生的职能中包含了健康教育的内容,而且这也是能力评估的重要方面。针对现今国内医学科普的短板以及乱象,医学科普要提高严谨性,树立起充当健康推动者的理想和信念。

有些学生对于全科医生到底是什么类型的医生,或者如何定义"全科"的概念,还存有疑问和不全面性。部分学生会想当然地认为,全科医生就是什么科的病都会看,但只是皮毛,或者更多的人认为全科医生就是普内科医生,还有些人会觉得全科医生就是以前的"赤脚医生",对于全科医生或全科医学存在一定程度的"轻视"。其实全科医生真的是"十项全能"的大能手,治得了病,讲得了故事,既可做医生也可做老师。开展全科课程的学习,是顺应目前时代的要求,而熟悉全科的概念有助于实习过程中加深与全科医生的感情、理解全科医学的内涵、学会有效的医患沟通。

参考文献:

Association of Faculties of Medicine in Canada（AFMC）［G］. AFMC Entrustable Professional Activities for the Transition from Medical School to Residency,2016.

（黄黎莹,附属仁济医院,全科医学科,主治医师）

护理学及其他

癌症儿童的"痛"

思政映射点：国际思维、人文关怀，沟通协作

学科：肿瘤学、儿科学、护理学

相关知识点：舒缓治疗，疼痛管理

素材简介：儿童恶性肿瘤已经成为除意外创伤外，造成儿童死亡的第二大原因。每年，全世界有超过25万名20岁以下的儿童和青少年被诊断出患有癌症，在这些儿童中，大约有80%的人生活在中低收入国家，他们的存活率通常仅20%左右。在我国，儿童肿瘤的发生率近10年来正以每年2.8%的速度上升，每年新增恶性肿瘤患儿达到3万～4万人。每位恶性肿瘤患儿都有获得早期诊断、正确治疗和充分舒缓治疗的权利，但实际上全世界有65.6%的患儿不能获得舒缓治疗。本文通过案例的介绍，让学生更深入地了解舒缓治疗，并以疼痛管理为切入点，讲述如何帮助患儿进行疼痛管理，如何更有效地进行疼痛的评估、治疗和护理，同时也减轻患儿家庭的负担。最终让学生们成为舒缓治疗的践行者，为患儿和其家庭的癌症治疗保驾护航。

　　每年2月15日是国际儿童癌症日，2020年国际儿童癌症日的主题是"儿童癌症无国界"。在国际儿童癌症日，所有国际儿童癌症协会及国际儿童肿瘤学会的成员都团结一致，将儿童癌症放在国家和全球儿童健康的第一位，确保有足够的资源来满足癌症儿童的基本权利。我们相信所有被诊断为癌症的儿童都拥有以下基本权利：

（1）获得早期诊断和正确诊断的权利；

（2）获得拯救生命的必要药物的权利；

（3）获得分配到恰当及有效的医疗的权利；

（4）获得充分舒缓治疗的权利；

（5）康复后跟进护理、服务和平等融入社会的权利。

但是，65.6%的癌症儿童不能获得舒缓治疗。

　　舒缓治疗不只局限于临终关怀。根据世界卫生组织对于舒缓治疗的定义，舒缓治疗开始于疾病确诊之初，并持续整个病程。因此，舒缓治疗不单单面向临终患儿，更多的是涉及癌症患儿的全程照护；不仅针对儿童躯体、思想及精神上全方位的关怀，同时也包括对其家庭的支持。在照护的过程中，我们评估并缓解患儿躯体、精神及社会生活的痛苦和压力。舒缓治疗不是单一人群的工作，它需要一支跨学科团队，包括家庭和一切可以获取的社会资源，对患儿进行有效的治疗。因此，在上海儿童医学中心，舒缓团队由专职的医生、护士及社工组成，他们共同为患儿及其家庭提供身心灵的照护。

　　童童是一位白血病患儿，家住农村，这次是第二次复发，家人带他来到上海寻求帮助。但患儿治疗效果不佳，病情一直未能缓解。主治医师和家人进行了谈话，告知其已经没有更有效可行的治疗手段。童童的父母在了解情况后决定放弃继续治疗，但是却不知如何面对和照护孩子，主治医生将舒缓治疗介绍给了他们。童童在舒缓团队的帮助下度过了最后一段时光。

图 1　上海儿童医学中心儿童舒缓病房

　　中国人讲究落叶归根，患儿进入临终阶段时，父母是期望带着患儿回到家中度过最后时光的。所以，选择一个合适的地点让患儿舒适安详地前往另一个世界是非常重要的命题。值得注意的是，舒缓治疗并不拘泥于将患儿及家属局限于三甲医院（见图1）或社区医院中，它也可以在家中实施，可以让家属或患者选择心仪的地方来跟彼此告别。随着信息技术的发展,舒缓团队可以通过视频、微信等方式与患儿及其家属实时联系,通过多角度的专业评估,为患儿及家庭提供医疗、护理、社会支持等方面的帮助,使患儿及其亲属能在家中获得专业照护,缓解身、心、灵、社四个维度的"疼痛",能舒适地度过人生最后一段旅程。

光光是一位急性淋巴细胞白血病复发患儿,医生最终建议做骨髓移植。起先还算顺利,但后续出现了各种排异反应,尤其是肠道排异让光光一阵阵腹痛腹泻。曲马多、对乙酰氨基酚、双氯芬交替使用也作用不大。在舒缓治疗团队的干预下,医生推荐使用吗啡控制疼痛,护士指导家属评估患儿疼痛和使用PCA 镇痛泵,而社工给予患儿及家属心理上的支持。光光终于能轻松地睡会儿觉了。

症状管理是舒缓治疗中十分重要的一环,尤其是对于疼痛的管理。一旦发生疼痛,一般会采取止痛方法来帮助患儿有效止痛。但疼痛管理不仅仅局限于用药这一方面,也需要联合多团队的支持来帮助控制。舒缓治疗是针对整个家庭的身心灵的共同疗护。针对疼痛,首先我们需要知晓如何对其进行有效评估。在这里推荐三种量表,分别是 FLACC、FACE 和 VAS 量表,以帮助医护人员正确评估患儿的疼痛程度,并选择合理的措施。针对轻度疼痛,可以由护理人员给予一些非药物性止痛措施,如听音乐、讲故事、按摩等方法。面对中重度疼痛,则可由医生开具止痛药物来达到镇痛的效果,并由护理人员指导用药,使患儿及家属正确面对止痛药物,减少对吗啡类药物的恐惧。此外,世界卫生组织癌症疼痛药物治疗的五项基本原则分别是首选无创药物途径、按阶梯用药、按时给药、个体化给药和注意具体细节。我们不仅需要关注给药的种类和剂量,也要了解疼痛带给患儿及家属的心理负担和压力。所以,社工的帮助也会给整个家庭带来心理上的支持,帮助患儿及家属更好地面对当前症状所带来的负面情绪,积极面对疾病和治疗困境,拥有战胜病魔的信心。

参考文献:

[1] OSMAN H, SHRESTHA S, TEMIN S, et al. Palliative care in the global setting: ASCO resource-stratified practice guideline[J]. J Glob Oncol, 2018(4): 1 - 24.

[2] DANS M, SMITH T, BACK A, et al. NCCN guidelines insights: palliative care, version

2.2017[J].J Natl Compr Canc Netw，2017,15(8):989－997.

［3］CRELLIN D J，HARRISON D，SANTAMARIA N，et al. The psychometric properties of the FLACC Scale used to assess procedural pain[J]. J Pain，2018,19(8):862－872.

［4］万丽,赵晴,陈军,等.疼痛评估量表应用的中国专家共识(2020 版)[J].中华疼痛学杂志，2020,16(3):177－187.

（陈琳,附属上海儿童医学中心,血液肿瘤科,主管护师）

医者仁心，你是我生命里的一束光

思政映射点：爱岗敬业，无私奉献，人文关怀

学科：护理学

相关知识点：创伤，心理护理

素材简介：所谓"国难兴邦，责无旁贷"，本文通过介绍"5·12汶川地震"中一名高一学生段志秀与上海交通大学医学院附属瑞金医院陈尔真教授之间一段"特殊父女之情"的故事，帮助学生了解严重创伤对患者产生的负性影响，促使学生认识护理工作中人文关怀的重要意义，培养学生对创伤患者实施整体护理的工作理念；引导学生体会作为医护人员在诊断及护理患者身体疾患的同时，对于患者的心理状态也要加强关注与重视、采取积极有效的干预，帮助患者降低各种心理社会因素的负面影响，维护与促进全民的身心健康。

2008年5月12日14时28分，这是痛心的一刻，在汶川县城，一场毁灭性的地震降临，由此带来的创伤是巨大的。网上有一句话说"谁都不知道，明天和意外哪一个先来"。一些危机事件导致的创伤，于整个社会可能只占很小的比例，但具体到一个人、一个家庭，应激性创伤可能就是100%。创伤带给患者的除了身体上的病痛，还有心理的伤害。

汶川地震发生之后，全国的武警官兵、医务工作者，迅速在第一时间奔赴灾区现场，上海交通大学医学院12家附属医院先后派出11批医疗急救队到达抗震救灾的前线。附属瑞金医院急诊科第一时间组建了"爱心病房"，承接救治来自灾区的数十名危重症患者。在此与大家分享一个我们身边的故事。

故事的主人公叫段志秀，2008年地震时只有15岁。她是北川中学的一名高一学生，地震发生十几个小后才被救援队从废墟中抢救出来，由于左大腿长时间被重物挤压，导致肌肉组织坏死，只有马上截肢才能保住生命。她在战地医院紧急截肢后被转运至四川大学华西医院，随后病情变化出现挤压伤综合征，又经历了二次手术（高位截肢），情况非常危重。在那里她遇到了从上海奔

赴四川救援的，上海瑞金医院急诊 ICU 主任陈尔真。陈尔真参与了秀秀在监护室的抢救和治疗，在一系列救治与护理后，秀秀终于转危为安。陈尔真繁忙的救援工作之余，几乎每天都去看望秀秀，鼓励秀秀。当时秀秀气管切开戴着呼吸机，不能说话，陈尔真就通过纸和笔耐心地与她交流、谈心。5 月 24 日，时任国务院总理温家宝到华西医院探望患者，当看到秀秀时，她就在床上写下了"我要读书，我要尽快好起来去读书，但是我又害怕好不起来"的字条，温总理看到后立刻写下了"昂起倔强的头，挺起不屈的脊梁，向前、向着未来，坚强地活下去"，以此鼓励她，也鼓励了所有的灾区人民向着未来，坚强而勇敢地活下去。

对于秀秀而言，这场危机事件的发生仅一两秒，其后历经十几个小时见不到光，被救出来后失去了一条腿。一个班级 51 个同学，幸存者 29 人，其中有 6 个人被截肢。灾后的 1 个月内她经历了焦虑、恐惧、抑郁等一系列的心理危机现象，有了"为什么没有死掉""为什么要让我活下来，从一个正常人变成一个残疾人"的悲观心理，就是我们常说的"创伤后应激障碍"（post traumaticstress disorder，PTSD）。是陈尔真教授的陪伴和关爱，给予了她力量和信心，秀秀亲切地唤陈尔真为"老爹"（四川话"爸爸"），而这一叫就是 10 年，这 10 年间秀秀一直与他的上海老爹保持着联系，在高考、填志愿这些人生重要的转折点，她都要听听"上海老爹"的建议。如今秀秀已经顺利考入兰州大学法学院攻读硕士学位，接受了自己从正常人到残疾人的新身份，其间以陈尔真为代表的医护人员给予了她心理危机的积极干预，带给了她精神上一个有力的支点，为她支撑起了人生的另一条腿。

陈尔真就像一束光照亮了秀秀灾后灰暗的生命，他们这段"特殊的父女之情"也为我们诠释了一个医者仁心的温暖故事。

参考文献：

[1] 医学院举行"十年医院情，难忘汶川"主题思政课［EB/OL］.（2018 - 05 - 03）［2023 - 10 - 20］.https：//news.sjtu.edu.cn/zhxw/20180503/73129.html.

[2] 2018 首部微电影《汶川：十年医源情》［EB/OL］.（2018 - 05 - 12）［2023 - 10 - 20］. https：//www.kankanews.com/detail/6ryd4K4rNyK.

（杨屹珺，附属瑞金医院，急诊科，主管护师）

灾难突袭，白袍战士逆流而上

思政映射点：爱岗敬业，专业扎实，沟通协作，无私奉献

学科：护理学

相关知识点：急诊分诊，护理评估

素材简介：本文结合课程专业知识学习，讲述当突发公共安全事件发生，人民群众的生命健康受到威胁或损害时，医护工作者永远秉承无私奉献的人道主义精神，以专业的医疗护理知识、过硬的急救技能，第一时间参与突发公共安全事件的应急救援工作，抢救生命，守护健康，用实际行动践行救死扶伤的神圣使命的故事。本文可用于提高医学生职业荣誉感和价值感，激发其全身心投入医疗护理事业的情怀，体会护理工作中爱岗敬业、无私奉献的重要意义。

2014年12月31日23时35分，上海市黄浦区外滩陈毅广场东南角通往黄浦江观景平台的人行通道阶梯处发生拥挤踩踏事故。这次的事件性质是一起对群众性活动预防准备不足、现场管理不力、应对处置不当而引发的拥挤踩踏并造成重大伤亡和严重后果的公共安全责任事件。

23时41分22秒起，上海市"120"医疗急救中心陆续接到急救电话。23时49分起，先后有19辆救护车抵达陈毅广场，第一时间开展现场救治和伤员转运。上海市公安局及黄浦公安分局迅速开辟应急通道，调集警用、公交及其他社会车辆，将受伤市民游客就近送至瑞金医院、上海市第一人民医院、长征医院以及黄浦区中心医院接受救治。同时，组织力量收集伤亡人员信息，及时联系伤亡人员所在单位和家属。

2015年1月1日凌晨，事发地点的秩序基本恢复正常，而收治众多伤员的4家医院的急诊室则变成了白衣天使与死神对抗的"战场"。各医院接报后立即启动公共突发事件应急预案，当班医务人员积极投入救治伤员的抢救工作中，备班医务人员及时到位，面对一个个生命垂危的伤员、一个个创伤后"情绪休克"的患者，医务工作者们用行动践行着救死扶伤的神圣使命。

　　中国新闻网《外滩踩踏事件：急诊室的故事》(2015 年 1 月 4 日发布)讲述了上海交通大学医学院附属瑞金医院收治"外滩踩踏事件"伤员的几个案例。其中急诊科毛恩强主任在 1 日 1 时 10 分接到抢救室当班医生电话后迅速赶往医院，他是第一个到达急诊抢救室的主任，到场后逐一查看了送达的伤员，统筹安排专职医生和护士参与分诊、救治与护理，事后才知道由于出门太过着急，自己家中的大门彻夜敞开。而当他回忆到面对一个入院时已无心跳和呼吸的 19 岁花季少年，值班医生和护士不愿放弃这条年轻的生命轮流做心肺复苏时，仍然眼中泛起泪光，"他才 19 岁啊！"毛主任心痛地说道。另一位 27 岁的男性伤者送到医院时正处于严重缺氧状态，极度烦躁不安，面色红而青紫，当时 4 个成年人都按不住他。神经外科的医生提出为其注射安定药物，抢救室护士在这极其困难的情况下完成注射，但当时躁动不已的伤者全然不能配合治疗，不慎将伤口的鲜血直接溅在该护士的脸上，而护士只是顺手抹去血迹，又迅速投入另一名伤员的救治中。

　　在突发公共安全事件发生时，医务工作者总是冲在最前方，他们的职责包括但不限于应急事件的应对、信息的报告与沟通以及提供紧急医疗救治，他们的专业能力和快速响应对于保障人民群众的生命安全和身体健康至关重要。

（杨屹珺，附属瑞金医院，急诊科，主管护师）

玫瑰，风雨中绽放

思政映射点：爱岗敬业，专业扎实，无私奉献

学科：急危重症护理学

相关知识点：危重症患者评估与系统功能监测，多脏器功能障碍等

素材简介：本文介绍了刘嘉琳主任作为一名医生，坚守临床一线，投身重症医学的事迹。她在突发公共卫生事件救治方面作出的突出贡献，可用于勉励学生发扬无私奉献精神和爱国情怀，夯实专业知识，拓宽知识领域，提升临床实践能力。

刘嘉琳（见图1），主任医师，博士生导师，主攻危重感染的预防诊治和呼吸等脏器功能支持。她曾赴美国马萨诸塞州总院进行危重感染与免疫相关访学，同时兼任上海市医学会危重病专科分会青年委员会副主任委员等。主持国家自然科学基金项目4项，开展危重感染相关研究，发表SCI论文30篇。任上海市第六批（瑞金医院第四批）援鄂医疗队医疗组组长。获得2020年抗击新冠疫情全国三八红旗手称号。2020年，获上海市科技进步二等奖。

图1　刘嘉琳主任

2020年春节，沉浸在春节假期的人们都未曾想到今年的春节会如此地不平凡，突如其来的新冠疫情，让一场没有硝烟的战斗打响了。在暴发初期，新冠病毒传染力、致病力极强，由于人们缺少对它的认识，不了解其传播特性，没有采取妥善的防护措施，造成了全国范围的传播，同时，危重症患者接踵而来。全国的医护人员都在很短的时间内主动请缨，用他们专业的知识和技能去筑起防护墙。

刘嘉琳在2020年1月22日就匆匆奔赴山西，返沪后立即报名参加援鄂。于2月9日作为上海市第六批（瑞金医院第四批）援鄂医疗队队员兼任组长出征武汉（见图2）。

瑞金医院 136 人的医疗团队在抵达同济医院光谷院区不到 3 个小时,也就是到达武汉还不到 24 小时,就整建制接手了一个新冠肺炎重症病房。在医疗团队的整体安排下,作为医疗组长,她带领第一批医护人员进入了病区。面对几十位涌入病房的危重症新冠患者,她没有慌张,而是沉着冷静,与队员一起迅速完成了"三区划分"和院感流程,开始忙碌而有序地开展救治工作,收治了近 30 例患者,48 小时内完成了第一批 52 例重症和危重症新冠病患的收治。

图 2　2020 年 2 月 9 日刘嘉琳带队奔赴武汉

在病房开启的第一个晚上,收治的很多患者都出现了呼吸衰竭的症状,有好几个患者还合并了其他脏器的功能衰竭,其中有两位老太太的肌酐已经超过 1000,刘嘉琳当机立断联系血透室进行血透治疗,积极稳定患者内环境,使患者转危为安。那一晚她奋战到了清晨,厚重的防护服让娇小温柔的她动作迟缓,严密的防护服和口罩更添了几分窒息感,但她始终斗志昂扬。当清晨六点作为组长的她最后一个出舱时,已经大汗淋漓、气喘吁吁。

一位 43 岁的男性患者在入院 3 天后病情突然迅速加重,刘嘉琳及其团队及早评估分析并迅速调整药物治疗方案,将呼吸支持治疗的"关口前移",从尽早插管到清醒 ECMO,最终成功救治了这位危重型患者。

只有对所有患者的病情了如指掌才能做到胸有成竹,这是瑞金医院重症医学科的规范。在上海的时候,刘嘉琳主任就秉持着"强人者必先自强,律人者必先自律",无论刮风下雨,每天交接班之前都会早早地出现在病房,先把患者今晨的化验报告看一遍,梳理出患者今日的治疗重点。在武汉,她依旧每日很早起床,乘上开往武汉同济医院光谷院区的班车。到医院后,第一项工作就是查看患者报告,整理治疗要点。她会从患者的各项化验和临床表现中寻找到蛛丝马迹,提前梳理出患者目前最需要解决的问题,并告诉医生和护士不同患者需要观察的要点和注意事项。而且,她还会不断巡视病房,在巡视过程中指导医生和护士给予患者最适当的治疗(见图3)。所以50多名患者的治疗信息她都熟记于心,务求准确和精确。每天交班,她都会对年轻的医生们进行"灵魂拷问",一连串的发问即便是队里的高年资医生也倍感紧张。她一直这样说:"医学不仅是一门严谨的科学,更是一门人的艺术,要透过现象看本质。"

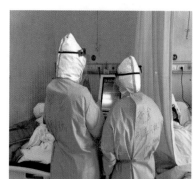

图3   在武汉同济医院光谷院区查房、读片

在上海的时候,刘嘉琳就被公认为"发明家"。在武汉,刘主任依旧将她的

聪明才智发挥得淋漓尽致。她和她的医疗护理团队在武汉开展了一系列临床研究,对新冠患者的各个脏器水平开展了系统性的监测,建立了早期预后评估体系统;在疫区率先应用瑞金自主研发的机器人"小白",借助 5G 技术进行远程医疗;用 AI 技术全方位保障医护人员零感染,与后方科研团队合作通过人工智能技术设计开发"人工智能防护服穿脱助手"App,申报了 40 多个医工交叉项目,涉及防护、医疗、护理等多个领域,并成功申请了 6 项实用新型专利,推广至临床一线,受到国家卫健委领导的称赞。

　　她和她的战友们夜以继日共同战斗了 52 个昼夜,一共收治了 90 例危重患者,其中大多数是老年人,89% 的患者合并各种严重的并发症。瑞金医院团队治愈率高达 90%,死亡率仅 1.1%,荣获全国卫生健康系统新冠肺炎疫情防控工作先进集体,刘嘉琳主任也获得了"抗疫三八红旗手"的称号(见图 4)。

图 4　新冠疫情先进事迹报告会

　　刘嘉琳主任无愧于自己的人生格言"砥砺前行,不负韶华"。她敬畏生命,永不放弃;敬畏生命,不断超越;始终怀着一颗赤子之心,用智慧挑战困境,用初心呵护生命,不负韶华,用最朴实的行动,护卫着生命的健康。

(谷茜,附属瑞金医院,重症医学科,主管护师)

不信不立，不诚不行

思政映射点：爱岗敬业，诚信为本

学科：外科护理学

相关知识点：肿瘤患者的护理

素材简介：在肿瘤患者、肿瘤化学治疗患者的护理中，护士的责任重大。责任越大，压力越大，一旦发生差错，该如何应对？本文通过具体案例说明，一旦护理工作中出现差错，千万不要隐瞒或逃避，而是应该主动承担责任，挽回损失，获得理解。本文旨在培养学生在护理工作中一丝不苟、认真负责的态度，提高学生对慎独精神和诚信行护重要意义的认识。

这是一个关于护士诚信的故事。在医疗领域，诚信的重要性不言而喻，它不仅直接关系到患者的生命安全，更是衡量一名医护人员职业素养的重要标准。这个故事发生在一家知名的医院，故事的主角是一名敬业的护士。请大家跟随我一起走进这个真实的事件，探讨诚信在护理工作中的作用和意义。

护理事件经过如下：

2017 年 3 月 24 日，一位患者在医生的建议下入住该医院接受化疗。根据治疗计划，医生开出了以下的药物治疗方案：生理盐水500 mL加美罗华500 mg的静脉滴注、生理盐水 100 mL 加甲强龙 80 mg 的静脉滴注，以及生理盐水 100 mL 的静脉滴注。负责准备药物的护士 A 准备冲配补液，将所有药物放于治疗台上（实际上美罗华在冰箱里未取出）。在护士 A 冲配补液过程中，铃牌不断地响，护士 A 冲配补液至一半时，接铃牌更换补液，更换补液后返回治疗室，护士 A 认为自己已经将美罗华冲配完成，并在输液瓶上标明已冲配。随后患者完成了治疗并于 3 月 25 日办理了出院。当天下午护士 A 发现冰箱内有一支美罗华，立即想到患者昨日补液中并未冲配美罗华，立即通知护士长，逐级上报。

在这个事件中，护士 A 的行为显然违背了诚信的原则。诚信是医护人员的基石，它要求医护人员在任何时候都要对患者负责，坚守诚信的底线。然而，护士 A 在准备药物时,未能仔细核对药物清单,导致美罗华这种昂贵且对患者至关重要的药物未能被正确添加到补液中。这不仅影响了患者的治疗效果,也给医院的信誉带来了重大影响。

对于护士来说,诚信不仅是一种职业道德,更是一种责任。诚信要求护士在面对患者时,要全心全意地付出,真诚地对待每一位患者。这个事件提醒我们,无论在何种情况下,护士都必须始终保持诚信,对自己的工作持有高度的责任心。只有这样,才能确保患者的安全和治疗效果。

幸运的是,这个错误在被发现后及时得到了处理。在护士 A 意识到自己的错误后,她立即通知了护士长,并逐级上报。医院对此事高度重视,迅速采取行动。首先,他们联系了患者及其家属,向他们道歉并承认错误。接着,他们邀请患者再次入院接受治疗,以最大程度地减少这次失误带来的影响。最后,医院对护士 A 和其他相关人员进行了批评和教育,以防止类似事件的再次发生。

这个案例让我们深刻认识到诚信在护理工作中的重要性。诚信是医护人员的基本素质,是保证医疗质量和安全的基石。通过这个案例,我们也要认识到护理工作中任何环节的失误都可能给患者带来不可预测的影响。因此,我们必须在以后的工作中时刻保持警惕,坚守诚信,对患者负责,对自己负责。同时,这个案例也提醒我们,在面对错误和挫折时,要有勇气承认并改正错误,以实际行动来提高我们的专业素养和道德水平。

(张蔚青,附属瑞金医院,重症医学科,副主任护师)

心灵造口师

思政映射点：爱岗敬业，专业扎实，科学精神，无私奉献，人文关怀，淡泊名利

学科：外科护理学

相关知识点：结、直肠和肛管疾病患者的护理

素材简介：本文通过介绍肠造口患者求医的心路历程，以及造口对患者生理和心理健康产生的巨大影响，提高学生关于肠造口对患者心理健康产生负性影响的认识，培养学生对肠造口患者实施整体护理的工作理念，帮助学生认识护理工作中体现人文关怀的重要意义，加深学生对护理职业的荣誉感和价值感的感知，继而激发学生对护理职业的热爱，并把这种热爱转化为学习和工作的动力，全身心投入护理事业，更好地为患者服务。

图1　护士蔡蕴敏

她，蔡蕴敏（见图1），是我国为数不多的几位国际造口师之一。在这个独特的领域，她凭借高超的技艺和深沉的爱，为患者带去温暖与安慰。她的工作不仅要求具备专业的医疗技术，还必须具备一颗愿意去触碰和抚慰患者内心伤痛的心。"让患者活得有尊严"，这是蔡蕴敏在无数次工作中经常说的一句话。她是这样说的，也是这样做的。面对那些溃烂不堪甚至烂到骨头、冒着脓水的创口，面对那些充满异味、恶臭的伤口造口患者，蔡蕴敏从未退缩，以内心的坚强克服着难以忍受的视觉和嗅觉冲击，以高超的医疗技术，一次又一次为患者解除了苦不堪言的伤痛。

她不仅是他们的治疗者，更是他们的心灵治愈者。在患者们最痛苦、最无

助的时候,她用她的微笑、温暖、坚持,给他们带去了无比的安慰和力量。有一封来自"天堂"的信,写信人小雪大二时患上腹膜假性黏液瘤,最终离开了人世。但是,在生命的最后阶段,小雪并不孤独,因为有蔡蕴敏和护理团队的陪伴。蔡蕴敏得知小雪的情况后,决定为小雪上门护理。在接下去的 11 个月中,蔡蕴敏为小雪上门换药 84 次,所在护理团队的其他成员上门服务 36 次。120 次的坚持给饱受病痛折磨的小雪带去了"亲人般"的爱。在离世前一天,小雪在自己的博客中写道,"蔡老师"让她能"继续在天堂里微笑"。这是小雪的感激,也是对蔡蕴敏工作的最高奖赏。小雪虽然离开了人世,但她的生命故事并未结束。相反,她的故事因为蔡蕴敏的关爱而得以延续。

　　蔡蕴敏的行动,让我们看到了一个医护人员的真实面貌。她用实际行动告诉我们,医者仁心,不只表现在医疗技术上,更在医者的情感和关怀中。她让我们看到,一个医护人员的价值,不仅在于他们的技术和知识,更在于他们对于患者的深沉的爱和尊重。蔡蕴敏是一位心灵造口师,她的工作不仅仅是治疗伤口,更是治愈人心。她用她的爱和坚持,为患者打造了一个又一个美好的故事。这些故事中充满了痛苦、挣扎、绝望和希望,而正是由于蔡蕴敏的存在,这些故事得以有了圆满的结局。作为一名医护工作者,蔡蕴敏以她的专业素养和人文关怀,赢得了患者们的尊重和感激。她的行为赋予了患者们战胜疾病的信心和力量,使他们在面对生死时也能感受到温暖和尊严。

　　2014 年 8 月,蔡蕴敏荣登"中国好人榜"。这是对她工作的肯定,更是对她人格的赞美。她的故事,感动了无数人。那些被她治愈过的患者们,用各种方式表达着对她的感激和敬意。他们感谢她为他们带来的温暖与希望,感谢她为他们重塑生活的信心与勇气。蔡蕴敏的故事不仅激励着患者们勇敢面对疾病,也启示着我们关注和理解医护工作者的辛勤付出。他们不仅治疗着身体的痛苦,更治愈着心灵的创伤。他们是生活中不可或缺的一部分,他们用爱与关怀为我们的健康保驾护航。

　　让我们记住蔡蕴敏的故事,记住这位心灵造口师,她用实际行动诠释了医者仁心,为我们树立了榜样。让我们从她身上汲取力量,学会感恩和尊重每一名医护工作者,因为他们是我们生命中不可或缺的重要人物。

(张蔚青,附属瑞金医院,重症医学科,副主任护师)

"一家人"的最后团聚

思政映射点：人文关怀

学科：肿瘤专科护理

相关知识点：肿瘤患者的姑息护理

素材简介：一名晚期乳腺癌患者因肿瘤发生脑转移引起抽搐、双目失明，并且生命体征不稳定，由于患者年仅30岁，为减轻患者痛苦，医生将其收治入院。入院后，家属向医护提出希望有机会为患者过完最后一个生日，医护人员用专业技术和仁爱之心，克服种种困难为临终患者和家属实现了心愿。

附属医院乳腺中心来了一个30岁出头的年轻女性，她是在怀孕早期查出了乳腺癌，确诊时已经有远处转移。在经过十个多月的治疗后，她的病情突然加重，因脑转移压迫中枢神经引起抽搐而再次入院。

家人深知患者时日无多，唯一的希望就是能为她过完最后一个生日，因为这天也是她的结婚纪念日。肿瘤转移所致的双目失明、全身抽搐和疼痛让患者身心承受着巨大煎熬，入院后医护密切配合，通过专业的治疗有效控制了症状、减轻了她的身体痛苦；同时，护士也在通过支持疗法、人际关系疗法、意义疗法等心理护理舒缓患者情绪。

在医护人员的共同努力下，患者迎来了她人生最后一个生日，那天医护人员和家属一起为她送上了生日蛋糕（见图1）。这时她丈夫找到护士商量说："我俩没有孩子，家里养了两条小狗，是否可以让小狗和妻子有最后的团聚？"由于医院规定动物不能进病房，于是护士找到值班医生商量，一起带着氧气枕、心电监护仪和输液泵，在确保患者安全的前提下，与她的家人一同将患者连同病床一起推进了电梯送到了地下室，电梯门打开的一瞬间，小狗飞快地奔跑跳到床上，患者张开双臂去拥抱两个"孩子"。此时，一家"四口"团聚了。那一刻，在场的所有人眼眶都湿润了，不停打转的眼泪，是激动，是不舍，也是感激，是成全。

作为医护人员，我们有时真的无法无限延长生命的长度，但我们希望能尽我们的能力去丰富生命的宽度。作为一名护士,我们有时是盏灯,有时是拐杖,有时是承载眼泪的手帕,但给患者送去的永远是温暖和希望。

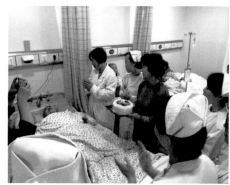

图1　医护人员和家属一起为患者送上生日蛋糕

乳腺癌是威胁全世界女性健康的恶性肿瘤,近年来我国乳腺癌发病率日益增高,尤其城市年轻女性中的乳腺癌发生率呈上升趋势。

医疗圈流传着"三分治疗,七分护理"的说法,可见护理对于患者康复的意义。以上案例说明了给予终末期患者和家属以心理支持是多么重要。一方面,案例表明了医护人员用精湛专业技术和心理护理知识为临终患者提供专业照护,减少临终患者身心痛苦,改善和提高临终患者生存质量;另一方面,"一家团聚"场景分享也让学生对临终患者和家属心理需求产生共情共鸣,激发学生心怀"提灯女神"南丁格尔誓言的职业信念。

本文让学生感悟护理人文精神的光芒,达到树立人文关怀理念的教学目的,激发了学生的专业使命感和责任感。

参考文献:

[1] 徐波,陆宇晗.中华护理学会专科护士培训教材:肿瘤专科护理[M].北京:人民卫生出版社,2018.

[2] 李向东.护理与临终关怀[M].北京:中国协和医科大学出版社,1998.

[3] 吉双琦.方琼.心怀"提灯者" 身兼"引路人"[N].上海大众卫生报,2021-11-23.

[4] 裴艳,董晓晶,方琼.心理干预对乳腺癌患者认知情绪调节的影响[J].中国健康心理学杂志,2013,21(9):1346-1347.

（方琼,护理学院,护理学,主任护师）

"中国式换脸"助重生

思政映射点：爱岗敬业，开拓创新，人文关怀

学科：整复外科学，护理学

相关知识点：预构皮瓣转移脸面重建术围术期护理，皮肤软组织扩张的护理，患者心理护理

素材简介：本文讲述了上海九院整复外科李青峰团队首创"中国式换脸"技术，不使用异体组织，不服用抗免疫排斥药物，通过自体全脸面预构重建技术，利用组织扩张、细胞移植、皮瓣等技术，使得脸面毁形患者获得正常人的面貌与功能，同时，护理团队在治疗疾病的基础上，给予患者心理照护和帮助，最终帮助患者回归正常生活与工作的事迹。本文说明，要以医学技术的精进和创新去攻克医学难题，造福人民，同时，技术要与人文关怀相结合，从而推动患者重拾信心，走向康复。

人脸是个体与外界沟通的一扇窗户，恢复正常容貌对于患者的生活尤为重要。上海九院整复外科李青峰团队历经 10 年不懈努力，首次建立了"自体全脸面预构重建技术"，该技术简称"中国式换脸"，为严重的全脸面毁损提供了有效的治疗方法。

"中国式换脸"方法是利用皮肤扩张，产生额外皮肤软组织，覆盖损毁的全面部，此手术是通过预构、皮肤扩张、皮瓣转移进行的修复术。该方法不使用异体组织，不服用抗免疫排斥药物，利用组织扩张、细胞移植、皮瓣等技术，使得脸面毁容患者可获得"正常人"的面貌与功能。这一技术避免了异体移植造成的伦理、心理问题与长期的抗免疫排斥治疗的问题（如感染、肿瘤等）和沉重的经济负担，减少了目前学科对异体脸面移植的依赖性，是该领域的又一创新和贡献。

2017 年 5 月 2 日，内蒙古大兴安岭毕拉河北大河林场发生森林火灾，内蒙古自治区副主席张华，赴命现场协调指导灭火工作，火灾无情，来势凶猛的大火迅速吞噬了约 500 公顷面积的森林。张华同志立即驱车加入了救火的队伍。

在车辆进入火灾区域后,由于浓烟遮挡了视线,对前方火势无法判断,加上山林风向转移,火势顿时包围了张华所处的车队。大火吞噬了车队,张华所驾车辆被大火引燃。张华被救下的时候,大火致其烧伤面部、颈部、四肢,面积达 45%。随后他被立即气切,送入急救病房,在闯过了生死关之后,考虑到还要回归到正常的工作之中,所以来到了上海九院整复外科进行进一步的治疗。

术后 3 年,患者对恢复的情况比较满意。

那么是什么治疗,或者手术帮助患者改善了面部的伤疤,恢复了之前的容貌呢?

大家听说过"中国式换脸"这个名词吗? 我来为大家介绍一下,为什么叫做"中国式换脸"。

美国有过相应的纪实报道:一位因枪伤而脸部被毁的 18 岁少女,在美国俄亥俄州克里夫兰诊所接受了从器官捐赠者那里取下的脸部,媒体用相机严肃地记录着在两条生命之间转换的面孔。但由于异体移植带来的排异反应,和肤色、种族、宗教带来的限制,能捐献自己脸的志愿者寥寥无几,很多患者无法在有限的时间里接受治疗。上海九院整复外科李青峰团队经过不懈努力,首次建立了自体全脸面预构重建技术,通过自体软骨建构来给毁容的患者进行移植,目前已经治疗了 200 多位患者。"中国式换脸"方法,不使用异体组织,不服用抗免疫排斥药物,利用组织扩张、细胞移植、皮瓣等技术,使得脸面毁形患者可获得正常人的面貌与功能,避免了异体移植造成的伦理、心理问题与长期抗免疫排斥治疗问题和沉重的经济负担。

在以后的护理工作中,我们也常常会遇到需要"换脸"治疗的围术期的患者,那么我们如何为患者提供围术期的护理呢?下面围绕上海九院的一个临床案例进行说明。

患者,男,59 岁,"烧伤后 20 个月,前胸扩张器置入术后 1 年余"入院。

【病史资料】患者于 2017 年 5 月 2 日因所驾车辆被大火围困引燃,致被火烧伤颜面部、颈部、四肢,烧伤面积达 45%,在当地给予急救气管切开处理后转入北京积水潭医院治疗,行反复多次清创、植皮术,患者伤口逐步愈合,后行多次功能康复训练,于 2017 年 12 月 26 日在我院行前胸预构一期＋扩张器置入术,术后定期注水,目前注水达 2900 mL,拟入院行二期手术。

【护理查体】神清,精神可,体温 36.7℃,血压 133/71 mmHg,颜面、颈部、四肢烧伤植皮后,可见瘢痕形成,双耳、鼻翼、眼睑损伤,腰部及双臀可见取皮后瘢痕形成。右前胸扩张器置入后外观,注水达 2900 mL。

【临床诊断】全身多处瘢痕,术后植入扩张器。

【主要治疗与护理】术前,患者已在我院行前胸扩张期植入术,在护士指导下进行术后定期扩张器注水,等皮瓣扩充到符合手术要求的大小,择期在全麻下行预构皮瓣转移脸面重建术,手术顺利,术后安返病房加强护理,观察患者病情变化,尤其注意皮瓣血运。注意抗炎对症治疗。

以上案例中,围术期护理重点有哪些? 如何进行护理?

第一,扩张器注水的护理。

问题描述。患者已在上海九院完成 I 期前胸扩张期植入术,并在护士的指导下进行术后定期扩张期注水,扩充皮瓣。术后常速注水,每次注水量以扩张皮肤张力适宜但不发白,患者能忍耐程度为主,注水期满后皮瓣休息 2~4 周。等待 II 期手术安排。治疗期间患者主诉,注射部位疼痛难忍,皮肤出现红血丝增生,血管增生聚集表现明显。

应对措施。扩张器注水的实际操作:注水时选择 5 号头皮针,以减轻疼痛和渗漏,注意观察扩张器表面皮肤颜色和充血反应。注水后拔出针头并用无菌纱布按压注水点。注水后指导患者卧床休息,加强扩张器部位的保护,防止局部外伤,详细记录注水时间和注水量。扩张皮肤持续发红应考虑回抽减压,以防止局部出现血运障碍。如出现胀痛、出冷汗、虚脱等症状,可暂停注水,待症状缓解后再注水。随着扩张器注水量的增多,应多多注意保护扩张器部位,特别是小儿患者,避免剧烈运动及碰撞,创面早期感觉迟钝,冬季应注意保暖,防止冻伤。

其中的病理生理学机理。在渗透压的作用下,扩张器注水治疗中皮瓣表面会经历从快速紧张到缓慢松弛的过程,生理盐水进入扩张器后,由于注水速度的加快和容量的增加,扩张器快速膨胀,扩张期周围的皮瓣迅速拉升,皮肤紧张,通过触摸可以感受到皮肤变硬,延展性逐渐变差。随着时间的延长,生理盐水改变了细胞内外的离子浓度差,激活了机械感受性离子通道,促使 Ca^{2+}、K^+、Na^+ 离子流动,当差值平衡时,皮肤压力平均化,从原来紧张的局部皮肤,转变为松弛度平衡的扩张皮瓣。

由于液体的流动性,一些患者在最初注水时,可能每次 10 mL,注水过程中,7～8 mL 时并未见明显的皮肤扩充情况,皮肤依然呈现松软状态,当最后 2～3mL 注入后,肉眼可见明显的皮肤紧张、扩张器膨胀突出的状况。由于扩张器放置位置的不同,额头、下巴、胸前等皮肤松弛度不同的位置,注入同样体积液体时,皮肤出现不同的状况。

患者注水治疗完成后,应在诊疗室外静坐观察,排除可能风险。

开始时每次注水量可稍多,但当皮肤有一定张力后,不可操之过急。少量多次注水应该是比较合理的。每次注液不必拘泥扩张器容量的大小,而使扩张皮瓣有一定张力即可,注液时不可使皮瓣的张力过大,否则真皮纤维断裂出现类似妊娠纹样改变,将导致修复缺损后的效果不理想。

第二,术后皮瓣血运的观察。

问题描述。血管危象指血液循环危象或血液循环障碍,是指吻合的血管通路受阻,危及移植皮瓣成活的一种严重并发症,多发生在夜间气温下降时。血管危象按发生部位分为动脉危象和静脉危象(见表1),按病理表现分为血管痉挛和血管栓塞。按发生时间分为早期危象和晚期危象:术后早期危象发生在术后 24 小时以内,以血管栓塞为主,应及时手术探查;术后晚期危象发生在术后 48 小时内,以血管痉挛为主,应积极解痉挛治疗,谨慎手术。自体皮瓣重建术后 72 小时内皮瓣的护理和监测对挽救皮瓣丢失至关重要。术后 3 天是皮瓣并发症高发期,也是皮瓣术后血供监控的关键期。及时发现游离皮瓣血管吻合口的微血管血栓(70%的游离皮瓣血管问题来自静脉栓塞),恢复血流灌注能挽救移植皮瓣,提高手术的成功率。

表 1　动脉、静脉危象原因和表现

类别	皮瓣颜色	皮瓣温度	肿胀程度	毛细血管反流特征	针刺出血	原因	发生时间	处理
动脉危象	突然苍白	温度骤降,差值>3℃	皮肤质软,松弛,凹陷	突然延长>2s,血管搏动突然减弱	针刺出血很少	动脉痉挛	超过48h	适当改变体位,避免皮瓣蒂部扭转而致血液供应不足,使用烤灯保暖。谨慎手术

（续表）

类别	皮瓣颜色	皮瓣温度	肿胀程度	毛细血管反流特征	针刺出血	原因	发生时间	处理
动脉危象	逐渐苍白	温度缓慢降低，差值＞2℃	皮肤质软，松弛，凹陷	逐渐延长＞2s，血管搏动缓慢减弱	针刺出血少	动脉栓塞	不到24h	及时手术探查
静脉危象	逐渐紫红	温度缓慢降低，差值＞2℃	皮肤紧绷，张力大	反映过快，小于1s，血管搏动正常	针刺出血活跃，放血后颜色由暗红变为鲜红	静脉栓塞	不到24h	松解过紧的敷料，低位针刺放血，使淤积的静脉血流出，促使静脉淋巴回流建立。查明原因、及时处理

应对措施如下：

（1）合理的温湿度。室温控制为25～26℃，湿度维持50%～60%。冬季气温较低，应注意再造区域保暖。皮瓣局部区域温度过高会增加全身及皮瓣组织的耗氧量，温度过低则造成皮瓣血运不畅，影响动脉供血及静脉回流。

（2）包扎松紧适宜。术后局部包扎应松紧适宜，过松起不到固定的效果，过紧导致血液障碍。

（3）注意皮瓣观察指征。物理检查是术后皮瓣血运监测的基础，观察指征包括物理检查毛细血管返流征、皮瓣颜色、皮瓣温度、组织肿胀程度等以及运用彩色多普勒超声等设备观察血运变化。①毛细血管返流征：用指端或棉棒尖端轻轻按压皮瓣，放开后，皮瓣颜色由白变红，毛细血管恢复充盈，时间1～2秒为宜；②皮瓣颜色：与健侧比对，颜色基本相同或略红。避免消毒水、光线的影响。③皮瓣温度可以通过触摸、温度探测仪及手持非接触温度计等监测：与健侧对比，温度差在0.5～2℃。如超过这一数值，应考虑血液循环障碍。④组织肿胀程度：皮瓣出现干瘪是动脉供血不足表现，皮瓣过度肿胀需要考虑静脉回流障碍可能。血液灌注量也会影响组织肿胀程度。如肿胀明显、局部质硬，可考虑血肿。

一般建议监测的频率为术后第1个24小时内1次/小时，第2个24小时内1次/2小时，第3个24小时内1次/4小时。观察应做到动态监测，除了和健侧皮肤进行对比外，还应该与之前时间节点的结果进行对比。各项观察指征应综合起来共同评估,不可单一使用其中一种指征作为孤立的评价方法。

第三,心理护理。

问题描述。由于术区面部皮肤、器官的特殊性,需要进行针对性的护理,如饮食护理:术后2周进食高热量、高蛋白、富含维生素的流质饮食。减少咀嚼。由于患者张口受限,应特别注意口腔护理,使用生理盐水或温开水进行口腔冲洗,嘱患者多饮水,利用负压抽吸,保持口腔卫生;眼部护理,利用抗生素滴眼液护理眼部1天4次,及时去除眼部周围分泌物;鼻部护理,每日更换鼻部支撑管,及时去除血痂和分泌物。颈部瘢痕手术后6~8天内需维持良好的固定,以达到消灭死腔的目的。临床上常采用加压包扎法,同时患者必须严格平卧位制动,这常导致患者产生恐惧、紧张的心理反应,同时患者因不了解胃管以及身处陌生的病房环境,紧张感会更加强烈。过多或不适当的焦虑、恐惧是一种有害心理,会影响患者的术后康复。

应对措施。饮食护理:术后2周内进食高热量、高蛋白、富含维生素的流质饮食;减少咀嚼活动。眼部护理:术后用抗生素类滴眼液眼部护理1天4次,及时去除眼部周围分泌物。鼻部护理:每日更换或清洗鼻部支撑管,及时去除血痂和分泌物,保持清洁。鼻腔体位:避免头部后仰,防止血管蒂扭转及牵拉受压影响皮瓣血液循环。心理护理:眼裂封闭的患者早期不可视物,主动沟通,可采用多种沟通方式交流。

第四,在护理中渗透人文关怀。

"有时去治愈,常常去安慰,总是去帮助"。护理不仅仅是关注患者的病痛,更要帮助患者解决心理问题,增加患者战胜疾病的勇气和信心。由于患者病程较长,从Ⅰ期扩张器植入,到扩张器注水,到皮瓣移植的过程,护士陪伴患者经历了整个治疗过程。因此,对于患者情绪的表达,对治疗过程的疑问和焦虑情绪,护士都应该准确掌握。与患者交流时,应表现出正常的社交礼仪,切忌表现出惊讶、害怕、好奇、过分担忧等情绪。要顾虑到患者敏感的情绪,把患者当作普通人对待。在患者出现忧愁、低沉、失落的情绪时,给予安慰和帮助。

患者常常有自卑、愤怒的情绪,由于创伤和疾病打破了患者原来的生活规律和工作习惯,患者丧失了社会地位、经济来源,甚至遭到了亲人的负面情绪。这时作为医务人员,护士不仅要帮助患者增强信心,还应关心患者家属,联系家庭、社会,做到三元联动,共同帮助患者恢复健康。护士要:尊重患者的需求、理解患者的困难、宽慰患者的忧愁,鼓励患者提升自我照护的能力,慢慢向原来的生活状态靠近;给患者提供有效遮挡,向患者建议佩戴帽子、口罩、弹力手套,帮助患者在公众场合有效地遮挡受损的皮肤,增强其信心;对于颈部气切口,除教会患者自我护理外,可建议患者穿衬衣,或有拉链的高领外套,降低气切口暴露外界空气引发感染的可能;定期检查患者气切套管的固定绳,防止由于长时间,绳子老化,引发套管脱落,或痰液污染。

皮瓣手术之后,患者口角张口受限,护士可在床头给患者配备一个写字板,帮助患者表达需求;对于患者的需求,护士要给予耐心解答,同时及时鼓励患者,帮助他建立战胜疾病的勇气和信心。

换脸治疗是一个长时间的治愈过程,医务人员除帮助患者恢复容貌外,更多的是帮助其建立进入社会的勇气和信心。医务人员是患者创伤的直接见证人,创伤是英雄的徽章,但卸下英雄徽章的他们,也是普通人,会有自卑、担心、忧愁的情绪。因此,和谐的医患关系,有效的善意鼓励是我们今后护理工作的重点。除掌握好护理知识外,关怀与鼓励在日常护理工作中必不可少。

参考文献:

[1] 卞薇薇.整复外科护理学[M].上海:上海交通大学出版社,2018.

[2] 李海洲. 严重脸面创伤性毁形治疗策略的研究与应用[D].上海:上海交通大学,2014.

[3] BERRIDGE M J , MILLER J J. Inositol trisphosphate and calcium signaling[R]. Cold Spring Harbor Symposia on Quantitative Biology,1988.

[4] 鲁开化.皮肤扩张术在美容整形外科应用的现状及未来[J].中国实用美容整形外科杂志,2005,16(3):129.

[5] 杨力,潘勇,郭树忠,等.颜面部皮肤扩张术治疗后的进一步美容修复[J].中国美容整形外科杂志,2009,20(4):209-212.

[6] 彭城.游离皮瓣坏死的危险因素:多变量 Logistic 回归分析[D].长春:吉林大学,2017.

[7] SMIT J M, ZEEBREGTS C J, ACOSTA R, et al. Advancements in free flap monitoring in the last decade: a critical review[J]. Plast Reconstr Surg, 2010, 125.

[8] 唐小丽,钱维明,薛旦.穿支皮瓣血管危象的观察及护理[J].护理与康复,2013,12(8):765-766.

[9] 秦丽伟.35 例皮瓣移植术的观察与护理[J].中国医药科学,2014,4(22):122 - 124.

[10] 杨明,谭谦.保留少量腹直肌的游离 TRAM 皮瓣和 DIEP 皮瓣乳房再造并发症的 Meta 分析[J].东南大学学报(医学版),2012,31(6):711 - 720.

[11] 杨淑萍,司亚楠,房彩丽.背阔肌肌皮瓣移植修复高压电烧伤围手术期护理[J].中国医疗美容,2017,7(4):63 - 65.

[12] TEMPLE-OBERLE C, SHEA-BUDGELL M A, TAN M, et al. Consensus review of optimal perioperative care in breast reconstruction: enhanced recovery after surgery (eras) society recommendations[J]. Plast Reconstr Surg, 2017, 139(5):1056e - 1071e.

[13] 陈嘉,卞薇薇,庄蕾岚,等.不同进食方式对颈部瘢痕手术后患者康复的影响[J].组织工程与重建外科杂志,2019,15(4):260 - 262.

（黄莹,附属第九人民医院,整复外科/护理,护士长/主管护师）

安乐死，生命最后的请求

思政映射点：医学伦理与法治，政府政策，人文关怀

学科：生命伦理学，护理学

相关知识点：慢性肾衰竭

素材简介：本文通过 9 名尿毒症患者欲求"安乐死"事件，旨在教育学生在工作中担当起救死扶伤的责任，站在患者的角度，与患者感同身受，深切体察患者身体和心理上的痛苦，并予以患者充分的理解、同情和人文关怀。同时让学生了解，作为一名医务工作者，除了掌握精湛的技术外，还要有医者仁心，并对医学相关的敏感问题作出思考，有自己的立场，由此激发学生对生命健康权的尊重。

先来看一组数据，尿毒症患者必须每周 2~3 次到医院进行 4~5 小时的血液透析，以现在国内每次透析 400~500 元的费用计算，全年的治疗费用为 5 万元左右，这还不包括其他检查和治疗费用。肾移植手术的费用近年来降低到较为基本的 6 万~8 万元，但移植手术后患者需要终生服用抗排斥反应的药物，为此每月需花费 5000~6000 元，与此类似的还有白血病的骨髓移植治疗。大量恶性肿瘤患者的化疗费用也维持在每月 3000~5000 元的水平，甚至更多⋯⋯虽然我们常常说"生命无价"，而在现代的医疗手段面前，危重患者的生命价格是可以用数字计算出来的。上面所列举的这些数字，意味着治疗费用的昂贵，对普通家庭来说，短时间也许还能负担，但长时间却是无法承受之重。

正因为如此，才会出现这样的事例——2001 年 4 月，西安市黄某某、李某某等 9 名尿毒症患者因不堪忍受长期的病痛折磨和经济压力，商议寻求"安乐死"。消息见报后，又有 40 名尿毒症患者公开提出了相同的要求。他们要求放弃生命，并非因为痛苦，而是因为贫穷。能说他们的生命价值观非常消极吗？能说他们真正自愿地选择了自己的死亡方式吗？在他们的故事见报后，2001 年 8 月，西安市经实际调查，把尿毒症在社会保险中的报销额度从 70% 增加到

90%，把每次的透析费最高标准从 450 元降低到 380 元（透析是中晚期尿毒症患者维持生命的方法），并鼓励一批单位参保。2003 年 7 月，《南方周末》的记者专访了他们，9 人中有 1 人因病情恶化去世，另有 3 人的生活状态相当不错。其中一位说："现在个人承担的费用降了，透析费也减了，我可以充分透析了。以前做梦总想着下个星期的透析费在哪里，这是救命钱啊。"

本文通过 9 名尿毒症患者欲求"安乐死"事件，教育学生在工作中担当起救死扶伤的责任，站在患者的角度，做到感同身受，深切体察到患者身体和心理上的痛苦，并予以患者充分的理解、同情和人文关怀。同时让学生了解，作为一名医务工作者，除了掌握精湛的技术外，还要有医者仁心，并对医学相关的敏感问题作出思考，有自己的立场，激发学生对生命健康权的尊重。

2012 年，政府全面推开尿毒症等 8 类大病保障，在 1/3 左右的统筹地区将肺癌等 12 类大病纳入保障和救助试点。通过新农合与医疗救助的衔接，使重特大疾病补偿水平达到 90% 左右。以"大病医保"为载体，我国政府开展了一系列的措施以缓解慢性肾衰竭患者的经济负担。通过对政府这些举措的认同，引导学生增强对我国全民健康保障制度的认同感和道路自信。

参考文献：

[1] 肖月，隋宾艳，赵琨.我国终末期肾病现状及透析技术的应用、费用及支付情况分析[J].中国卫生政策研究，2011(5):29-33.

[2] 斯加.西安 9 名尿毒症患者欲求"安乐死"[N].扬子晚报，2001-04-08.

（查丹凤，附属仁济医院，护理学，主管护师）

全社会积极响应献出血小板

思政映射点：人文关怀，无私奉献

学科：血液肿瘤学，护理学

相关知识点：急性白血病，儿童白血病，儿童血液肿瘤

素材简介：本文介绍了 2015 年暑假期间上海血库血小板告急时，轰动全上海的全民献爱心活动。大爱无疆，团结互助是我国源远流长的优良传统，也帮助中华民族渡过了一个又一个难关。大到新冠疫情、汶川地震、巴中洪水，小到每个家庭的辛酸困苦，都是在中国人上下团结一心，携手并进中逐一被攻破的。儿童血液肿瘤疾病治疗时会有许多不良反应，最常见的就是骨髓抑制，包括血小板、血红蛋白、白细胞都会低于正常值。其中血小板降低时最好的方法就是输注血小板，而血库的血小板长期处于供需不平衡状态。本文讲述了在血液肿瘤、移植儿童面临无血可用、出血高危的时刻，全社会行动起来，积极献血的感人故事，突出我国人民团结互助的传统美德。

作为经典的治疗手段，化疗的有效性已在多种恶性肿瘤的治疗中得到证实。但化疗本身的细胞毒性，却在杀伤肿瘤细胞的同时，不经选择地影响体内正常细胞，尤其是造血干细胞及血细胞。上海儿童医学中心血液肿瘤中心每年新收约 600 名新发血液肿瘤患儿。大部分患儿在化疗后的 1～2 周都会出现骨髓抑制，部分血液肿瘤患儿会出现严重的血小板减少症。在这个阶段，患儿的血小板计数常常只有健康人的十分之一，甚至百分之一。在这个危险阶段，患儿出血的风险非常高，任何一个出血点都可能会变成无法控制的大出血，甚至会发生颅内出血或者肺出血，危及生命。这意味着之前几个月甚至几年，患儿和家长用尽全力的陪伴坚守可能会功亏一篑。针对严重的血小板减少症，最常用的方法就是输注单采血小板。血小板是血液中的有效成分之一，具有很好的聚集和黏附、维持血管内皮细胞完整性的功能，在止血和凝血过程中起着非常重要的作用，因此输注血小板是临床上快速纠正血小板减少的有效方法，例如

大出血、肿瘤放疗后、再生障碍性贫血及白血病等情况,都必须输注血小板。只要有足够的治疗支持,及时得到血小板输注,大部分血液肿瘤患儿都能安然度过化疗后的骨髓抑制。很多时候,一个生命,一个家庭的完整,全都维系在一次及时的输血上。

近年来,随着无偿献血的公益宣传逐步深入,人民群众对无偿献血的认识度不断提升,也逐渐得到全社会的广泛理解和支持。但捐献血小板与无偿献血不同,很多人因不了解而心存顾虑,导致全国血小板库存一直紧张。上海作为华东地区的医疗中心,需要应对上海及周边城市的医疗需求,单采血小板数量有限,无法满足临床患儿的需求。据悉,上海儿童医学中心平均每年就有 1/3 的血小板需求量得不到满足。

2015 年暑假期间,上海血液中心的单采血小板供应量再次告急。上海儿童医学中心的血液病病房里,每天都会出现多个血小板低于 20 的化疗后患儿。医护人员和家长都深知血小板如此低下的含义,这意味着,患儿很容易出血并且难以止血,也许一次排便就肠道出血,磕碰一下就关节出血;血小板计数低于 10,更是极度危险,可能打个喷嚏就会发生颅内出血、肺出血,而这种严重血小板减少期间的颅内出血和肺出血是致命性的,一旦发生,现有的医疗技术很难抢救成功。医护人员心急火燎,一遍遍向上海血液中心陈述病情严重度、积极申请血小板。家长们更是如热锅上的蚂蚁,到处找血。深知血小板的重要性,几乎每一个血液肿瘤的家长都自动成了捐献血小板的志愿者,这样可以为孩子换一次输注血小板的机会。还有家长动员了十几个亲属捐献血小板,可是由于血小板捐献对捐献者的身体素质要求颇高,最后只有一人达到了捐献条件,杯水车薪,救不了近火啊!怎么办?难道眼睁睁看着上百名患儿处在严重血小板减少症中,徘徊在生与死的边缘?

人间自有真情在,世道定当情义存!很快,一份 500 多名患儿家属的联名信,《上海血小板全市告急!患者笼罩在死亡阴影之下,紧急呼唤爱心捐献!》出现在媒体报端,家长在信中恳求社会爱心捐献血小板,救救他们正在与病魔搏斗的孩子。报道中眼内玻璃体出血的依依、小便出血的璐璐、流鼻血的佳佳……一个个鲜活又可怜的小生命深深牵动着上海千万市民的心。

全社会一呼百应,医务人员、地铁员工、大学生、打工者……都走进了上海血液中心及分布在各区的献血车、献血站。华山医院副教授陈勤奋也是其中一员。听到上海儿童医学中心紧缺血小板的消息,刚刚从青藏高原援建回来的陈勤奋表示,休息几天,等身体调整回来就去献血。作为血液科大夫,她深知血小板的重要性:躺在床上虚弱的患者皮肤上满是瘀斑,眼睛看不见,头痛剧烈。陈医生当然知道,这是因为血小板太低了,患者出现了眼底出血,甚至颅内出血了。因此,从 2002 年可以单采血小板以来,陈勤奋基本每个月都会去献血小板,她还召集了身边一群"板友",大多是自己在华山医院的同事,不时相约一起去献。榜样在前,媒体报道进一步消除了全社会对成分献血的误解,得到了众多爱心人士的积极响应,为生死线上苦苦挣扎的血液肿瘤患儿带来了希望,创造了生命奇迹。血液肿瘤患儿成功地度过了这一危机,得以继续与病魔斗争,争取最后的胜利。

参考文献:

[1] STRONCEK D F,REBULLA P. Platelet transfusions[J].Lancet,2007,370(9585):427 -438.

[2] WANDT H,SCHÄFER-ECKART K,GREINACHER A. Platelet transfusion in hematology,oncology and surgery [J]. Dtsch Arztebl Int,2014,111(48):809 - 815.

(何梦雪,附属上海儿童医学中心,血液肿瘤科,副主任护师)